公路桥梁工程
施工技术与管理研究

田亥心　孙永刚　李福宝　主编

吉林科学技术出版社

图书在版编目（CIP）数据

公路桥梁工程施工技术与管理研究 ／ 田亥心，孙永刚，李福宝主编 ． -- 长春：吉林科学技术出版社，2021.10（2023.4重印）

ISBN 978-7-5578-8939-5

Ⅰ．①公… Ⅱ．①田… ②孙… ③李… Ⅲ．①公路桥－桥梁施工－施工管理 Ⅳ．① U448.145.1

中国版本图书馆 CIP 数据核字（2021）第 223342 号

公路桥梁工程施工技术与管理研究

GONGLU QIAOLIANG GONGCHENG SHIGONG JISHU YU GUANLI YANJIU

主　　编	田亥心　孙永刚　李福宝
出 版 人	宛　霞
责任编辑	王明玲
封面设计	李　宝
制　　版	宝莲洪图
幅面尺寸	185mm×260mm
开　　本	16
字　　数	300 千字
印　　张	13.5
版　　次	2021 年 10 月第 1 版
印　　次	2023 年 4 月第 2 次印刷
出　　版	吉林科学技术出版社
发　　行	吉林科学技术出版社
地　　址	长春净月高新区福祉大路 5788 号出版大厦 A 座
邮　　编	130118

发行部电话／传真　0431—81629529　　81629530　　81629531
　　　　　　　　　　　81629532　　81629533　　81629534

储运部电话　0431—86059116

编辑部电话　0431—81629520

印　　刷	北京宝莲鸿图科技有限公司
书　　号	ISBN 978-7-5578-8939-5
定　　价	55.00 元

前　言

　　在公路桥梁工程的施工中，不仅要控制施工质量方面的工作，也要不断提高安全管理方面的工作。在具体的公路桥梁施工中，由于没有注意安全管理工作带来的安全隐患，最终导致安全事故的发生，造成人员伤亡以及不可估量的经济损失。

　　公路桥梁工程的施工当中，加强安全管理工作是促进施工效率的重要力量。公路桥梁工程施工涉及的管理内容比较多，只有充分重视每个环节的安全管理工作，保障施工的质量，才能提高施工进程。安全管理中，施工技术人员以及施工的工具和材料等，都是比较重要的子系统，重视对施工人员以及施工技术应用和施工材料的安全管理，就能提高整体工程施工效率，为施工管理企业的利益最大化打下基础。

　　公路桥梁施工安全管理工作的实施，对施工技术水平的提高有着积极意义，对实现桥梁工程施工工艺的优化目标有着促进作用。安全管理工作的顺利实施，对桥梁工程施工环境的维护以及保障桥梁工程的安全有着积极作用，对施工现场的安全管理水平提高有着促进作用。只有充分重视安全管理工作的科学实施，才能实现人力、物力、财力的良性循环，实现工程施工的经济和社会效益双向发展。

目 录

第一章 公路建设的基本概述

第一节 公路建设的特点与项目划分

一、公路建设的特点

公路工程是呈线形分布的一种人工构筑物，是通过勘测设计和施工，消耗大量人力、物力、财力、资源而完成的公路建设产品。与工业生产相同，公路建设同样是一系列的资源投入产出的过程，其施工（生产）的阶段性和连续性，施工（生产）组织的专门性和协作化也是公路施工和工业生产共同拥有的特征。但公路建设产品也有不同于其他工业产品的特点，如整体庞大、不能移动、复杂多样等，这就导致了公路施工技术的特殊性，如周期长、流动性大等特点，从而给公路工程施工组织和施工管理带来很多不利影响。公路建设的特点包括两个方面：一是公路建筑产品的特点；二是公路工程施工的特点。

（一）公路建筑产品的主要特点

1.产品固定。公路工程构造物一旦开工建设就应保留在设计的地点，不能移动，只能在建设的地方长期使用。

2.产品多样。因公路的使用目的、交通组成、技术等级、技术标准、自然条件以及使用功能不同，从而使公路产品的组成、结构等级各不相同，复杂多样。

3.产品形体庞大。公路工程是带状结构物，其组成部分的形体庞大，需要占用大量的土地和空间，对环境、生态有一定的影响。

4.产品部分结构易损。公路工程构筑物露天使用，受行车因素和雨雪、台风、水流、不良地质等各种自然因素共同影响，特别是在当前车辆超限、超载比较严重的情况下，极易出现局部的损坏。

（二）公路施工的特点

1.造价高、投资大

公路工程建设项目投资一般是非常巨大的，其建设工程合同价基本上是几千万、上亿甚至几百亿，这是一般的建筑工程项目不可比拟的。例如，重点工程项目沈阳至北京的高速公路全长 658km，总投资近 200 亿元人民币；而贯穿祖国南北的交通大动脉——京珠（北京—珠海）高速公路更是长达 2400 km，整个工程总投资近千亿元。

2. 点多、线长、面广

公路工程建设规模一般都比较大，从建设里程上来讲，从几十千米到上百千米甚至几千千米的都有，涉及的施工区域可能不止一个省、市，尤其是国道干线的建设，一般都要跨越几个省市以上，施工范围是相当广的。因而，工程的建设是不可能只由一家施工企业单独来完成的，需要多家合作，分点、分段建设完成。

3. 质量要求高，形成时间长

每条公路都是特有的、唯一的，一经建成在短时间内将不会进行重复性的投资建设；并且，建设一条公路将会耗费大量的人力、物力和财力等，因此，在公路工程的建设时期，就要对建设产品提出较高的质量要求，要求建设、设计、施工、监理等单位密切配合，材料、动力、运输等各部门通力协作以及地方各级政府部门和施工沿线各相关单位的大力支持，科学合理地利用资源，尽可能创造高质量的公路建筑产品。

4. 户外作业环境复杂、不可控因素多

公路工程自身的特点要求施工建设采用全野外的作业方式，加上施工的路线一般都较长，达到几千米甚至上百千米，所以无论是其面临的气候、地质水文条件，还是社会经济环境，乃至风土人情都将是不同的。其中任何一项因素的变化都会影响公路工程建设的顺利进展。另外，对不同的施工项目，环境等影响因素又有所不同，不可控因素的增多也使得项目管理在施工中变得尤为重要。

（三）公路施工的经济技术特征

公路产品的上述特点，使其在施工生产过程中具有如下经济技术特征。

1. 施工流动性大。公路建设线长点多，工程数量分布不均匀，除部分预制件和需安装的设备外，构筑物在施工过程中和建成后都无法移动，产品具有固定性和严格的施工（生产）顺序。因而应组织各类工作人员和多种机械，围绕这一固定产品，在同一地点的不同时间或同一时间的不同地点开展施工活动，这就需要科学地解决在空间布置和时间安排上的矛盾。某路段或某工程施工完成后，施工队伍向新的施工现场转移，公路施工的流动性给施工企业的生产管理和安全管理都带来一些困难，如施工基地的建立，施工组织形式、施工方案的选择，施工运输距离的经济合理性等。

2. 施工协作性高。公路工程类型多，施工环节多，工序复杂，每项工程又具有不同的功能和不同的施工条件，每条道路不仅需要单独设计，而且要单独组织施工，也需要建设单位、设计单位、施工单位、监理单位的配合，还需要材料供应、动力、运输、人员管理、设备管理等各环节的协作。因此在施工过程中，应综合平衡和调度各种资源，使人尽其力、物尽其用。

3.施工周期长

公路工程包括路基、路面、桥梁、涵洞、隧道、交通安全设施、防护工程绿化工程等多项内容，产品形态庞大，产品固定又具有原子性，有严格的施工顺序。这使得公路工程施工周期长，在较长时期内占用较大的人力、物力和财力，直至施工周期结束，才能生产出产品。

4.受外界影响、干扰比较大

公路工程施工基本上是露天作业，受外界自然条件和人为因素的干扰、影响较大，如气温、晴雨、水文、地质纵横向交通干扰等。由于公路部分结构的易损性，施工过程中也会造成部分结构的损坏，应及时维修和养护。

5.建筑材料的复杂多样

公路工程材料特别是路基路面材料，用量十分庞大，多采取就地取材的方式，这就导致建筑材料的不确定性和材质的复杂多样性，给施工质量控制带来一定的困难。公路工程建设的这些特点，决定了公路施工活动中的特有规律，研究和遵循这些规律，科学组织安排公路工程施工，对提高工程建设质量和工程建设资金的经济效益具有重要意义。

（四）公路建设项目的组成

公路建设项目可划分为基本建设项目、单项工程、单位工程、分部工程和分项工程等五个等级。

1.基本建设项目。一个建设项目就是一个有总体设计，经济上实行独立核算，管理上有独立组织形式的建设单元。如某一条高速公路、某区域内立项的路网改建项目等。

2.单项工程。是建设项目的组成部分，一个建设项目可以包括多个单项工程，也可以是一个单项工程。所谓单项工程，是指具有独立的设计文件，竣工后可以单独发挥生产能力、经济效益或社会效益的工程，如某条公路上独立设计的大中桥、隧道等。

3.单位工程。是单项工程的组成部分，指不能独立发挥生产能力，但具有独立施工条件的工程，如路基工程、路面工程、桥梁工程等。

4.分部工程。是单位工程的组成部分，一般按工程的各个部位划分。

5.分项工程。是分部工程的组成部分，是按照工程的不同结构、不同材料和不同施工方法划分的。

工程项目分级的目的是更好地编制施工组织设计和概预算文件，更好地控制施工质量，更便捷地评定工程质量。单位工程、分部工程和分项工程的划分应符合《公路工程质量检验评定标准》之规定。

二、公路工程项目划分

1.工程项目划分程序

工程项目的划分是在施工准备阶段，由施工单位结合工程特点对工程按单位、分部和分项工程逐级进行划分，经建设单位负责人和总监理工程师批准，报质量监督部门备案后执行。多个合同段、多个施工单位的工程建设项目，应由建设单位和工程监理单位统一组织、协调项目的划分工作。施工单位对项目划分的及时性、准确性及合理性负责，建设单位和工程监理单位负责审核和批准，质量监督部门进行监督。

2. 土建部分工程项目划分

依据《公路工程质量检验评定标准》的规定，在施工准备阶段应根据建设任务、施工管理和质量检验评定的需要，将建设项目划分为单位工程、分部工程和分项工程。施工单位、工程监理单位和建设单位要按相同的工程项目划分进行工程质量的监控和管理。

（1）单位工程。在建设项目中，根据签订的合同，具有独立施工条件的工程。

（2）分部工程。在单位工程中，应按结构部位、路段长度及施工特点或施工任务划分为若干个分部工程。

（3）分项工程。在分部工程中，需按不同的施工方法、材料、工序及路段长度等划分为若干个分项工程。同一个分项工程中，根据施工工艺、施工进展和完成情况，可以分几段或几个阶段进行检查验收，然后进行汇总。

（4）公路工程标段划分应合理，以适应施工单位组织施工生产的需要。

3. 机电部分工程项目划分

机电工程是整个公路工程的一部分，但其技术要求、施工工艺、试验检评方法等与公路工程的土建部分有较大区别，故将其作为一个独立的专业单位工程设置。本着不同的专业应由不同的承包单位组织施工，以减少交叉、便于质量监控和管理的原则，划分了分部工程。

第二节　公路工程测量简述

中国的公路工程建设一般经过勘测设计、施工和运营管理等几个阶段。工程测量是公路工程建设中的一项基础工作，在公路工程建设的不同阶段起着重要的作用。为选取一条最经济、最合理的路线，首先要进行路线勘测，绘制带状地形图，进行纸上定线和路线设计，并将设计好的路线平面位置、纵坡及路基边坡在地面上标定出来，以指导施工。当路线通过桥梁跨越河流时，应首先测定桥轴线的长度桥位处的河床断面以及河流比降，测绘河流两岸地形图，为桥梁方案选择及结构设计提供必要的依据。当路线采用隧道穿越山岭时，应测定隧道进出口大比例尺地形图，为隧道洞口布置提供必要的数据。公路工程施工阶段的测量工作主要包括控制点的复测与加密等。

一、控制点的复测与加密

平面控制点是公路施工过程中控制公路线形平面位置的重要依据，高程控制点是施工过程中控制公路路线高低的主要依据。平面控制点的任务是把设计图上的"公路线形"放样到实地，高程控制点的任务是把设计图上"公路路线的高程"放样至实地。

公路工程施工过程中，控制点对与构造物定位精度至关重要，应妥善保护。施工单位进驻工地后，采用的平面控制点、高程控制点是设计单位在勘测阶段布设的，施工单位首先要对这些点位认真勘察核实。一般来说，从路线勘察设计到路基正式开工，间隔时间均比较长，这期间在路线勘察设计阶段布设的导线点、交点、转点、水准点都难免损坏丢失。为确保公路路线符合设计文件的要求，防止构造物偏位过大，施工单位在施工前必须对设计单位提交的全部控制桩点进行复测。

施工复测的主要目的是检验原有控制桩点的准确性，而不是重新测设。因而，经过复测，凡是与原来的成果或点位的差异在允许的范围内时，一律以原有的成果为准，不做改动。对经过多次复测，证明原有成果有误或点位有较大变动时，应报有关单位，经审批后才能改动。

（一）平面控制测量

平面控制测量常用的方法有全站仪导线测量和 GPS 测量等。

1. 全站仪导线测量。导线是由若干条直线连成的折线，每条直线称导线边，相邻两直线之间的水平角称作转折角。测定了转折角和导线边长之后，即可根据已知坐标方位角和已知坐标算出各导线点的坐标。根据测区的条件和需要，导线可以布置成下列几种形式。

（1）附合导线。导线起始于一个已知控制点，终止于另一个已知控制点。控制点上可以有一条边或几条边是已知坐标方位角的边，也可以没有已知坐标方位角的边。

（2）闭合导线。由一个已知控制点出发，然后回到这一点，形成一个闭合多边形。在闭合导线的已知控制点上必须有一条边的坐标方位角是已知的。

（3）支导线。从一个已知控制点出发，既不符合到另一个控制点，也不回到原来的始点。由于支导线没有检核条件，故一般只用于地形测量的图根导线测量。导线测量工作分为外业和内业。

1）导线测量的外业工作导线测量的外业工作主要包括：踏勘选点及建立标志、测边、测角等。布设导线时，应依据《公路勘测规范》（以下简称《规范》）要求，确定导线等级，并按照相应技术要求展开工作。选点时应注意以下几点：①相邻导线点间要通视。②导线点应选在土质坚硬、稳定的地方，便于保存点的标志和安置仪器。③导线点应选在地势较高，视野开阔的地方，便于进行碎部测量或加密以及施工放样。④导线各边的长度，应按《规范》的规定尽量接近于平均边长，且不同导线边长度不能相差过大。导线点的数量要足够，以便控制整个测区。⑤路线平面控制点的位置应沿路线布设，距路中心的位置宜大于 50m 且小于 300m，此外应便于测角、测距及地形测量和定线放样。⑥在桥梁和隧道处，应考虑桥隧布设控制网的要求，在大型构造物的两侧应分别布设一对以上平面控制点。

选好点后应直接在地上打入木桩。桩顶钉一小铁钉或画"+"作为点的标志。必要时在木桩周围灌注混凝土。如导线点需要长期保存，则需埋设混凝土柱或标石。埋桩后应统一进行编号，为了今后便于查找，要量出导线点至附近明显地物的距离，绘出草图，注明尺寸，称为点之记。

2）导线测量的内业工作导线测量内业工作的目的是根据已知的起算数据和外业的观测数据，通过平差计算，计算出各导线点的平面坐标。按照导线等级及《规范》要求，确定内业计算采用简单平差法或严密平差法。在《规范》没有特别规定采用严密平差法时，单一闭合导线或附合导线内业计算可用简单平差法。

2.GPS 测量

GPS 系统确定地面点位的基本原理是根据空中卫星发射的信号，确定空间卫星的轨道参数，计算出锁定的卫星在空间的瞬时坐标，然后将卫星看作分布于空间的已知点，利用 GPS 地面接收机，接收从某几颗（4 颗或 4 颗以上）卫星在空间运行轨道上同一瞬时发出的超高频无线电信号，再经过系统的处理，获得地面点至这几颗卫星的空间距离，用空间后方距离交会的方法，求得地面点的空间位置。GPS 系统所采用的坐标为 WG8-84 坐标系。

由于空间卫星的时钟与地面接收机的时钟不可能同步，故需要观测 4 颗或以上的卫星，才能确定 4 个变量的值，即 X、Y、Z 和时间 t。GPS 系统采用高轨测距体制，以观测站至 GPS 卫星之间的距离作为基本观测量。为了获得距离观测量，主要采用以下两种方法。

（1）伪距测量。根据接收机接收到的 GPS 卫星发射的测距 A/C 码和电文内容，通过信号从发射到到达用户接收机的传播时间，计算出卫星和接收机天线间的距离。但由于 GPS 卫星时钟与用户接收机时钟难以保持严格的同步，存在有时钟差，所以观测的卫星与接收机天线间的距离均受到卫星钟与用户接收机钟同步差的影响，并不是真实距离，因此习惯上称所测距离为"伪距"。

（2）载波相位测量。测定 GPS 卫星载波信号在传播路径上的相位变化值，以确定信号传播的距离。采用伪距观测量定位速度最快，而采用载波相位观测量定位精度最高。通过对 4 颗或 4 颗以上的卫星同时进行伪距或相位的测量即可推算出接收机的三维坐标。

（1）GPS 进行平面控制测量的特点：GPS 用来做平面控制测量时，一般采用静态定位模式。静态定位模式是将 GPS 接收机安置在基线端点上，观测中保持接收机固定不动，以便能通过重复观测取得足够的观测数据，以提高定位的精度。这种作业模式一般是采用两套或两套以上 GPS 接收设备，分别安置在一条或数条基线的端点上，同步观测 4 颗以上卫星。较之于常规方法，GPS 在布设控制网方面具有以下特点：①测量精度高。GPS 观测的精度要明显高于一般的常规测量手段，GPS 基线向量相对精度一般在 10-9 ～ 10-5 之间，这是普通测量方法很难达到的。②选点灵活，不需要造标，费用低。GPS 测量，不要求测站间相互通视，不需要建造觇标，作业成本低，极大降低了布网费用。③全天候作业。

在任何时间、任何气候条件下，均可以进行 GPS 观测，大大方便了测量作业，有利于按时、高效地完成控制网的布设。④观测时间短。采用 GPS 布设一般等级的控制网时，在每个测站上的观测时间一般在 1 ~ 2h，采用快速静态定位的方法，观测时间更短。⑤观测、处理自动化。采用 GPS 布设控制网，数据观测和处理过程均是高度自动化的。

（2）GPS 静态作业的选点及布网：① GPS 网的布设形式和实施方案。GPS 静态网的布设形式通常有点连式、边连式和边点混合式三种形式。②静态外业操作流程。放置脚架，对中整平，安置好仪器；量取天线高；打开接收机电源，接收机跟踪多于 4 颗以上卫星时，卫星指示灯慢闪，打开数据记录灯，此时开始记录数据（注：一定要确保数据记录灯亮，否则没有记录数据）；认真填写外业记录表；结束测量时，先关闭数据记录灯，再关闭接收机电源。③内业数据处理。内业数据处理一般都是采用 GPS 接收机生产厂家配套软件进行，比如 Trimble 公司的配套后处理软件。

（3）GPS 进行平面控制测量的特点：GPS 用来做平面控制测量时，一般采用静态定位模式。静态定位模式是将 GPS 接收机安置在基线端点上，观测中坚持接收机固定不动，以便能通过重复观测取得足够的观测数据，以提高定位的精度。这种作业模式一般是采用两套或两套以上 GPS 接收设备，分别安置在一条或数条基线的端点上，同步观测 4 颗以上卫星。较之于常规方法，GPS 在布设控制网方面具备以下特点：①测量精度高。GPS 观测的精度要明显高于一般的常规测量手段，GPS 基线向量相对精度一般在 10^{-9} ~ 10^{-5} 之间，这是普通测量方法很难达到的。②选点灵活，不需要造标，费用低。GPS 测量，不要求测站间相互通视，不用建造觇标，作业成本低，大大降低了布网费用。③全天候作业。在任何时间、任何气候条件下，均可以进行 GPS 观测，大大方便了测量作业，有利于按时、高效地完成控制网的布设。④观测时间短。采用 GPS 布设一般等级的控制网时，在每个测站上的观测时间一般在 1 ~ 2h，采用快速静态定位的方法，观测时间更短。⑤观测、处理自动化。采用 GPS 布设控制网，数据观测和处理过程均是高度自动化的。

（4）GPS 静态作业的选点及布网：① GPS 网的布设形式和实施方案。GPS 静态网的布设形式通常有点连式、边连式和边点混合式三种形式。②静态外业操作流程。放置脚架，对中整平，安置好仪器；量取天线高；打开接收机电源，接收机跟踪多于 4 颗以上卫星时，卫星指示灯慢闪，打开数据记录灯，此时开始记录数据（注：一定要确保数据记录灯亮，否则没有记录数据）；仔细填写外业记录表；结束测量时，先关闭数据记录灯，再关闭接收机电源。③内业数据处理。内业数据处理一般都是采用 GPS 接收机生产厂家配套软件进行，如 Trimble 公司的配套后处理软件 Trimble Geomatics Office，它是基于 Microsoft Windows 的多任务操作系统，可以进行 GPS 数据后处理以及 RTK 测量数据处理。

它可以处理所有 Trimble GPS 的原始测量数据、其他品牌的 GPS 数据（RINEX）、传统光学测量仪器采集的数据以及激光测距仪的数据。

整个软件包由多个模块构成，包括数据通信模块、星历预报模块、静态后处理模块、动态计算模块、坐标转换模块、网平差模块、RTK 测量数据处理模块、DTMink 模块和

ROADlink 模块等。

（二）高程控制测量

高程控制测量常用方法有水准测量和三角高程测量。

1. 水准测量。用水准测量法布设高程控制网时，需根据《规范》要求确定施测等级，同时按照相关技术要求进行外业及内业计算工作。

2. 三角高程测量。山区或困难地区，可采用三角高程测量的方法建立高程控制网，根据《规范》要求确定施测等级，并按照相关技术要求进行外业及内业计算工作。在三角高程路线的各边上，一般要进行往返测，又称对向观测（或称双向观测），即由 A 向 B 观测（称为直觇），又由 B 向 A 观测。由 B 向 A 观测可消除地球曲率和大气折光的影响。三角高程控制网通常是在平面网的基础上，布设成三角高程网或高程导线。为确保三角高程网的精度，应采用四等水准测量联测一定数量的水准点，作为高程起算数据。竖直角观测是三角高程测量的关键工作，为减少垂直折光变化的影响，要避免在大风或雨后初晴时观测，也不宜在 8 出后和日落前 2 小时内观测，在每条边上均应作对向观测。

二、横断面测量

路线横断面测量是测定各中桩处垂直于中线方向上的地面起伏情况，然后绘制成横断面图，供路基、边坡、特殊构造物的设计、土石方的计算和施工放样之用。横断面测量的宽度由路基宽度和地形情况确定，一般应在公路中线两侧各测 15 ~ 50m。进行横断面测量，首先要确定横断面的方向，然后在此方向上测定中线两侧地面坡度变化点的距离和高差，并绘制横断面图。

绘制横断面图的工作量较大，为提高工效，防止错误，多在现场边测边绘，这样既可当场出图，省略记录，又可及时核对，发现问题，及时纠正，以确保横断面图的质量。

横断面图的比例尺一般是 1 ：200 或 1 ：100，横断面图通常绘制在米格纸上，图幅为 350 mm×500 mm，每隔 1 cm 有一细线条，每隔 5 cm 有一粗线条，细线间一小格为 1 mm。

绘图时以一条纵向粗线为中线，以纵线、横线相交点为中桩位置，向左右两侧绘制。先标注中桩的桩号，再用铅笔根据水平距离和高差，将变坡点点在图纸上，然后用小三角板将这些点连接起来，就得到横断面的地面线。显然一幅图上可以绘制多个断面图，一般绘图顺序是从图纸左下方起，自下而上、由左向右，依次按桩号绘制。

根据"路基横断面图"可计算线路挖填方数量。通常情况下，"路基横断面图"下方用 A1 表示挖方横断面面积，用 A2 表示横断面填方面积。只要把各相邻断面填、挖方体积计算出来，予以汇总就可求得施工标段的总方量。计算步骤如下。

1. 求相邻两横断面的平均面积（A1+A2）/2。

2. 求相邻两横断面的间距。

3.计算土石方工程量，并累计。

因施工段一般都较长，少则一两千米，多则几千米，每25m一个横断面，每千米40多个横断面，虽然计算简单，但量大而繁。为了准确快速地运算，可将公式编写成程序用计算机计算。

三、地形图测绘

地形图能全面、客观地反映地面的地形地物情况，因而被广泛应用于各种工程建设中。地形图的测绘方法现主要有全站仪数字化成图、摄影测量成图、遥感成图等。这里简单介绍全站仪数字化成图方法。

全站仪数字化测图主要包括：准备工作、数据获取、数据输入、数据处理、数据输出等五个阶段。准备工作阶段包括资料准备控制测量、测图准备等。

1.野外碎部点采集。一般用"解算法"进行碎部点测量采集，将所测点位三维坐标（x，y，H）及其绘图信息储存在仪器内存或电子手簿中。同时还要记录测站参数、距离、水平角和竖直角的碎部点位置，信息以及编码、点号、连接点和连接线形四种信息，在采集碎部点时要及时绘制观测草图。

2.数据传输。将仪器或电子手簿与计算机用数据通信线连接，把野外观测数据传输到计算机中，每次观测的数据要及时传输，避免数据丢失。

3.数据处理。包括数据转换和数据计算。数据处理是对野外采集的数据进行预处理，检查可能出现的各种错误；把野外采集到的数据编码，使测量数据转化成绘图系统所需的编码格式。数据计算是针对地貌关系的，当测量数据输入计算机后，生成平面图形，建立图形文件，绘制等高线。

4.图形处理与成图输出。编辑、整理经数据处理后所生成的图形数据文件，对照外业草图。修改整饰新生成的地形图，补测、重测存在漏测或测错的地方。接着加注高程、注记等，进行图幅整饰，最后成图输出。

第二章 路基路面施工

第一节 路基施工

路基是公路工程的重要组成部分，是路面的基础。路基质量的好坏直接影响到路面的使用质量。路面的损坏往往与路基排水不畅，压实度不够强度低等因素有直接相关，而且修复难度大、费用高。由此可见，确保路基稳定对提高路面使用品质十分重要，故而，路基工程应严格按照有关公路设计与施工的标准、规范的规定进行精心设计、精心施工，并依据当地自然条件，因地制宜，以确保路基具有足够的强度、稳定性和经济合理性。

公路路基是路面的基础，是整个公路构造的重要组成部分，与路面共同承担行车载荷。就结构而言，路基是指路面基层以下部分一定范围的土体，包括为获得具有均匀承载能力的路基面进行的局部换土部分，回填、移挖作填连接处的缓和区段部分，均属于路基的组成部分。

一、路基和路基工程

（一）基本要求

由于路基在公路中的重要作用，路基设计中，除要求路基有正确、合理的断面尺寸外，还应满足以下要求。

1. 具有足够的整体稳定性

路基是在地面上填筑或开挖而建成的，路基修建成后，一般都改变了原地面的自然平衡状态。为防止路基在行车荷载、自重和自然因素作用下产生变形，失去整体稳定性，造成破坏，就必须采取一定的措施，比如排水、支撑、加固等来确保路基的整体稳定性。

2. 具有足够的强度

路基的强度，是指路基抵抗变形的能力。在公路路面的行车荷载路面和路基自身的重力以及自然因素（地质、水文和气候等）的影响下，路基会发生变形。过大的变形会降低路面的使用状况，甚者会造成破坏。所以，为确保路基不发生超过允许范围的变形，要求路基必须具有足够的强度。

3. 具有足够的水温稳定性

路基在地面水和地下水的作用下，其强度将发生显著降低，尤其是在季节性冰冻地区，由于周期性的冻融作用，土体会发生冻胀和水分聚积，导致路基填土松软，强度急剧下降。因此对土质路基不仅要求具有足够的强度，而且应确保在最不利的水温条件下，路基不会冻胀和强度不致显著降低，这就要求路基具有足够的水温稳定性。

（二）路基的断面形式

按照路基设计标高和原地面的位置关系，通常分为路堤路堑、半填半挖路基等几种形式。高于原地面的填方路基称为路堤，低于原地面的挖方路基称为路堑，介于两者之间的称为半填半挖路基。

（三）路基的构造及技术要求

1. 路基的宽度和高度

路基宽度，即路基顶面包括路肩，中间带部分的宽度。如前所述，路基宽度按照公路等级要求确定。路基的设计标高，普通公路为路基边缘高度，有中央分隔。带的公路，为中央分隔带边缘的高度。路基高度一般指路基填挖深度。技术上对路基高度要求主要指填土路基填土部分的高度不应小于规定的最小限度，应使路肩边缘高出路基两侧地面水平高度，并且考虑地下水、毛细水和冰冻的作用，不致影响路基的强度和稳定性，应根据线路通过地区的气候、地质、水文等确定。

2. 路基边坡

路基边坡，指由填方和挖方所形成的土斜坡面，分别称作填方边坡和挖方边坡。为了路基的坚固稳定，边坡要求有一定的坡度，其大小应确保各种土壤均能达到自然稳定而不坍塌。

（四）路基工程的特点

从工程性质和结构特点来说，公路路基是用土壤或石料修筑而成的一种线性结构物。由上述路基的结构和基本要求可知，路基工程除路基本体的填挖作业外，还包括路基排水工程和路基防护和加固工程等。

路基本体的开挖和填筑工程量占整个工程的比重最大，包括岩土爆破、表土处理、碾压密实等内容。路基的排水设施是为了确保迅速排泄路基范围内的地面水，同时对可能影响路基稳定的地下水进行拦截或降低水位而修筑的。由于水的浸湿，常发生路基边坡失稳、路基沉落，翻浆冒泥、路堑边坡崩塌、滑坡等现象。为了确保路基经常处于干燥、坚固稳定的状态，各级公路应根据沿线降水与地质水文等具体情况，设置必要的地面排水、地下排水、路基边坡排水等设施，并与沿线桥涵配合形成良好的排水系统，这就是路基排水工程的内容。

公路损坏，包括因地震及暴雨等异常气候所产生的灾害情况。由于边坡及自然坡面塌方而引起的破坏占有相当大的比例。路基的防护和加固工程就是以确保公路交通安全，消除边坡及与自然坡面稳定有问题的危险地段为目的，依据当地水文、地质及筑路材料等情况，采取有效的防护措施，防治路基土壤流失、坡面风化、剥落等路基病害，以确保路基安全，是路基工程的一个重要内容。

二、路基土

自然界的土是在各种不同成土环境里形成的，其组成、结构、成分以及物理、化学、力学性质千差万别，加之成土作用所经历的年代也有长短，故土的种类繁多。在工程建设中为了正确评价土的工程特性，并从中测得其指标数据，以便采取合理的设计施工方案，必须对土进行工程分类。

目前，我国工程界对于土质分类法尚无统一完整的体系和标准。各部门行业因工程对象不同，研究问题的出发点不同，故对土质分类的目的、要求与方法，以及对有关指标取值界限的数据也有所差异。公路路基土分类采用交通运输部颁布的《公路土工试验规程》（TJ 051-93）的分类方法。

三、路堤施工

填方路堤施工是公路工程施工中一个非常重要的环节，需要精心组织，精心施工，确保工程质量。对于高速公路这种特殊的交通功能，对路基施工质量有着更高的要求。因此，路堤施工必须从基底处理、填料选择、压实、排水、防护等各方面加以重视，依靠科技进步，采用新技术、新材料、新的检测手段，进而确保路基具有足够的稳定性和耐久性。

四、路堑施工

路堑开挖是路基施工中工程量最大，最普遍的施工内容，有多种施工机械，适宜于使用并能充分发挥机械的优势。所以，路堑开挖主要采用机械化施工。从作业程序上说，路堑施工较为简单，无非是按一定要求把土挖掘并运到弃土地点，不像路堤填筑有材料选择、分层碾压密实等问题存在。但是，从施工经验和公路使用的角度看，路基上发生的问题，却大多出在路堑上。例如，路堑施工往往成为整个工程的控制工程，影响工期。施工中常发生塌方、落石等事故。在道路使用过程中，路堑地段又是塌方、滑坡、翻浆、冒泥、冻害等路基病害的多发区段，而这些又在很大程度上与路堑施工得当与否有着密切的关系。比如因开挖坡度不合适或弃土太近，使土体失去平衡而发生塌方；由于排水不良造成土体松软发生边坡溜滑；由于没有及时修筑挡土墙等防护工程而发生滑坡现象。因此，在路堑施工中，对采取的作业方式、开挖步骤、弃土位置等应予充分重视，进行全面规划，确保有较高的质量和效率。所以，在挖掘作业特别是深挖掘作业时，应将粗加工和挖掘作业同时进行，使坡面作业尽量减少；并且必须经常不断地检查尺寸；单面挖掘，单面堆土时，应尽量避免土堆太高；即使设计上没有防滑措施，也要将基底面进行阶梯挖掘，才比较合理。

第二节　路面施工

　　路面，是指用各种筑路材料铺筑在公路路基上供车辆行驶的构造物，是道路工程的一个重要组成部分。最早修建公路和铺筑路面的历史可追溯到古巴比伦和埃及，但是最为宏伟的工程应属古罗马。古罗马时的路面概念是在有一定强度的地基上摆放大石块，再在上面用小石块和青石杂填隙，近似于现在的骨架结构，这就是公路的原始概念。后来，为了方便在沼泽地等软土地区行走，又采用圆木和厚木板拼砌成类似于木筏的结构，这也是早期路面的概念。较早时的简易公路主要考虑了以下几个方面：路面设计要体现路基情况；采用"新"材料，如碎石；有效的排水；基层的设置等。到 19 世纪后 20 年，城市路面开始使用水泥和沥青等材料，路面设计开始考虑环境因素、路面抗滑和舒适等方面，可是对于路面的功能和结构却没有更深入的认识。近年来，在路面结构设计、路面材料和施工机械及工艺等方面都有了更深入地研究和认识，尤其是新材料、新工艺、新技术的广泛应用，使得路面有了长足的发展。

一、路面的概念

　　路面是在路基顶面的行车部分用各种筑路材料或混合料分层铺筑的层状结构物。

　　从横断面方向看，高速、一级公路的表面一般是由行车道、中间带、硬路肩和土路肩组成，二、三、四级公路不含中间带。路面的横断面形式通常分为槽式横断面和全铺式横断面。路基填挖到设计标高位置后，在路基上按路面设计宽度范围将路基挖成与路面厚度相同的浅槽；或路基填筑到路床顶面位置后，按路面设计宽度范围在两侧的路肩部位培土（压实）形成与路面厚度相同的浅槽；也可采用半挖半培的方法形成浅槽，然后在浅槽内铺筑路面。一般公路路面都采用槽式横断面。

　　全铺式横断面是在路基全部宽度内都铺筑路面。在高等级公路建设中，有时为了将路面结构内部的水分迅速排出，在全宽范围内铺筑基层材料，确保水分由横向排入边沟。有时考虑到道路交通的迅速增长，为适应扩建的需要，将硬路肩及土路肩的位置全部按行车道标准铺筑面层。在盛产石料的山区或较窄的路基上，也可全宽铺筑砂石路面。

二、公路对路面的基本要求

　　为了确保汽车能全天候的在路面上安全、快速、舒适行驶，对路面提出如下基本要求。

1.具有足够的承载能力

　　路面结构的承载能力包括强度和刚度两个方面。路面结构的强度，是指抵抗车轮荷载引起的各个部位的各种应力（如压应力、拉应力、剪应力等），确保不发生压碎、拉断、剪切等各种破坏的能力。路面结构的刚度，是指抵抗车轮荷载作用下引起的变形，确保不发生过量的变形，不发生沉陷、波浪或车辙等病害的能力。

需要强调的是，这里的强度应包括修建路面的原材料（如砂石、水泥等）以及复合材料（如水泥混凝土、沥青混凝土）和路面结构的强度。

2. 具有足够的稳定性

路面结构的稳定性，是指路面结构在水和温度等自然因素的作用下，能较好地保持其设计要求的几何形态及物理、力学性能的能力。路面结构的稳定性主要囊括温度稳定性（高温稳定性和低温抗裂性）、水稳定性、沥青路面的大气稳定性等。

3. 具有足够的表面平整度

表面平整度通常以不平整度值（即表面纵向凹凸量的偏差值）作为指标来衡量。相对来说，表面平整度是一项宏观控制指标。不平整的路面表面会增大行车阻力，同时使车辆产生附加的振动作用。这种振动会造成行车颠簸，影响行车的速度和安全、驾驶的平稳和乘客的舒适感。并且，振动作用还会对路面施加冲击力，进而加剧路面和汽车机件的损坏以及轮胎的磨损，并增大燃油的消耗。另外，不平整的路面还会积滞雨水，加速路面的破坏。所以，要求路面具有与公路等级相应的足够的平整度。

4. 具有足够的表面抗滑性能

路面表面抗滑性能又称粗糙度，是指路面能够提供汽车车轮在其上安全行驶所需的充足附着力（或称摩擦力）的性能。通常用摩擦系数或构造深度来表示。路面表面要求平整，但不能光滑。汽车在光滑的路面上行驶，车轮与路面之间缺乏足够的附着力（或称摩擦力）。雨天高速行车、紧急制动或突然起动、爬坡或转弯时，车轮易产生空转或打滑，致使行车速度降低，燃料消耗增加，甚至引起交通事故。

5. 具有足够的耐久性

通常所说的耐久性，主要是指路面在设计规定的年限内满足各级公路相应的承载能力、行车速度、舒适性、安全性的性能。路面结构在行车荷载和冷热、干湿气候因素的多次重复作用下，路面材料的性能产生老化衰变，路面使用性能将逐步降低，渐渐产生疲劳破坏和塑性形变累积，缩短路面的使用年限。所以，路面结构必须具备足够的抗疲劳强度以及抗老化和抗累积形变的能力，以保持或延长路面的使用寿命。

6. 具有尽可能低的扬尘性和噪声

汽车在砂石路面上或灰尘较多的其他路面上行驶时，车身后面所产生的真空吸引力会将面层表面或其中较细的颗粒吸出而飞扬尘土，甚至导致路面松散、脱落和坑洞等破坏。路面扬尘会加速汽车机件的损坏，影响行车视距，降低行车速度，并且对乘客和沿线居民的环境卫生以及货物和路旁农作物都带来不良影响。因此，要求路面在行车过程中尽量减少扬尘。汽车在路面上行驶时，除发动机等噪声外，路面不平整引起车身的振动也是噪声的来源。为降低噪声，也应提高路面施工的平整度工艺。另外，路面材料组成不同，汽车在路面上行驶时产生的噪声也不同。

7. 满足规范要求

路面断面形式及尺寸必须符合《公路工程技术标准》（JTG B01-2014）的有关规定。

三、路面结构层次

行车荷载和自然因素对路面的影响，随深度的增加而逐渐减弱。所以，对路面材料的强度、抗变形能力和稳定性的要求也随深度的增加而逐渐降低。为了适应这一特点，路面结构通常是分层铺筑的，即根据使用要求、受力状况、土基支承条件和自然因素影响程度的不同，分成若干层次。按照各个层次功能的不同，沥青路面结构层一般可划分为面层、基层、底基层和垫层等；水泥混凝土路面结构层一般划分为面层、基层和垫层等三个层次。

1. 面层

面层是直接承受车轮荷载反复作用和自然因素影响的结构层，它承受较大的行车荷载的垂直力、水平力和冲击力的作用，同时还受到降水的侵蚀和气温变化的影响。面层应具备较高的强度、刚度，较好的水稳定性和温度稳定性，而且应当耐磨、不透水，其表面还应有良好的抗滑性和平整度。

2. 基层与底基层

基层是直接位于沥青路面面层下的主要承重层，或直接位于水泥混凝土面板下的结构层；底基层是在沥青路面基层下铺筑的次要承重层，或在水泥混凝土路面基层下铺筑的辅助层。

基层承受由面层传递下来的车轮荷载的反复作用（主要是垂直力作用），并将其传递到下面的底基层或垫层和土基中。在沥青路面结构中，基层是主要承重层，它需具有良好的稳定性、耐久性和较高的承载能力，并具有良好的应力扩散能力；底基层是次要承重层，对底基层材料质量的要求较低，可使用当地材料来修筑。在水泥混凝土路面结构中，基层承受的垂直力作用较小，但应具有足够的抗冲刷能力和一定的刚度。

四、功能结构层

为了加强沥青路面各结构层的层间接触，避免层间产生滑动位移，保持路面结构的整体性而设置的沥青或沥青混合料联结层，称为功能结构层，包括透层、黏层、封层等三种。这些功能结构层不作为路面力学计算模型中的结构层，在路面厚度计算中不计其厚度。另外，用于排除路面结构内部水的排水层以及路面结构中按防冻要求设置的防冻层，也被称为功能结构层。

1. 透层

用于非沥青类材料层上，能透入表面一定深度，增强非沥青类材料层与沥青混合料层整体性的功能层，称为透层，也称为透层沥青或透层油。

沥青类面层下的级配沙砾、级配碎石基层及无机结合料稳定土或粒料的半刚性基层上必须浇洒透层沥青。基层上设置下封层时，透层油不宜省略。

2. 黏层

路面结构中起黏结作用的功能层，称为黏层，也称为黏层沥青或黏层油。黏层是加强面层间结合的一种措施。满足下列情况之一时，必须喷洒黏层油。

（1）双层式或三层式热拌热铺沥青混合料路面的沥青层之间。

（2）水泥混凝土路面、沥青稳定碎石基层或旧沥青路面上加铺沥青层。

（3）路缘石、雨水口、检查井等构造物与新铺沥青混合料接触的侧面。

3. 封层

路面结构中用以阻挡水下渗的功能层，称为封层。其中，铺筑在沥青面层表面的封层称为上封层，铺筑在沥青面层下面、基层表面的封层称为下封层。目前广泛使用的封层有稀浆封层和微表处两种类型。

稀浆封层，是指用适当级配的石屑或砂、填料（水泥、石灰、粉煤灰、石粉等）与乳化沥青、外掺剂和水，按一定比例拌和而成的流动状态的沥青混合料，将其均匀地摊铺在路面上形成的沥青封层；微表处，是指采用适当级配的石屑或砂、填料（水泥、石灰、粉煤灰、石粉等）与聚合物改性乳化沥青、外掺剂和水按一定比例拌和而成的流动状态的沥青混合料，将其均匀地摊铺在路面上形成的沥青封层。

五、热拌沥青混合料路面施工技术

（一）一般规定

1. 热拌沥青混合料（HMA）适用于各类等级公路的沥青路面。其种类按集料公称最大粒径、矿料级配、空隙率划分。

2. 各层沥青混合料应满足所在层位的功能性要求，便于施工，不方便离析。各层应连续施工并联结成为一个整体。当发现混合料结构组合及级配类型的设计不合理时，应进行修改、调整，以确保沥青路面的使用性能。

3. 沥青面层集料的最大粒径宜从上至下逐渐增大，并应与压实层厚度相匹配。对热拌热铺密级配沥青混合料，沥青层一层的压实厚度不宜小于集料公称最大粒径的 3 倍，对 SMA 和 OGFC 等嵌挤型混合料不宜小于公称最大粒径的 2.5 倍，以减少离析，便于压实。

（二）施工准备

1. 铺筑沥青层前，应检查基层或下卧沥青层的质量，不符合要求的不得铺筑沥青面层。旧沥青路面或下卧层已被污染时，必须清洗或经铣刨处理后方可铺筑沥青混合料。

2. 石油沥青加工及沥青混合料施工温度应根据沥青标号及黏度、气候条件、铺装层的厚度确定。

（1）普通沥青结合料的施工温度宜根据在 135℃及 175℃条件下测定的黏度—温度曲

线按规定确定。缺乏黏度—温度曲线数据时，可依据实际情况确定使用高值或低值。当表中温度不符实际情况时，允许做适当调整。

（2）聚合物改性沥青混合料的施工温度根据实践经验并参照规定选择。通常宜较普通沥青混合料的施工温度提高 10 ~ 20℃。对采用冷态胶乳直接喷入法制作的改性沥青混合料，集料烘干温度应进一步提升。

（3）SMA 混合料的施工温度应视纤维品种和数量、矿粉用量的不同，在改性沥青混合料的基础上作适当提高。

（三）混合料的拌制

1. 沥青混合料必须在沥青拌和厂（场、站）采用拌和机械拌制。

（1）拌和厂的设置必须符合国家有关环境保护、消防、安全等规定。

（2）拌和厂与工地现场距离应充分考虑交通堵塞的可能，确保混合料的温度下降不超过要求，且不致因颠簸造成混合料离析。

（3）拌和厂应具有完备的排水设施。各种集料必须分隔贮存，细集料应设防雨顶棚，料场及场内道路应做硬化处理，禁止泥土污染集料。

2. 沥青混合料可采用间歇式拌和机或连续式拌和机拌制。高速公路和一级公路宜采用间歇式拌和机拌和。连续式拌和机使用的集料必须稳定不变，一个工程从多处进料、料源或质量不稳定时，不得采用连续式拌和机。

3. 沥青混合料拌和设备的各种传感器必须定期检定，周期不少于每年一次。冷料供料装置需经标定得出集料供料曲线。

4. 间歇式拌和机应满足下列要求。

（1）总拌和能力满足施工进度要求。拌和机除尘设备完好，能达到环保要求。

（2）冷料仓的数量满足配合比需要，通常不宜少于 6 个。具有添加纤维、消石灰等外掺剂的设备。

5. 集料与沥青混合料取样应符合现行试验规程的要求。从沥青混合料运料车上取样时必须在设置取样台分几处采集一定深度下的样品。

6. 集料进场宜在料堆顶部平台卸料，经推土机推平后，铲运机从底部按顺序竖直装料，减小集料离析。

7. 高速公路和一级公路施工用的间歇式拌和机必须配备计算机设备，拌和过程中逐盘收集并打印各个传感器测定的材料用量和沥青混合料拌和量、拌和温度等各种参数，每个台班结束时打印出一个台班的统计量，按照《公路沥青路面施工技术规范》（JTGF40-2004）中附录中的方法，进行沥青混合料生产质量及铺筑厚度的总量检验，总量检验的数据有异常波动时，应立刻停止生产，分析原因。

8. 沥青混合料的生产温度应符合要求。烘干集料的残余含水量不得大于 1%。

9. 拌和机的矿粉仓应配备振动装置以防止矿粉起拱。添加消石灰、水泥等外掺剂时，宜增加粉料仓，也可由专用管线和螺旋升送器直接加入拌和锅，若与矿粉混合使用时应注意二者因密度不同发生离析。

10. 拌和机必须有二级除尘装置，经一级除尘部分可直接回收使用，二级除尘部分可进入回收粉仓使用（或废弃）。对因除尘造成的粉料损失应补充等量的新矿粉。

11. 沥青混合料拌和时间依据具体情况经试拌确定，以沥青均匀裹覆集料为度。间歇式拌和机每盘的生产周期不宜少于 45s（其中干拌时间不少于 10s）。改性沥青和 SMA 混合料的拌和时间可适当延长。

12. 间歇式拌和机的振动筛规格要与矿料规格相匹配，最大筛孔宜略大于混合料的最大粒径，其余筛的设置应考虑混合料的级配稳定，并尽量使热料仓大体均衡，不同级配混合料必须配置不同的筛孔组合。

13. 间隙式拌和机宜备有保温性能好的成品储料仓，贮存过程中混合料温降不得大于 10℃且不能有沥青滴漏，普通沥青混合料的贮存时间不得超过 72h，改性沥青混合料的贮存时间不宜超过 24h，SMA 混合料只限当天使用，OGFC 混合料宜随拌随用。

14. 生产添加纤维的沥青混合料时，纤维必须在混合料中充分分散，拌和均匀。拌和机应配备同步添加投料装置，松散的絮状纤维可在喷入沥青的同时或稍后采用风送设备喷入拌和锅，拌和时间宜延长 5s 以上。颗粒纤维可在粗集料投入的同时自动加入，经 5 ~ 10s 的干拌后，再投入矿粉。工程量很小时也可分装成塑料小包或者由人工量取直接投入拌和锅。

15. 使用改性沥青时应随时检查沥青泵、管道、计量器是否受堵，堵塞时应及时清洗。

16. 沥青混合料出厂时应逐车检测沥青混合料的重量和温度，记录出厂时间，签发运料单。

（四）混合料的运输

1. 热拌沥青混合料宜采用较大吨位的运料车运输，但不得超载运输，或急刹车、急弯掉头使透层、封层造成损伤。运料车的运力应稍有富余，施工过程中摊铺机前方应有运料车等候。对高速公路、一级公路，宜待等候的运料车多于 5 辆后开始摊铺。

2. 运料车每次使用前后必须清扫干净，在车厢板上涂一薄层防止沥青黏结的隔离剂或防粘剂，但不得有余液积聚在车厢底部。从拌和机向运料车上装料时，应多次挪动汽车位置，平衡装料，以减少混合料离析。运料车运输混合料宜用雨布覆盖保温、防雨、防污染。

3. 运料车进入摊铺现场时，轮胎上不可沾有泥土等可能污染路面的脏物，否则宜设水池洗净轮胎后进入工程现场。沥青混合料在摊铺地点凭运料单接收，如果混合料不符合施工温度要求，或已经结成团块、已遭雨淋的不得铺筑。

4. 摊铺过程中运料车应在摊铺机前 100 ~ 300mm 处停住，空挡等候，由摊铺机推动前进开始缓缓卸料，避免撞击摊铺机。在有条件时，运料车可将混合料卸入转运车经二次拌和后向摊铺机连续均匀的供料。运料车每次卸料必须倒净，特别是对改性沥青或 SMA

混合料，若有剩余，应及时清除，防止硬结。

5.SMA 及 OGFC 混合料在运输、等候过程中，如发现有沥青结合料沿车厢板滴漏时，应采取措施易于避免。

（五）混合料的摊铺

1. 热拌沥青混合料应采用沥青摊铺机摊铺，在喷洒有粘层油的路面上铺筑改性沥青混合料或 SMA 时，宜使用履带式摊铺机。摊铺机的受料斗应涂刷薄层隔离剂或防黏结剂。

2. 铺筑高速公路、一级公路沥青混合料时，一台摊铺机的铺筑宽度不宜超过 6m（双车道）~ 7.5m（三车道以上），通常宜采用两台或更多台数的摊铺机前后错开 10 ~ 20m 成梯队方式同步摊铺，两幅之间应有 30 ~ 60mm 宽度的搭接，并且躲开车道轨迹带，上、下层的搭接位置宜错开 200mm 以上。

3. 摊铺机开工前应提前 0.5 ~ 1h 预热熨平板不低于 100℃。铺筑过程中应选择熨平板的振捣或夯锤压实装置具有适宜的振动频率和振幅，以提高路面的初始压实度。熨平板加宽连接应仔细调节至摊铺的混合料没有明显的离析痕迹。

4. 摊铺机必须缓慢、均匀、连续不间断地摊铺，不可随意变换速度或中途停顿，以提高平整度，减少混合料的离析。摊铺速度宜控制在 2 ~ 6m/min 的范围内。对改性沥青混合料及 SMA 混合料宜放慢至 1 ~ 3m/min。当发现混合料出现明显的离析、波浪、裂缝、拖痕时，需分析原因，予以消除。

5. 摊铺机应采用自动找平方式，下面层或基层宜采用钢丝绳引导的高程控制方式，上面层宜采用平衡梁或雪橇式摊铺厚度控制方式，中面层根据情况选用找平方式。直接接触式平衡梁的轮子不得黏附沥青。铺筑改性沥青或 SMA 路面时宜采用非接触式平衡梁。

6. 沥青路面施工的最低气温应符合要求，寒冷季节遇大风降温，不能确保迅速压实时不得铺筑沥青混合料。每天施工开始阶段宜采用较高温度的混合料。

7. 沥青混合料的松铺系数应根据混合料类型由试铺试压确定。摊铺过程中应随时检查摊铺层厚度及路拱、横坡。

8. 摊铺机的螺旋布料器应相应于摊铺速度调整到保持一个稳定的速度均衡地转动，两侧应保持有不少于送料器 2/3 高度的混合料，以减少在摊铺过程中混合料的离析。

9. 用机械摊铺的混合料，不宜用人工反复修整。当不得不由人工作局部找补或更换混合料时，需仔细进行，特别严重的缺陷应整层铲除。

10. 在路面狭窄部分、平曲线半径过小的匝道或加宽部分，以及小规模工程不能采用摊铺机铺筑时可用人工摊铺混合料。人工摊铺沥青混合料应符合下列要求。

（1）半幅施工时，路中一侧宜事先设置挡板。

（2）沥青混合料宜卸在铁板上，摊铺时应扣锹布料，不得扬锹远甩。铁锹等工具宜沾防黏结剂或加热使用。

（3）边摊铺边用刮板整平，刮平时应轻重一致，控制次数，严防集料离析。

（4）摊铺不得中途停顿，并加快碾压。如因故不能及时碾压时，应立即停止摊铺，并对已卸下的沥青混合料覆盖苫布保温。

（5）低温施工时，每次卸下的混合料应覆盖苫布保温。

11. 在雨季铺筑沥青路面时，应加强与气象台（站）的联系，已摊铺的沥青层因遇雨未行压实的应予铲除。

（六）沥青路面的压实及成型

1. 压实成型的沥青路面应满足压实度及平整度的要求。

2. 沥青混凝土的压实层最大厚度不宜大于 100mm，沥青稳定碎石混合料的压实层厚度不宜大于 120mm。但当采用大功率压路机且经试验证明能达到压实度时允许增大到 150mm。

3. 沥青路面施工应配备足够数量的压路机，选择合理的压路机组合方式及初压、复压、终压（包括成型）的碾压步骤，以达到最佳碾压效果。高速公路铺筑双车道沥青路面的压路机数量不宜少于 5 台。施工气温低、风大、碾压层薄时，压路机数量可适当增加。

4. 压路机应以慢而均匀的速度碾压，压路机的碾压速度应符合规定。压路机的碾压路线及碾压方向不应突然改变而导致混合料推移。碾压区的长度应大体稳定，两端的折返位置应随摊铺机前进而推进，横向不得在相同的断面上。

5. 压路机的碾压温度需符合要求，并根据混合料种类、压路机、气温、层厚等情况经试压确定。在不产生严重推移和裂缝的前提下，初压、复压、终压都应在尽可能高的温度下进行。并且不得在低温状况下作反复碾压，使石料棱角磨损、压碎，破坏集料嵌挤。

6. 沥青混合料的初压应符合下列要求。

（1）初压应在紧跟摊铺机后碾压，并保持较短的初压区长度，以尽快使表面压实，减少热量散失。对摊铺后初始压实度较大，经实践证明采用振动压路机或轮胎压路机直接碾压无严重推移而有良好效果时，可免去初压直接进入复压工序。

（2）通常宜采用钢轮压路机静压 1 ~ 2 遍。碾压时应将压路机的驱动轮面向摊铺机，从外侧向中心碾压，在超高路段则由低向高碾压，在坡道上应将驱动轮从低处向高处碾压。

（3）初压后应检查平整度、路拱，有严重缺陷时进行修整乃至返工。

7. 复压应紧跟在初压后进行，并有符合下列要求。

（1）复压应紧跟在初压后开始，且不得随意停顿。压路机碾压段的总长度应尽量缩短，通常不超过 60 ~ 80m。采用不同型号的压路机组合碾压时宜安排每一台压路机做全幅碾压。防止不同部位的压实度不均匀。

（2）密级配沥青混凝土的复压宜优先采用重型的轮胎压路机进行搓揉碾压，以增加密水性，其总质量不宜小于 25t，吨位不足时宜附加重物，使每一个轮胎的压力不小于 15kN，冷态时的轮胎充气压力不小于 0.55MPa，轮胎发热后不小于 0.6MPa，且各个轮胎的气压大体相同，相邻碾压带应重叠 1/3 ~ 1/2 的碾压轮宽度，碾压至要求的压实度为止。

（3）对粗集料为主的较大粒径的混合料，尤其是大粒径沥青稳定碎石基层，宜优先采用振动压路机复压。厚度小于30mm的薄沥青层不宜采用振动压路机碾压。振动压路机的振动频率宜为35～50Hz，振幅宜为0.3～0.8mm。层厚较大时选用高频率大振幅，以产生较大的激振力，厚度较薄时采用高频率低振幅，以避免集料破碎。相邻碾压带重叠宽度为100～200mm。振动压路机折返时应先暂停振动。

（4）当采用三轮钢筒式压路机时，总质量不宜小于12t，相邻碾压带宜重叠后轮的1/2宽度，并不应少于200mm。

（5）对路面边缘、加宽及港湾式停车带等大型压路机难于碾压的部位，宜采用小型振动压路机或振动夯板作补充碾压。

8.终压应紧接在复压后进行，如经复压后已无明显轨迹时可免去终压。终压可选用双轮钢筒式压路机或关闭振动的振动压路机碾压不宜少于2遍，至无明显轨迹为止。

9.SMA路面的压实要符合以下要求。

（1）除沥青用量较低，经试验证明采用轮胎压路机碾压有良好效果外，不宜采用轮胎压路机碾压，以防将沥青结合料搓揉挤压上浮。

（2）SMA路面宜采用振动压路机或钢筒式压路机碾压。振动压路机应遵循紧跟、慢压、高频、低幅的原则，即紧跟在摊铺机后面，采取高频率、低振幅的方式慢速碾压。如发现SMA混合料高温碾压有推拥现象，应复查其级配是否合适。

10.OGFC宜采用小于12t的钢筒式压路机碾压。

11.碾压轮在碾压过程中应保持清洁，有混合料粘轮应立即清除。对钢轮可涂刷隔离剂或防黏结剂，但不准刷柴油。当采用向碾压轮喷水（可添加少量性剂）的方式时，必须严格控制喷水量且成雾状，不得漫流，以防混合料降温过快。轮胎压路机开始碾压阶段，可适当烘烤、涂刷少量隔离剂或防黏结剂，也可少量喷水，并先到高温区碾压使轮胎尽快升温，随后停止洒水。轮胎压路机轮胎外围宜加设围裙保温。

12.压路机不得在未碾压成型路段上转向、调头、加水或停留。在当天成型的路面上，不可停放各种机械设备或车辆，不得散落矿料、油料等杂物。

（七）接缝

1.沥青路面的施工必须接缝紧密、连接平顺，不得产生明显的接缝离析。上下层的纵缝应错开150mm（热接缝）或300～400mm（冷接缝）以上。相邻两幅及上下层的横向接缝均应错位1m以上。接缝施工应用3m直尺检查，确保平整度符合要求。

2.纵向接缝部位的施工应符合下列要求。

（1）摊铺时采用梯队作业的纵缝应采用热接缝，将已铺部分留下100～200mm宽暂不碾压，作为后续部分的基准面，然后作跨缝碾压以消除缝迹。

（2）当半幅施工或因特殊要素而产生纵向冷接缝时，宜加设挡板或加设切刀切齐，也可在混合料尚未完全冷却前用镐刨除边缘留下毛槎的方式，但不宜在冷却后采用切割机作纵向切缝。加铺另半幅前应涂洒少量沥青，重叠在已铺层上 50 ～ 100mm，再铲走铺在前半幅上面的混合料，碾压时由边向中碾压留下 100 ～ 150mm，再跨缝挤紧压实，或者先在已压实路面上行走碾压新铺层 150mm 左右，然后压实新铺部分。

3.高速公路和一级公路的表面层横向接缝应采用垂直的平接缝，以下各层可采用自然碾压的斜接缝，沥青层较厚时也可作阶梯形接缝。其他等级公路的各层都可采用斜接缝。

4.斜接缝的搭接长度与层厚有关，宜为 0.4 ～ 0.8m。搭接处应洒少量沥青，混合料中的粗集料颗粒应予以剔除，并补上细料，搭接平整，充分压实。阶梯形接缝的台阶经铣刨而成，并洒粘层沥青，搭接长度不宜小于 3m。

5.平接缝宜趁尚未冷透时用凿岩机或人工垂直刨除端部层厚不足的部分，使工作缝成直角连接。当采用切割机制作平接缝时，宜在铺设当天混合料冷却但尚未结硬时进行。刨除或切割不得损伤下层路面。切割时留下的泥水必须冲洗干净，待干燥后涂刷粘层油。铺筑新混合料接头应使接槎软化，压路机先进行横向碾压，再纵向碾压成为一体，充分压实，连接平顺。

（八）开放交通及其他

1.热拌沥青混合料路面应待摊铺层完全自然冷却，混合料表面温度低于 50℃后，方可开放交通。需要提早开放交通时，可洒水冷却降低混合料温度。

2.沥青路面雨期施工应符合下列要求。

（1）关注气象预报，加强工地现场、沥青拌和厂及气象台站之间的联系，控制施工长度，各项工序紧密衔接。

（2）运料车和工地应备有防雨设施，并做好基层及路肩排水。

（3）铺筑好的沥青层应严格控制交通，做好保护，保持整洁，不可造成污染，不准在沥青层上堆放施工产生的土或杂物，严禁在已铺沥青层上制作水泥砂浆。

六、常温沥青混合料路面施工技术

（一）一般规定

1.冷拌沥青混合料适用于三级及三级以下的公路的沥青面层、二级公路的罩面层施工以及各级公路沥青路面的基层、连接层或整平层。冷拌改性沥青混合料可用于沥青路面的坑槽冷补。

2.冷拌沥青混合料宜采用乳化沥青或液体沥青拌制，也可采用改性乳化沥青。

3.冷拌沥青混合料宜采用密级配沥青混合料，当采用半开级配的冷拌沥青碎石混合料路面时应铺筑上封层。

（二）冷拌沥青混合料路面施工

1.冷拌沥青混合料宜采用拌和厂机械拌和及沥青摊铺机摊铺的方式。缺乏厂拌条件时也可采用现场路拌及人工摊铺方式。冷拌沥青混合料施工需注意防止混合料离析。

2. 当采用阳离子乳化沥青拌和时，宜先用水使集料湿润，如果湿润后仍难于与乳液拌和均匀时，应改用破乳速度更慢的乳液，或者用 1% ～ 3% 浓度的氯化钙水溶液代替水润湿集料表面。

3. 混合料适宜的拌和时间应根据实际情况调节并通过试拌确定，矿料中加进乳液后的机械拌和时间不宜超过 30s，人工拌和时间不宜超过 60s。

4. 已拌好的混合料应立刻运至现场进行摊铺，并在乳液破乳前结束。在拌和与摊铺过程中已破乳的混合料，应予废弃。

5. 乳化沥青冷拌混合料摊铺后宜采用 6t 左右的轻型压路机初压 1 ～ 2 遍，使混合料初步稳定，再用轮胎压路机或钢筒式压路机碾压 1 ～ 2 遍。当乳化沥青开始破乳、混合料由褐色变成黑色时，改用 12 ～ 15t 轮胎压路机碾压，将水分挤出，复压 2 ～ 3 遍后停止，待晾晒一段时间，水分基本蒸发后继续复压至密实为止。当压实过程中有推移现象时应停止碾压，待稳定后再碾压。当天不能完全压实时，可在较高气温状态下补充碾压。当缺乏轮胎压路机时，也可采用钢筒式压路机或较轻的振动压路机碾压。

6. 乳化沥青混合料路面的上封层应在压实成型、路面水分完全蒸发后加铺。

7. 乳化沥青混合料路面施工结束后宜封闭交通 2 ～ 6h，并注意做好早期养护。开放交通初期，应设专人指挥，车速不能超过 20km/h，不可刹车或掉头。

8. 冷拌沥青混合料施工遇雨应立即停止铺筑，以防雨水将乳液冲走。

（三）冷补沥青混合料

1. 用于修补沥青路面坑槽的冷补沥青混合料宜采用适宜的改性沥青结合料制造，并具有良好的耐水性。

2. 冷补沥青混合料的矿料级配宜按照要求执行。沥青用量通过试验并根据实际使用效果确定，通常宜为 4% ～ 6%。其级配应符合补坑的需要，粗集料级配必须具有充分的嵌挤能力，以便在未经充分碾压的条件下可开放通车碾压而不松散。

3. 冷补沥青混合料的质量宜符合下列要求。

（1）制造冷补沥青混合料的集料必须符合《公路沥青路面施工技术规范》（JTGF40-2004）热拌沥青混合料集料的质量要求。

（2）有良好的低温操作和易性。用于冬季寒冷季节补坑的混合料，应在松散状态下经 -10℃ 的冰箱保持 24h 无明显的凝聚结块现象，且能用铁铲方便地拌和操作。

（3）有良好的耐水性，混合料按水煮法或水浸法检验的抗水剥落性能（裹覆面积）不得小于 95%。

（4）冷补沥青混合料应有足够的黏聚性，马歇尔试验稳定度宜不小于 3kN。

①黏聚性试验方法。将冷补材料 800g 装入马歇尔试模中，放入 4℃ 恒温室中 2 ～ 3h，取出后双面各击实 5 次，制作试件，脱模后放在标准筛上，将其直立并使试件沿筛框来回

滚动 20 次，破损率不得大于 40%。

②冷补沥青混合料马歇尔试验方法。称混合料 1180g 在常温下装入试模中，双面各击实 50 次，连同试模一起以侧面竖立方式置于 110℃烘箱中养生 24h，取出后再双面各击实 25 次，再连同试模在室温中竖立放置 24h，脱模后在 60℃恒温水槽中养生 30min，进行马歇尔试验。

七、透层、粘层施工技术

（一）透层

1. 沥青路面各类基层都必须喷洒透层油，沥青层必须在透层油完全渗透入基层后方可铺筑。基层上设置下封层时，透层油不宜省略。气温低于 10℃或大风、即将降雨时不可喷洒透层油。

2. 根据基层类型选择渗透性好的液体沥青、乳化沥青、煤沥青作透层油，喷洒后通过钻孔或挖掘确认透层油渗透入基层的深度宜不小于 5mm（无机结合料稳定集料基层）~ 10mm（无结合料基层），并能与基层联结成为一体。

3. 透层油的黏度通过调节稀释剂的用量或乳化沥青的浓度得到适宜的黏度，基质沥青的针入度一般宜不小于 100。透层用乳化沥青的蒸发残留物含量允许根据渗透情况适当调整，当使用成品乳化沥青时可通过稀释得到要求的黏度。透层用液体沥青的黏度通过调节煤油或轻柴油等稀释剂的品种和掺量经试验确定。

4. 透层油的用量通过试洒确定，不宜超出相关要求的范围。

5. 用于半刚性基层的透层油宜紧接在基层碾压成型后表面稍变干燥但尚未硬化的情况下喷洒。

6. 在无结合料粒料基层上洒布透层油时，宜在铺筑沥青层前 1 ~ 2d 洒布。

7. 透层油宜采用沥青洒布车一次喷洒均匀，使用的喷嘴宜根据透层油的种类和黏度选择并确保均匀喷洒，沥青洒布车喷洒不均匀时宜改用手工沥青洒布机喷洒。

8. 喷洒透层油前应清扫路面，遮挡防护路缘石及人工构造物避免污染，透层油必须洒布均匀，有花白遗漏应人工补洒，喷洒过量的立即洒布石屑或砂吸油，必要时做适当碾压。透层油洒布后不得在表面形成能被运料车和摊铺机粘起的油皮，透层油达不到渗透深度要求时，需更换透层油稠度或品种。

9. 透层油洒布后的养生时间随透层油的品种和气候条件由试验确定，确保液体沥青中的稀释剂全部挥发，乳化沥青渗透且水分蒸发，然后尽早铺筑沥青面层，防止工程车辆损坏透层。

（二）粘层

1. 满足下列情况之一时，必须喷洒粘层油。

（1）双层式或三层式热拌热铺沥青混合料路面的沥青层之间。

（2）水泥混凝土路面、沥青稳定碎石基层或旧沥青路面层上加铺沥青层。

（3）路缘石、雨水口，检查井等构造物与新铺沥青混合料接触的侧面。

2.粘层油宜采用快裂或中裂乳化沥青、改性乳化沥青，也可采用快、中凝液体石油沥青，其规格和质量应满足《公路沥青路面施工技术规范》（JTGF40-2004）的要求，所使用的基质沥青标号宜与主层沥青混合料一致。

3.粘层油品种和用量，应根据下卧层的类型通过试洒确定。当粘层油上铺筑薄层大空隙排水路面时，粘层油的用量宜增加到 0.6 ～ 1.0L/m²。在沥青层之间兼作封层而喷洒的粘层油宜采用改性沥青或改性乳化沥青，其用量宜不少于 1.0L/m²。

4.粘层油宜采用沥青洒布车喷洒，并选择适宜的喷嘴，洒布速度和喷洒量保持稳定。当采用机动或手摇的手工沥青洒布机喷洒时，必须由熟练的技术工人操作，均匀洒布。气温低于 10℃时不得喷洒粘层油，寒冷季节施工不得不喷洒时可以分成两次喷洒。路面潮湿时不可喷洒粘层油，用水洗刷后需待表面干燥后喷洒。

5.喷洒的粘层油必须成均匀雾状，在路面全宽度内均匀分布成一薄层，不得有洒花漏空或成条状，也不能有堆积。喷洒不足的要补洒，喷洒过量处应予刮除。喷洒粘层油后，严禁运料车外的其他车辆和行人通过。

6.粘层油宜在当天洒布，待乳化沥青破乳、水分蒸发完成，或稀释沥青中的稀释剂基本挥发完成后，紧跟着铺筑沥青层，确保粘层不受污染。

八、道路水泥混凝土面层施工原材料技术要求

（一）水泥

1.特重、重交通路面宜采用旋窑道路硅酸盐水泥，也可以采用旋窑硅酸盐水泥或普通硅酸盐水泥；中、轻交通的路面可采用矿渣硅酸盐水泥；低温天气施工或有快通要求的路段可采用 R 型水泥，另外宜采用普通型水泥。

2.水泥进场时每批量应附有化学成分、物理、力学指标合格的检验证明。

3.选用水泥时，除满足强度要求和各项化学、物理指标外，还需通过混凝土配合比试验，根据其配制弯拉强度、耐久性和工作性优选适宜的水泥品种、强度等级。

4.采用机械化铺筑时，宜选用散装水泥。散装水泥的夏季出厂温度：南方不宜高于65℃，北方不宜高于 55℃；混凝土搅拌时的水泥温度：南方不宜高于 60℃，北方不宜高于 50℃，且不宜低于 10℃。

（5）当贫混凝土和碾压混凝土用作基层时，可使用各种硅酸盐类水泥。不掺用粉煤灰时，宜使用强度等级 32.5 级以下的水泥。掺用粉煤灰时，只能使用道路水泥、硅酸盐水泥、普通水泥。水泥的抗压强度、抗折强度、安定性和凝结时间必须检验合格。

（二）粉煤灰及其他掺合料

1.混凝土路面在掺用粉煤灰时，需掺用质量指标符合规定的电收尘Ⅰ、Ⅱ级干排或磨

细粉煤灰，不可使用Ⅱ级粉煤灰。贫混凝土、碾压混凝土基层或复合式路面下面层应掺用符合规定的Ⅰ级或Ⅱ级以上粉煤灰，不得使用等外粉煤灰。

2. 粉煤灰宜采用散装灰，进货应有等级检验报告。应确切了解所用水泥中已经加入的掺合料种类和数量。

3. 路面和桥面混凝土中可使用硅灰或磨细矿渣，使用前应经过试配检验，确保路面和桥面混凝土弯拉强度、工作性、抗磨性、抗冻性等技术指标合格。

（三）粗集料

1. 粗集料应使用质地坚硬、耐久、洁净的碎石、碎卵石和卵石。高速公路、一级公路、二级公路以及有抗冻（盐）要求的三、四级公路混凝土路面使用的粗集料级别应不低于Ⅱ级，无抗（盐）冻要求的三、四级公路混凝土路面、碾压混凝土及贫混凝土基层可使用四级粗集料。有抗（盐）冻要求时，Ⅰ级集料吸水率不应大于1.0%，Ⅱ级集料吸水率不应大于2.0%。

2. 用于路面和桥面的混凝土的粗集料不得使用不分级的统料，应按最大公称粒径的不同采用2~4个粒级的集料进行掺配，并应符合合成级配的要求。卵石最大公称粒径不宜大于19.0mm，碎卵石最大公称粒径不宜大于26.5mm，碎石最大公称粒径不应大于31.5mm。贫混凝土基层粗集料最大公称粒径不应大于31.5mm，钢纤维混凝土与碾压混凝土粗集料最大公称粒径不宜大于19.0mm。碎卵石或碎石中粒径小于75μm的石粉含量不宜大于1.0%。

（四）细集料

1. 细集料应采用质地坚硬、耐久、洁净的天然砂、机制砂或混合砂。高速公路、一级公路、二级公路以及有抗（盐）冻要求的三、四级公路混凝土路面使用的砂应不低于Ⅱ级，无抗（盐）冻要求的三、四级公路混凝土路面、碾压混凝土及贫混凝土基层可采用Ⅱ级砂。特重、重交通混凝土路面宜使用河砂，砂的硅质含量不应低于25%。

2. 细集料的级配要求应符合规定，路面和桥面用天然砂宜为中砂，也可使用细度模数在2.0~3.5之间的砂。同一配合比用砂的细度模数变化范围不应超过0.3，否则，应分别堆放，并调整配合比中的砂率后使用。

3. 路面和桥面混凝土所使用的机制砂除要符合规定外，还应检验砂浆磨光值，其值宜大于35，不宜使用抗磨性较差的泥岩、页岩、板岩等水成岩类母岩品种生产机制砂。配制机制砂混凝土应同时掺引气高效减水剂。

4. 在河砂资源紧缺的沿海地区，二级及二级以下公路混凝土路面和基层可使用淡化海砂，缩缝设传力杆混凝土路面不宜使用淡化海砂；钢筋混凝土及钢纤维混凝土路面和桥面不得使用淡化海砂。尚应符合下述规定。

（1）淡化海砂带入每立方米混凝土中的含盐量不可大于1.0kg。

（2）淡化海砂中碎贝壳等甲壳类动物残留物含量不应大于1.0%。

（3）与河砂对比试验，淡化海砂要对砂浆磨光值、混凝土凝结时间、耐磨性、弯拉强度等无不利影响。

5. 水

饮用水可直接作为混凝土搅拌和养护用水。对水质有疑问时，需检验下列指标，合格者方可使用。

（1）硫酸盐含量小于 0.0027mg/mm³。

（2）含盐量不能超过 0.005mg/mm³。

（3）pH 值不得小于 4。

（4）不能含有油污、泥和其他有害杂质。

6. 外加剂

（1）外加剂的产品质量应符合各项技术指标。供应商应提供有相应资质外加剂检测机构的品质检测报告，检测报告应说明外加剂的主要化学成分，认定对人员无毒副作用。

（2）引气剂应选用表面张力降低值大、水泥稀浆中起泡容量多而细密、泡沫稳定时间长、不溶残渣少的产品。有抗冰（盐）冻要求地区，各交通等级路面、桥面、路缘石、路肩及贫混凝土基层必须使用引气剂；无抗冰（盐）冻要求地区，二级及二级以上公路路面混凝土中应使用引气剂。

（3）各交通等级路面、桥面混凝土宜选用减水率大、坍落度损失小、可调控凝结时间的复合型减水剂。高温施工宜使用引气缓凝（保塑）（高效）减水剂，低温施工宜使用引气早强（高效）减水剂。选定减水剂品种前，必须与所用的水泥进行适应性检验。

（4）处在海水、海风、氯离子、硫酸根离子环境或冬季撒除冰盐的路面或桥面钢筋混凝土、钢纤维混凝土中宜掺阻锈剂。

7. 钢筋

（1）各交通等级混凝土路面、桥面和搭板所用钢筋网、传力杆、拉杆等钢筋应符合国家有关标准的技术要求。

（2）各交通等级混凝土路面、桥面和搭板所用钢筋应顺直，不得有裂纹、断伤、刻痕、表面油污和锈蚀。传力杆钢筋加工应锯断，不得挤压切断；断口应垂直、光圆，用砂轮打磨掉毛刺，并加工成 2 ~ 3mm 圆倒角。

8. 钢纤维

（1）用于公路混凝土路面和桥面的钢纤维除应满足《混凝土用钢纤维》（YB/T151-1999）的规定外，还应符合下列技术要求。

①单丝钢纤维抗拉强度不宜小于 600MPa。

②钢纤维长度应与混凝土粗集料最大公称粒径相匹配，最短长度宜大于粗集料最大公称粒径的 1/3；最大长度宜大于粗集料最大公称粒径的 2 倍；钢纤维长度与标称值的偏差不应超过 ±10%。

（2）路面和桥面混凝土中，宜使用防锈蚀处理的钢纤维及有锚固端的钢纤维。不得使用表面磨损前后裸露尖端导致行车不安全的钢纤维。不宜使用搅拌易成团的钢纤维。

9.接缝材料

（1）应选用能适应混凝土面板膨胀和收缩、施工时不变形、弹性复原率高、耐久性好的胀缝板。高速公路、一级公路宜采用塑胶、橡胶泡沫板或沥青纤维板，其他公路可采用各种胀缝板。

（2）填缝材料应具有与混凝土板壁黏结牢固、回弹性好、不溶于水、不渗水、高温时不挤出、不流淌、抗嵌入能力强、耐老化龟裂，负温拉伸量大，低温时不脆裂、耐久性好等特点。填缝料有常温施工式和加热施工式两种。常温施工式填缝料主要有聚（氨）酯、硅树脂类，氯丁橡胶、沥青橡胶类等。加热施工式填缝料主要有沥青玛碲脂类、聚氯乙烯胶泥类、改性沥青类等。高速公路、一级公路应优先使用树脂类、橡胶类或改性沥青类填缝材料，并宜在填缝料中加入耐老化剂。

（3）填缝时应使用背衬垫条控制填缝形状系数。背衬垫条要具有良好的弹性、柔韧性，不吸水，耐酸碱腐蚀和高温不软化等性能。背衬垫条材料有聚氨酯、橡胶或微孔泡沫塑料等，其形状应为圆柱形，直径要比接缝宽度大 2 ~ 5mm。

第三章 公路养护施工组织

第一节 公路养护施工组织概述

施工组织，是指项目施工前，根据工程设计文件、建设单位的要求，以及主客观条件，对工程施工全过程，采用科学的方法所进行的一系列筹划、安排活动。施工组织要从工程的全局出发，按照客观的施工规律和当时当地的施工条件，统筹考虑施工活动的人力、资金、材料、机械和施工方法等五个主要因素之后，对整个工程的施工进度和资源消耗等做出科学的安排。施工组织的目的是使工程建设在一定的时间和空间内，实现有组织、有计划、有秩序的施工，以期达到工程施工的相对最优效果。

一、公路养护施工组织要求

公路的养护工作不同于一般工程，这是由公路自身的快速、经济、安全、舒适等特点所决定的，故公路养护施工具有及时性、快速性、高质量性等特点。这就对公路养护施工组织提出特定的要求。

1. 维修保养工作的施工组织要求

由于维修保养工作是为保持公路及其附属设施的正常使用功能而安排的经常性保养和修补其轻微损坏部分的作业，这就决定了其经常性、周期性、计划性等特点，因此施工组织的要求如下。

（1）施工组织方式必须贯穿常备不懈的特点，可采取属段化的组织方式，50千米左右设置一个养护管理单元，随时进行维修。

（2）充分认识和掌握维修保养工作的周期性规律，合理安排施工设备、人员等。

（3）因日常维修保养工作的内容较多而固定，所以应根据实际情况制订施工组织计划，合理安排工作内容。

2. 专项工程的施工组织要求

专项养护是对管养范围的公路及其工程设施的集中性缺陷、局部损坏或普遍性病害进行有针对性的专门处理加固，以基本恢复原状或使用效果，并在一定程度上提高公路抗病害能力，美化路容路貌的小型工程项目。由于其针对性较强，施工范围较集中，故要求在施工组织设计中做好主要工艺流程、设备管理等工作。

3. 大修工程的施工组织要求

大修工程是对管养范围内的公路及其工程设施的较大缺陷、较大损坏、路段性的严重病害等，进行周期性的或针对性的综合修理，以恢复和提高公路运营能力的工程项目。因其具有时效性、安全性等特点，所以施工组织要求如下。

（1）尽可能减少对交通的干扰，减少养护作业时间，快速准备好现场，同时在大修工作完成后快速撤离现场，恢复交通。

（2）做好安全组织工作，最大限度地降低大中修工程施工中的危险性。

二、公路养护施工组织特点

1. 季节性

不同季节的气候因素可能对公路的路容、路貌、行车条件、道路病害、道路设施损坏带来阶段性或集中性的养护需求。因季节性因素的影响，养护工作分布不均衡，不仅造成了资金、人员、材料使用的不均衡，对养护装备配置也带来了很多困难。避如北方地区，大批的专用除雪设备夏天用不上，而大量的绿化设备冬天又不能使用，这无疑降低了设备的利用率，增加了养护成本。公路养护工作要结合地域的气候、交通需求，充分考虑季节性的特点。人员应一专多能，装备应一机多用，以此提高作业效率，降低养护成本。

2. 突发性

在公路养护工作中，对于突发事件，要采取紧急抢修措施，尽快恢复交通。这就要求养护组织能够适应突发性抢修的特点。养护组织应能够满足应急抢险的要求，人员、材料、设备和指挥调度系统常备不懈，并有应对的预案。在路网内具有随时可以调动的机动人员，并将公路沿线地方政府、医疗机构和社会力量组织起来作为处理突发事件的后备力量。为确保突发事件的顺利处理，需要安排一定数量的应急、抢修专项资金，以备急需时专用。

3. 流动性

在公路养护作业中，相当部分的工作内容是通过流动作业的方式来完成的，如清扫、保洁、除雪、防滑等是在养护设备行进中完成的。另外，还有一些工作，虽然需要养护机械停下来工作，但停下来作业的时间很短，而行走却占用更多的时间，这种作业也属于流动性作业。例如为沿线的树木浇水、喷药、草坪修剪、路面坑槽修补、残缺标记修补等。养护施工组织要适应流动性作业的特点，不仅要在装备配置上走机械化养护的道路，在作业方式上也应有一套有针对性的作业组织方法，其中包括行走方式、作业方式、安全措施等。

4. 高风险性

在公路养护施工过程中，日常养护作业是不关闭交通的，高速的交通流和复杂的现场作业环境构成了养护作业安全隐患多的特点。施工组织不当是安全隐患的原因之一，譬如设备进场顺序错乱会导致交通堵塞引发交通事故等。所以，施工组织过程中应结合养护作业安全隐患多的特点，合理组织施工。

三、业主的施工组织管理

业主按照《中华人民共和国公路法》（以下简称《公路法》）及相关法律赋予的责任和义务出资，直接或委托养护公司对公路进行养护，确保设施完整，道路畅通。在养护管理中，公路的业主主要负责以下工作。

1.路况调查，掌握道路、桥梁、结构的工作状态。

2.编制养护工作计划。

3.筹集养护经费。

4.选择养护施工单位。

5.做好养护工程项目管理。

6.编制公路运营技术状况报告。

业主管理机构可以分为两种情况：一种情况是业主将养护工作全面委托出去，交由公路养护公司负责养护。路况调查、养护工程设计和监理工作也分别委托具有从业资质的单位实施。业主的管理机构主要有两个部门：（1）计划财务部门，负责筹划和掌握养护资金的使用；（2）养护管理部门，负责养护工作的协调、组织和养护成果的考核。另一种情况为业主全面承担养护工程的组织工作，这样，业主机构要相应增设养护技术和生产部门以满足养护工作的需要。

在公路网级管理机构中，还要按照区域路网的大小、交通流量、路况、养护工作量的特点来设置业主的养护机构。为了适应公路养护专业化、机械化的特点，很多路网级的业主单位，在管理机构中主要设置以下部门。

1.养护部。负责日常养护的组织和管理。

2.工程部。负责专项和大修工程的组织和管理。

3.材料设备部。负责大型保障性设备的采购和管理。

4.机电维护部。负责机电系统的维护和管理。

以养护专项工程为例，公路业主养护管理工作如下。

1.编制养护专项工程项目建议书。主要工作有：交通流量调查，路况调查，协调养护工程预安排，编制养护工程建议书，审查建议书，并纳入养护计划。

2.项目施工图设计。主要工作有：绘制图纸，编制施工预算，履行设计审批程序。

3.项目实施准备。主要工作有：编制合同文件，确定施工单位，签署合同文件。

4.项目实施。主要工作有：项目质量控制，项目进度控制，项目安全控制，项目费用控制，项目履约。

5.项目验收。主要工作有：数量验收，质量评价，项目总结。

项目总结的内容包括：道路运营技术状况报告，养护专项工程组织情况报告，养护专项工程成本情况报告，养护专项工程质量情况报告。

四、养护公司的施工组织管理

养护公司管理的目标是在养护工程合同中体现出来的，不仅包括了造价，而且包括质量、工期、安全责任目标，以及一般工程合同中包括的责任和义务。

1.工前准备阶段的主要工作

（1）签署工程合同。

（2）编制施工组织设计。

（3）场地临时建设。

（4）组织材料进场，施工配合比设计。

（5）设备进场、安装、调试。

（6）查看现场。

（7）工前技术交底，安全培训。

（8）成本及管理目标分解。

（9）准备标志设施。

（10）办理施工作业许可。

（11）申请开工。

2.养护施工阶段的主要工作

（1）材料管理。控制进场材料的规格、数量、质量和价格；贵重材料、易损、易潮、易燃、易爆材料还要做好安全管理，对出场材料特别是场内拌制的混合料要把好质量检验关。

（2）设备管理。包括施工车辆、大型设备使用、运行、安全和成本管理，应按照生产的需要，合理配置和调度设备，提高装备的使用率，增强对设备使用及工作量的考核，并组织好维修和保养。

（3）劳动力管理。通过劳动合同方式对养护维修作业人员进行管理。临时工人应有试用阶段，在试用阶段考核其技能。在正式聘用阶段，考核出勤情况和完成的劳动定额。

（4）技术和质量管理。养护公司内部要建立质量责任制，从进场材料开始控制，工序间要有质量自检、互检和交接。直至工程成品，都应该满足合同和技术规范确定的质量标准。

（5）成本和合同管理。公司要取得利润，应该特别重视成本和合同管理。要掌握工程数量和合同确定的工期，通过人工、机械和劳动力的合理投入，按照完成的数量和质量，计量和支付各种工程费用。

（6）现场组织管理。主要是现场的作业秩序、组织和调度，使其合理、紧凑，以最恰当的消耗、最佳的时间来做好计划内的工程，避免人员误工、机械待料和出现安全事故。

3.工后责任履约阶段的主要工作

工程完工后要确认工程缺陷责任期，履行缺陷责任期内的责任和采取的修复措施，以及验收、计量标准，确保缺陷责任期内发现的工程缺陷能够得到及时补救，以最终履行合同所确定的质量责任。

一般情况下，施工组织机构分为两层，高层为施工组织的决策层，主要岗位有项目经理、负责生产组织的项目副经理和技术、质量管理的项目总工程师。中层为施工组织的操作层，其中，履行管理职责的有综合部、合同部、财务部、技术质量部和材料设备部。履行生产职责的有拌和场、（摊铺）机械队、运输队、试验室、测量班和施工队等。

第二节 养护施工组织计划

一、概述

科学的施工组织计划是指导工程施工，取得良好经济效益和社会效益的前提。如若施工前没有周密的计划，没有进行合理组织和科学管理，必定会产生各分部分项工程间、各工序间相互矛盾，机械劳动力及材料调配紊乱，导致各种资源的浪费，甚至出现一些重复的无效劳动，难以确保施工质量及安全，拖延工期，直接影响建设项目的投资效果。

1.公路养护施工计划的任务

公路养护施工要多快好省地完成施工生产任务，必须有科学的施工组织计划，合理解决好一系列问题。其具体任务如下。

（1）确定开工前必须完成的各项准备工作。

（2）计算工程数量、合理部署施工力量，确定劳动力、机械台班、各种材料、构件等的需要量和供应方案。

（3）确定施工方案，选择施工机具。

（4）安排施工顺序，编制施工进度计划。

（5）确定工地上的设备停放场、料场、仓库、办公室、预制场地等的平面布置。

（6）制定确保工程质量及安全生产的有效技术措施。

另外，公路养护工程的施工方案可以是多种多样的，应根据公路养护工程具体任务的特点、工期要求、劳动力数量及技术水平、机械装备能力、材料供应以及构件生产、运输能力，气候等自然条件及技术经济条件进行综合分析，从几个方案中反复比较，选择出最理想的方案。

2.公路养护施工计划的分类

（1）维修养护计划。其编制程序一般是按照自下而上、上下结合的原则进行编制，公路基层养护管理部门每年年初依据公路养护设施量、公路养护标准、养护里程、实际调查的养护情况、公路路面五项指标的测试结果及公路养护规定等，合理编制公路维修保养年度作业计划，并且上报公路主管部门。经审查批准后，基层养护管理部门按上级主管部门最后核定投资额编制年度养护作业计划，同时按每季、每月的养护工作量编制季、月养护计划和旬作业计划。

（2）大修和专项工程计划。基层养护管理单位应根据养护段各项设施的服务情况和状况，在年终时向上级主管部门报送下一年度的单项工程计划及概算。经主管部门审查汇总后，根据养护资金的使用情况，编制年度专项工程计划。合理编制施工计划和施工方案及预算。并且报上级主管部门，经审核同意后，基层单位即可安排施工。

二、计划编制依据

公路养护施工组织计划的编制，要根据公路养护工程的特点，按照客观的施工规律和当时当地的具体施工条件和工期要求等，统筹考虑施工活动中的人工、材料、机械、资金和施工方法等各主要因素，对整个工程的施工进度和相应的资源分配、消耗等做出科学而合理的安排。同时，施工组织设计要体现国家的方针、政策，要确保工程质量和施工安全，做到增产节约、降低工程成本。在编制过程中一般参考下列规定和要求进行编制。

1. 公路养护管理办法

养护管理办法是公路管理部门依据《公路法》以及国家有关政策，结合本地养护工作实际而制定的养护管理规定，用于明确养护工作的管理、设计、监理、施工等工作职责和权限，使养护工作有章可循、有法可依。养护管理办法规定，公路管理机构或公路经营公司应当安排足够的养护资金，依据《公路养护质量检查评定标准》，根据公路养护技术规范和操作规程对公路进行养护，使公路及其附属设施经常处于良好的技术状态。养护部门要制订好施工组织计划，选择切实可行的施工方案和效果最好的施工组织方法组织公路养护工作。

2. 公路养护技术规范

公路养护技术规范是用以指导公路养护技术管理的行业标准，主要内容为公路养护的一般规定、基本要求、养护技术措施以及相应的对策等。因公路养护涉及的内容较多，为了确保工作质量，要正确选择技术措施。编制施工组织设计时，要对工程情况进行分析，确定施工方案和资源情况。收集相关的定额、规范和技术标准。作为编制施工组织计划和质量管理措施的依据。

3. 公路养护质量检查评定标准

公路养护质量，是指公路工程设施竣工验收交付使用后所保持的质量状况和服务水平，它包含公路设计、施工所形成的内在质量状况和公路养护所保持、提高现有技术状况的程度。因而，《公路技术状况评定标准》（UJTG H20 2007）是对公路客观现状全面考核的指标。施工组织设计中的养护维修要达到《公路技术状况评定标准》（JTG H20 2007）的要求，使其各部分达到原有的设计功能和使用性能。

4.计划文件和合同文件

编制施工组织设计主要有计划文件和合同文件，其中，计划文件是指由公路业主编制的年度养护工作安排。包括工程内容、维修位置、数量、计划资金、施工期限要求、养护管理部门对养护维修设计、施工的指标等。合同文件，是指公路业主与养护施工单位签订的合同，包括工程简述，工程计划开、竣工日期，工程数量、质量标准，工程单价、总造价、结算方式，缺陷责任，双方的权利和义务等。施工组织设计中使用的工程数量和工程内容等均应来源于计划文件或合同。

5.工程设计文件

工程设计文件的内容，包括设计方案说明、设计图纸、施工组织计划及预算等，是编制施工组织设计的主要依据。编制施工组织设计时，查阅设计文件应了解施工方案，各项工程的结构形式和结构特点，工程数量的分布情况，个别工程对施工的特殊要求，采用新技术、新工艺、新结构、新材料的情况等。设计文件中的施工组织计划包括施工的总说明、工程进度图、主要材料计划表、主要施工机具、设备计划表等资料，为编制下一步的施工组织设计提供了较为详细的数据依据。

6.养护安全作业规程、环保要求

养护安全作业规程要求公路管理部门和交通安全管理部门采取有效措施，防止因作业而发生事故。加强安全教育和培训，严格按照标准和规定布设作业场区的标志和设施，并精心照管、保持正确。上路作业的人员要着作业服饰，依法作业，努力营造好的作业环境和通行环境。所以，施工组织设计中要考虑安全作业的因素，编制养护作业计划时，要增加安全作业措施（方案）内容，做好作业组织、作业方式、施工现场交通控制等设计。

随着人们生态意识、环保观念的增强，要求养护维修保持不破坏和污染环境。于是，施工组织设计中要考虑并做好保护环境的设计和制定保护环境需要采取的措施，如拌和场地布置要合理利用土地；维修的废料不能随意丢弃，运回基地集中堆放，重新开发回收利用的途径，拌和站应有除尘等措施，排放不污染环境等。

7.路况调查资料

路况调查是公路日常养护的一项基础工作，是养护维修立项的依据，不应间断和遗漏。调查内容包括路基、路面、桥涵构造物等，检查方法包括综合调查、专项调查、检测和特殊检查等。由于养护专项工程是通过路况普查和检测，经过技术可行性、方案可行性论证、计算和评价而确定的，因此，施工组织设计时应依据立项时路况普查的结果而进行。在调查中，对病害情况进行统计，分出轻、中、重等级，作为施工进度及排列作业顺序和流水方向的依据。

8.拟投入设备的有关技术资料

设备的技术资料是指设备的型号、功率、容积、长度等主要能力方面的指标数据，通过调查合理选择，使设备的各种性能达到施工方案的要求，如铣刨机最大铣刨深度、每小时铣刨数量，摊铺机的幅宽、自重、摊铺效率等，以便在编制施工组织设计时合理排出工期，配置相应的运输车辆和其他辅助设备，并依此编制主要施工机具、设备计划表。表中应列出机具、设备名称、规格、数量（台班、台数）、使用期限，以及按年、季的计划用量等。

9. 拟采用材料的调查资料

材料的调查资料，是指对维修所需材料储量、产地、规格、运输距离等资源情况的调查资料，使所需材料满足施工要求，也是计算运输量和运输工具数量的可靠性资料，可参考设计文件提供的资料。外购材料如沥青、水泥等要调查供应及发货地点、规格、单价、可供应数量、运输方式及运输费用；地方材料如砂等要调查产地、质量、单价、运输方式、运输距离及运输费用；自采加工材料如碎石等要调查料场、加工场位置、可开采数量、运距等情况。调查后编制主要材料计划表，表中列出材料的名称、规格、单位、数量、来源、运输方式，按年、季的计划用量等。

10. 养护材料运输调查

材料运输调查，主要是对材料运输方式的调查，因公路的封闭性，材料的运输调查较为重要，它不仅直接影响工程进度，而且在很大程度上也影响工程造价。所以要调查清楚沿线及附近地区的铁路、公路、河流的位置，车站、码头到工地的距离和卸货与存储能力；装卸运输标准；公路桥梁的最大承载力，航道的封冻、洪水及枯水期；当地汽车修理厂的情况及能力；民间运输能力；公路的上路地点、运输距离（包括因封闭而延长的距离）等，应根据调查结果，制定好运输方案，使设计运距与实际运距相符并经济合理。

11. 劳动力的市场价格

劳动力市场价格调查，主要是对当地可动用的劳动力数量、技术水平及类别、施工能力、劳动力工资水平等情况进行调查。调查满足公路施工需求的可能性和数量，作为编制劳动力需要量计划的依据。不同的工作可以选择不同水平的工人来完成，比如公路养护的一些小型维修，就可以在社会上联系固定的合作伙伴来完成，专项维修则必须配备熟练的技术工人。

12. 沿线气候、水文、地质资料

沿线气候、水文、地质资料包括地形、地貌、地质、地下水、地面水、气温、降雨、风力及风向等其他（滑坡、地震、泥石流等）情况了解沿线气候、水文、地质资料，在施工组织设计中可以合理安排工程的施工方法、工期及施工时间，以及制定在不良气候和地质条件下，养护维修应采取的对策和措施，例如根据地质条件选择不同的路基土石方施工方法，根据气温和降雨时间安排好水泥混凝土工程、路面工程及砌筑工程的施工工期，根据风力确定高空作业及吊装的方案和安全设施等。

三、养护施工组织设计文件组成

公路养护工程施工组织设计文件由以下部分组成。

1. 总说明。主要工程的基本情况，包括养护维修编制依据、工程概况、气候环境条件、工期、主要工程内容、施工布局和计划安排、施工重点和对策、质量和安全规定，降低工程成本的技术组织措施以及施工单位的一般情况等。

2. 施工组织机构。包括：施工组织机构框图、成本核算体系框图、施工指挥系统框图、人员进场计划表、主要岗位职责等。

3. 施工工艺方法。包括：路面施工方法、桥面铺装施工方法、沥青混凝土面层施工工艺流程图等。

4. 质量确保措施。包括：质量确保措施说明、质量确保体系框图等。

5. 工程进度计划。包括：总体工程进度计划表，沥青混凝土面层工程进度计划图等。总体工程施工进度计划是在确保工期和工程质量的前提下对各单项施工顺序进行安排，主要内容包括工作量和开、竣工时间，资金安排计划，施工技术措施，方案和施工方法等。其目的是在宏观上控制工程的进度。在施工总体安排时应考虑季节和气候的影响因素，比如春季可安排绿化植树工程、夏季安排路面和桥梁等砌筑工程施工，秋季安排排水设施整修、冬季安排除雪等。

6. 施工安全与防护。包括：施工安全与防护措施、安全领导小组框图等。

7. 文明施工要求。

8. 材料、设备、资金。包括：设备进场计划表、材料供应计划表、资金使用计划表等。

9. 现场布置图。包括：路线平面图和场地平面布置图等。

（1）路线平面图。路线平面图是以整个工程为对象的施工平面布置总方案图，通常应包括以下内容。

①标明拟维修的主要工程施工项目的位置，如路基、路面等重点工程的位置、路线里程、收费站、服务区等。

②为工程施工服务的设施及位置，如料场、仓库、沥青拌和站、生活用房等。

③施工管理机构，如现场管理单位、监理机构、工程施工队等。

④重要地形地物、建筑设施，与施工有关的已有公路、车站、码头、河流、不良地质路段等。

（2）场地平面布置图。在施工技术复杂或施工条件困难的重点工程地段，由于施工环节多，需要动用较多的机械、设备和人力，要做好施工现场的施工布置，采用较大比例尺（一般为 1 ∶ 500 ～ 1 ∶ 100）在等高线地形图上按比例绘制。图上应详细绘出施工作业现场、辅助生产设施、办公和生活等区域的布置情况，对原有地物也应适当描绘。

布置施工场地应遵循有利生产、方便生活、保护环境、安全可靠的原则，具体安排时，应注意以下几点。

①在满足施工要求的条件下，尽可能布置紧凑，充分利用每寸土地，保护环境。

②在施工区、辅助生产区、生活区应合理划分和布局，既要有利施工、便于管理，又要避免相互干扰，保障职工生活。

③施工作业场地的布置应符合工艺流程，最大限度地缩短工地内的运输距离，在确保

施工顺利进行的情况下尽量减少临时工程。

④必须满足劳动保护、安全生产的要求，要有防洪、防火、防盗的设施。

四、养护施工组织设计文件内容

1. 总工期和分项工期计划表

总工期和分项工期计划表，是在施工方案的基础上，按照合同工期的主要项目、施工布置，对各项工程的施工时间和施工顺序做出的具体安排，主要包括工程的数量及其分布情况、各施工项目的施工期限、施工顺序与衔接情况、各专业队之间的相互配合、调动安排等内容。力求以最少的人工、机械和技术物质消耗，确保在规定工期内完成质量合格的单位工程施工任务。

2. 施工组织机构图

施工组织机构图是施工单位为完成公路施工任务而组建的负责现场指挥、管理工作的组织机构，一般有以下两种形式。

（1）自养项目施工组织机构。自养项目一般由养护中心（公司）承担。

（2）专业养护单位的组织机构。专业养护单位通过招标方式确定，其施工组织机构可依据项目实施的要求来组建。项目管理组织成员来自公司内部、不同部门和单位，首先聘任项目经理，从有关部门抽调管理人员组成项目机构，然后抽调队伍归其指挥，建立一个项目工程队，组织新的项目管理实体。项目完成后，工程队成员仍回原单位。

其中，各部门的管理内容如下。

（1）项目经理部。一般设项目经理，项目副经理、总工程师、总会计师，对项目总体负责，以确保项目施工计划的实施。

（2）工程技术质量科。负责质量管理、技术管理、计划、统计管理、预算合同管理。

（3）材料设备科。料场调查、材料采购供应、机械设备管理、能源管理、维修保养。

（4）综合行政办公室。负责本工程的财务、人事、劳资管理和后勤服务。

3. 资金使用计划表

资金使用计划，包括资金使用时间、资金数目、资金使用的用途等，是工程顺利实施的确保。应根据项目工期进度计划安排资金使用计划表，便于每月或按项目规定时间申请资金及资金筹措。

4. 人员进场计划表

人员进场计划是施工过程中所需人员（包括项目指挥人员、施工管理及技术人员、主要技工及操作手、后勤人员等）根据施工安排进入施工现场的时间和数量安排计划。在编制过程中，要合理制订符合施工规律的人员进场计划，避免人员数量频繁波动。

5. 主要材料进场计划表

主要材料进场计划是施工中材料进场时间和数量的计划，包括材料名称、规格、使用数量计划，可反映出不同时期内材料的储备数量，用以合理确定仓库的面积、保障施工补给。

6. 检测仪器进场计划

检测仪器进场计划，是指为配合路基、路面等施工，对工地所用试验仪器的进场安排计划，内容包括检测仪器名称、规格、数量、使用用途、进场时间等。在工前准备阶段，应组织好检测仪器的进场，以便对各种原材料、加工材料及结构性材料的物理力学性能，以及施工结构体的几何尺寸等技术参数进行检测。

7. 施工技术设计

施工技术设计，主要是对施工过程中的技术问题的设计，包括工程结构设计、材料配合比设计、施工中的关键工序的设计、施工技术措施等。具体参阅有关设计和施工规范。

8. 质量控制标准

质量控制标准，是指在施工全过程中对产生质量问题的因素和环节，跟据施工技术规范的要求制定的质量控制标准，以及为达到此标准而采取的措施和方法，以确保工程质量既符合规定要求，又满足用户期望。

施工过程是各种工艺密切配合的生产活动，工艺越复杂，需控制的环节越多，例如路面施工过程中，路面是用各种材料，如砂、碎石、沥青等经过制备、运输、摊铺和压实铺筑而成。因此，路面施工的质量在很大程度上取决于路面材料的制备、摊铺和压实工艺各环节的综合体现和密切配合，每一环节缺一不可。

9. 主要工艺流程

主要工艺流程，是指对施工难度大、耗用资源多，或施工技术较为复杂的工程项目分削成若干步骤（工序），排列出工艺流程。工艺流程图使工程的各个环节一目了然，易于操作和管理，在施工技术规范和养护规范中列有各种工序的工艺流程，可以参照执行。

10. 安全作业措施

养护维修工程动用较多的工、料、机而且为不间断交通作业，危险因素多。为确保施工作业的顺利实施和人民生命财产的安全，一般采取下列安全措施。

（1）成立以主要负责人为领导的安全责任小组。施工工地设立安全工程师，班组设立安全检查员，层层落实安全检查责任，一同督促和检查操作人员操作规程和各项安全施工制度。

（2）每年开工前要进行养护施工安全教育和培训，讲解安全作业事项，做好安全培训工作。

（3）作业期间组织安全检查，由交警、路政及养护管理人员组成检查小组，进行作业期间的安全检查，发现安全隐患及时提出，并采取措施。

五、养护施工现场组织

公路维修不同于新建公路，除要按养护技术规范的要求做好施工工艺流程、质量控制外，还要考虑安全作业、交通控制等各方面的因素。另外，现场施工管理的主要内容包括现场交通管制、现场施工组织、现场监理、工程质量控制等。

1. 现场交通管制

交通管制是通过设置一定的封闭区，使公路维修在作业时不中断交通。在运营的公路上实施养护作业，必须确保运营车辆和养护作业人员两方面的安全，一方面要按操作规程设置好封闭作业区；另一方面要对作业区以外有效范围实行交通管制，有效渠化交通。

（1）依法严格管理现场的安全作业。长时间维修作业，占用整幅或一个车道时，需编制切实可行的施工静态、动态交通管制方案，向交通安全管理部门提出申请，说明作业位置、时间、进入作业区的人员、设备和拟采取的安全措施、作业区范围，并附有草图，得到批准后方可作业。

（2）交通管制。对施工现场的交通管制是确保施工正常进行的关键，既要确保通行又要进行维修，故要对维修路段进行交通管制。交通管制通过设置在作业区以外路面上的设施和标志来实现，对车辆行驶速度、路线和方向采取强制性的管理。控制好施工现场作业区，维修工程要视工程复杂程度和对运营车辆安全的影响程度，决定是否做专门的交通安全方面的设计。

（3）交通安全检查。由交警和路政人员配合进行维修安全检查，如各种安全设施要配置齐全，人员及设备按要求着装和配置标志，对摆放不正确的控制区要及时纠正，并进行安全教育。总之，要杜绝安全隐患，确保安全生产。

2. 现场施工组织

如果现场施工组织不当，会增加施工维修对交通造成的干扰，也会提高施工单位的成本。快速施工可以把对交通的干扰降到最低限度，为此，应当注意以下几点。

（1）合理确定封闭段落，合理布设交通标志。多数情况下，公路的维修是在封闭或不完全封闭的情况下进行的。若封闭的段落过多，使车辆频繁减速，并道，会影响通行质量并易引发交通事故。因此，养护施工时，要合理确定封闭的段落，使之对通行产生的影响达到最小。

道路的封闭是通过设置标志和标识来识别的，布设好交通标志，引导交通流向，不仅确保了使用者的安全通行，也保障了施工人员的作业安全。封闭区的设置要合理，并满足规定的安全作业要求。交通标志布设好后，要有专人看护，以确保安全设施始终处于正确的位置。

（2）控制养护封闭时间，减少对交通的影响。因公路的养护为不中断交通作业，对交通影响较大，故较长时间的养护作业占用整幅或一幅车道时，要控制好作业时间。要考虑尽可能在一定的时期内减少车道限制、集中施工或选择交通量少的时间施工等，同时努力开发新的施工方法，实现公路的快速化施工。

（3）合理设计行驶路线，做到工序衔接，流水作业。公路的封闭使材料运输车和设备调头困难，要确保材料供给，就要设计安排好运输车辆的行驶路线。当施工需要设备较多时，每日安排施工尽可能在一个方向上，避免因设备的频繁调头而延长工作时间。运输车辆速度不能太快，不得随意停车、调头、逆行，当在中央分隔带和收费站调头时要注意观望，避免作业出现安全问题。

公路养护由于段落零散，设备、人员调遣比较频繁，因而，应做出周密的养护计划，尽量形成流水作业，避免长距离的往返调迁，以提高设备的利用率，加快施工作业进度。

（4）确保设备完好，减少路上作业时间。各工序的关系是一个链状的关系，任何一处因故不能作业，整个系统就会停下来。比如在路面施工中，如果设备出现故障，已经拌好的混合料也会因为冷却而不能使用。所以，要确保各类设备始终处于良好的工作状态，减少路上作业时间。

（5）施工完毕后及时拆除现场，恢复交通顺序。施工完毕，当工程满足通行要求后，及时拆除封闭的现场，收回安全设施、清理路面、桥面等剩余材料和废物，避免因养护作业原因引发交通事故，恢复原有的交通顺序。

3. 现场监理

现场监理依据设计文件、合同条款、技术规范对现场工程质量进行监督，以确保工程质量、进度和安全。在监理方法上，采用现场旁站、巡视、测量、试验、定期质量会议等方式。为杜绝和减少质量事故，便于及时发现、制止、纠正事故苗头，对于连续施工的项目、关键施工工序、隐蔽工程等，要始终坚持全过程旁站，使质量控制贯穿于每道工序、每个环节。

4. 工程质量控制

质量是工程的关键，任何一个环节、一个部位出现问题，都会给工程整体质量带来严重后果。所以，在现场管理过程中，要严格执行各种技术规范与操作规程，严格管理各道工序，建立质量管理体系和质量确保体系。

（1）建立质量管理体系。对生产施工全过程进行管理，制定各部门、各工序环节的工作标准，增强对材料、设备等的质量控制，使公路养护处于一个有质量确保的施工生产状态。

（2）质量确保体系。把质量管理各方面的工作落实到每个部门、每个施工队、每个班组、每个工作岗位，形成一个层层有人管、人人有专责、事事有标准、件件有检查的严密、完整的质量确保体系。进行质量控制应检查质量形成过程中的关键环节。

第三节　施工进度管理

施工进度计划是项目施工组织设计的重要组成部分，对工程履约起着主导作用。编制施工总进度计划的基本要求是：确保工程施工在合同规定的期限内完成；迅速发挥投资效益；确保施工的连续性和均衡性；节约费用、实现成本目标。

一、公路施工过程组织方法和特点

1.顺序作业法（也称为依次作业法）的主要特点

（1）没有充分利用工作面进行施工，（总）工期较长。

（2）每天投入施工的劳动力、材料和机具的种类比较少，有利于资源供应的组织工作。

（3）施工现场的组织、管理比较简单。

（4）不强调分工协作，若由一个作业队完成全部施工任务，不能实现专业化生产，不利于提高劳动生产率；若按工艺专业化原则成立专业作业队（班组），各专业队是间歇作业，不能连续作业，材料供应也是间歇供应，劳动力和材料的使用可能不均衡。

2.平行作业法的主要特点

（1）充分利用了工作面进行施工，（总）工期较短。

（2）每天同时投入施工的劳动力、材料和机具数量较大，材料供应特别集中，所需作业班组很多，影响资源供应的组织工作。

（3）若各工作面之间需共用某种资源时，施工现场的组织管理比较复杂、协调工作量大。

（4）不强调分工协作，各作业单位都是间歇作业，此点与顺序作业法相同。

这种方法的实质是用增加资源的方法来达到缩短（总）工期的目的，通常适用于需要突击性施工时施工作业的组织。

3.流水作业法的主要特点

（1）必须按工艺专业化原则成立专业作业队（班组），实现专业化生产，有利于提高劳动生产率，确保工程质量。

（2）专业化作业队能够连续作业，相邻作业队的施工时间能最大限度地搭接。

（3）尽可能利用工作面进行施工，工期比较短。

（4）每天投入的资源量较为均衡，有利于资源供应的组织工作。

（5）需要较强的组织管理能力。

这种方法能够充分利用工作面，有效地缩短工期，一般适用于工序繁多、工程量大，而又集中的大型构筑物的施工，如大型桥梁工程、立交桥、隧道工程、路面等施工的组织。

4.公路工程常用的流水施工组织

（1）公路工程常用的流水参数。

①工艺参数。施工过程数（工序个数），流水强度 V。

②空间参数。工作面 A、施工段 m、施工层。

③时间参数。流水节拍 t、流水步距 k、技术性间歇时间、组织性间歇时间、搭接时间等。

（2）公路工程流水施工分类。

①按节拍的流水施工分类。

A.有节拍（有节奏）流水：等节拍（等节奏）流水、异节拍（异节奏）流水等。

B.无节拍（非节奏）流水

②按施工段在空间分布形式的流水施工分类：流水段法流水施工、流水线法流水施工。

（3）路面工程的线性流水施工组织。一般路面各结构层施工的速度不同，继而持续时间往往不相同。组织路面流水施工时应注意的要点如下。

①各结构层的施工速度和持续时间。要考虑影响每个施工段的因素，水泥稳定碎石的延迟时间、沥青拌和能力、温度要求、摊铺速度、养护时间、最小工作面的要求等。

②相邻结构层之间的速度决定了相邻结构层之间的搭接类型，前道工序的速度快于后道工序时选用开始到开始搭接类型；否则选用完成到完成搭接类型。

③相邻结构层工序之间的搭接时距的计算如下。

时距 = 最小工作面长度 / 两者中快的速度

二、施工进度控制的重要性

（一）道路桥梁工程项目的特点

是国家投资或社会法人投资用于社会公益的项目，是基础工程，与人民生活、经济发展息息相关；工程量大，工期较长，工作内容较多；不是在全封闭的场地内施工，当地的环境、交通对施工的相互干扰较大；对季节、气候的依赖性大。因此，合理安排工序施工在某种程度上十分重要。

（二）进度控制有利于三大目标的实现

通过建设单位、施工单位和监理的卓有成效的工作，使进度控制在预定的目标内，则可以得到下列好处。

1.可以早日使项目投入使用，早日获得经济效益，也使社会效益得到体现，对社会经济活动和日常生活的影响减少到最小程度，道路桥梁工程的实施需要社会各界的支持和理解，"胡子工程"是对社会资源的最大浪费。

2.可以使施工单位能科学、合理的安排工期，使各项目工序在最佳的条件下施工，确保质量。比如土路基、基层的成型、混凝土浇筑、路面施工等可在有利的施工季节中进行，不至于因工期延误而非要在不利季节内施工；给施工单位充足的时间来进行规范化施工和处理各种问题，不至于因工期不够而在后阶段抢工。

3.可以使施工中的各种管线保护、毗邻建筑、结构物的防护工作按部就班、有条不紊地进行而无事故，较好地解决四大管线穿插施工带来的矛盾，较好地协调处理地上、地下交叉施工带来的问题。

4.可以使投资控制在目标内，不因措施增加而使总投资增加，使建设单位和施工单位的违约现象减少，不产生因索赔造成经济的损失。

（三）监理工程师对进度控制的重要性

对监理工程师来讲，进度控制不是可有可无的附属工作，要贯穿于监理工作全过程，监理工程师掌握施工全过程，又置身于日常管理的忙乱之外，有条件对进度进行客观评价和合理分析，又由于监理工程师的介入，一些影响进度的问题可及早发现，请建设单位和施工单位考虑，过程中的进度误差和施工单位的安排失误可及早提出并改进，工期的后续变化可通过预测进行提醒，一些关键工序和重点部位的施工可提前采取措施使之按期实施，施工单位与外界干扰的矛盾和施工单位与建设单位在进度上的分歧可得到及时协调。

在目前的施工实践中，建设单位的前期准备和过程的答复往往有滞后现象。施工单位在进度管理的认识上有误区，只抓进度、忽视规范施工和质量要求；不抓进度或进度管理不主动，不想投入，两种极端情况都有可能发生，监理工程师在这中间，以公正、公平、客观的立场进行主动控制。其意义又非常重要，但工作难度也较大。

三、施工进度控制的复杂性

在建设项目中，道路工程的进度控制相对而言要复杂些，现场的开放性、影响因素的不确定性存在于全过程，且在各项目实施阶段，各种影响因素大小、重要程度都在变化，不能一成不变的对待，有些问题的主动权不在自己手上，协调的难度和广度较难估计。另外，控制方法是否有效和是否落实，如何与现场条件相适应也是一个问题。在以往的施工实践中，这些问题一直困扰着参建各方，也没有统一模式可以照章办事。行政命令大多数情况下行之有效，但带来的副作用也不少，进度控制有时不是自发的主动行为，而是一种上下级服从关系，抢工、措施费增加，仓促收尾、对周围环境、交通产生影响也时有发生，监理工程师的作用无从发挥。所以说，进度控制是一门社会管理学，要真正做好很不容易。

（一）影响进度的因素

进度控制，首先要确立合理的进度目标。有总目标、各阶段目标，各节点目标和不确定目标。所考虑的问题不仅是实物工程本身，还有由于施工周期长，技术、组织协调多、气候、资金、人力、机械、材料和场地条件的变化，使施工进度计划在执行过程中的发生不均衡性和多变性。

1.施工场地条件的影响

首先是施工场地的按时拆迁交付问题。在市区施工有管线（地上、地下）搬迁和保护问题，有周围建筑物保护问题，不能按时开工和全面开工，过程中做做停停不均衡。

2.设计变更因素的影响

这里有三部分内容：一是建设单位和政府主管部门在项目实施中改变了部分工程的功能，增加或减少了工程量；二是设计图纸的错误或变更后打乱了原定的施工计划，使施工速度降低或停顿；三是在市区施工，由于管线和周围建筑物的原因而变更部分设计或增加某些措施，使施工时间延长。这些变更通过两种形式出现：一是设计单位下发设计变更；

二是施工单位填写施工业务联系单报监理、建设单位和设计批准，成为变更设计。监理工程师在处理这几类文件时，要从技术上可行，对工期、费用的影响等方面去认真对待，尤其是后者，同时要及时给予答复。

3. 材料、设备供应的影响

施工用的原材料（砂、石、钢筋），成品、半成品（桩、板、梁、管材），设备（泵、阀、控制柜等）及施工机具未能按计划如期到现场；或运到工地的材料、成品不能满足质量要求而退货。

4. 图纸交付不及时或费用支付拖延的影响

有些工程开工时图纸尚未出齐，也有的是设计变更的重新出图未能及时提供；建设单位的费用支付时有问题，偶然碰到的延误原因是工程款到位受计划安排影响或支付签字环节较多。这些情况（主要是前者）会造成工程在某个阶段停顿，不能连续均衡施工。

5. 技术原因的影响

施工单位在投标时低估了施工中存在的技术困难，或者未考虑某些设计和施工方法在工艺上的特点，对新工艺、新技术、新材料和新的设计思路的应用在心理上、组织上准备不足。在施工过程中，施工单位对设计意图、技术要求未领会深刻，现场技术管理不到位，最终导致施工出现盲目性，在出现质量问题时处理办法不多而延误进度。

6. 施工组织不当的影响

有三方面因素：一是施工单位对劳动力、机械设备、材料等调配不当或管理欠佳，未抓住施工过程中的主要矛盾，施工安排不能适应现场情况的变化，有些关键线路的工期抓得不紧；二是施工操作人员和管理人员的技术素质差，质量返工经常发生；三是施工单位对现场各阶段的相互施工干扰、与外界（社会、交通、环保、政府部门、管线单位）协调，同一场地的先后施工、交叉施工等的组织出现问题。

7. 不利的施工条件影响

在施工中遇到软土地基、地下水、流沙、洪水、地质情况变化、高温、多雨、严寒等，施工单位在投标时未能周密预测并制订相应措施或遭遇后未及时应对。

8. 其他

建设单位和监理对施工单位提出的有关问题未及时答复。监理工程师对现场的检查验收明显滞后。

从上述影响的因素可以看出，有客观原因，也有主观因素。监理工程师首先要督促建设单位做好各种准备工作，及早提供施工场地，适时安排配套单位进场，协调图纸、工程费用支付工作。其次要对现场施工的检查、验收及时安排，对施工单位的报告和施工业务联系单按时批复，注意做好施工单位与建设单位、施工单位与外界各有关单位的协调工作。最后要采取了解、检查、指导等方法，督促施工单位完善管理体系，严格执行已批准的施工组织设计和进度计划。以此来减少进度影响因素的负面作用。

（二）进度控制的复杂性和多变性

进度控制是一个动态过程，一个公路项目的施工周期要好几年，一个市政项目在施工中会遇到各种各样的外来影响。在较长的时间和开放式的施工场地，随着工程环境的变化，进度计划的编制与实施控制必然会随之变化，需要不断修正工程项目的进度实施计划，以确保进度计划具有指导意义。二是进度计划的控制与管理是一项带有创造性的工作，前人的经验可以提供一种考虑问题的思路和模式，只能借鉴，不能套用。市政、公路工程项目和其他建筑项目一样，有一次性的特点，不能拆装、拼接重来。计划的制订、实施和修改完善，需要理性，也要有创造性，并承担一定的风险。三是进度计划控制是分阶段进行的，施工准备阶段、实施阶段、竣工验收阶段都有明确的开始、完成时间及相应的工作内容，而各阶段的控制标准和协调内容也不相同，各阶段进度完成后，均要对照计划进度对进度、成本、质量等进行评价，并根据评价结果和预测，对后续工作做出规划。

进度计划又具有不均衡性。因外界气候条件的变化（冬季、雨季、汛期、高温、严寒），外界工作环境的变化（交通配合、管线保护、施工地质条件的变化、邻近建筑物的保护、管线参建单位的计划变更、材料供应在数量与价格上的变动）和施工在难度上的差异，使不同计划期内的控制重点不同，季度和月度之间、各施工单位之间也较难做到均衡。

计划执行过程中的参与者的行为发生变化也会使计划执行变得复杂化。比较常见的是施工单位不按计划执行，各级主管部门在一些审批环节上工作节奏慢，建设单位在一些关键问题上的处理未及时做出决策，设计单位，出图速度慢，施工单位与合作方（材料、设备供应方和分包单位）与管线单位之间的配合不协调等。

监理工程师在进度控制中的地位比较微妙，监理与建设单位、监理与施工单位在施工过程中分工明确，处理协调，各项工作的效果就好；处理不好，工作就被动。下列情况经常发生：如建设单位在各阶段发出进度指令，大多数是适时和有针对性的，有时会缺少一点连贯性，到施工单位时，有时受客观条件所制约，落实就有难度。监理工程师在这种情况下比较为难，毕竟工程的施工主体是施工单位外因要通过内因才能起作用。

在一些工程项目中，监理工程师无所作为的情况也是存在的，监理工程师本身对进度控制缺少经验，对工期安排不甚了解，看不出问题，不搞预控，整天在建设单位和施工单位之间打圈子，自然就处境微妙。

上述情况可以说明：在工程项目上真正进行进度控制，对监理工程师而言不是一件容易的事，不像质量控制，可按照规范标准、图纸、按部就班地进行验收。它要求监理工程师具有较深的专业素质，一定的管理知识和协调能力。所以，监理工程师首先要有心理准备，要主动、全过程参与，在每个阶段、每天的工作中多考虑进度的得失。责任心、懂业务、懂技术、有良好的判断力等是必不可少的。

四、施工进度控制的主要内容

（一）施工准备阶段

1.在监理组内进行岗位分工，有专人负责进度控制，一般工程可以由合同监理兼任，大的工程项目，可有一名副总监负责。进度控制的责任人是总监理工程师。

总监组织监理人员学习合同文本，了解有关工期要求的条款，学习图纸，掌握现场情况，列出工程主要项目和计算工程量，分析工程难点、节点和影响进度的主要因素。

2.编制进度控制的监理实施细则，制订有关进度控制的台账、表格，布置有关进度控制的图表上墙，由负责进度控制的监理具体编写和操作，总监组织监理人员商榷，然后上报建设单位审批。

3.对工程量大、参建单位多、协调内容多的工程项目（监理多个标段或合同段），监理应编写施工总进度计划。编写前，需弄清下列问题。

（1）各项目的工程量。

（2）划分工序，确定工作面。

（3）按工期定额计算的工期。

（4）施工中的上下衔接顺序。

（5）主要施工节点和关键。

然后，审核施工单位上报的施工组织设计和进度计划，并提出审批意见，由专业监理初审、提出意见，总监签发。对一般项目（工程量不太，施工单位单一，时间短）可以不编写施工总进度计划，仅审核施工单位的进度计划。

4.检查现场各项准备工作的落实情况，建设单位提供的场地和图纸发放是否到位，交桩和测量复核是否完成，临时设施和施工围护、便道、堆场、临时供电、供水、生产区等是否已落实或完成，分包单位和材料、成品供应单位的资格是否已进行审批，管线交底会议的召开和手续是否已办理。

5.召开第一次工地会议，请施工单位和建设单位代表参加，讲评施工准备工作情况，对监理实施细则进行交底，介绍监理组人员和监理工作方法，提出有关进度控制方面的一整套表格、报表和规定，明确施工单位和监理在进度控制方面相互的职责和应做的工作。

（二）施工实施阶段

1.审核施工单位上报的单项工程进度计划及月度、季度进度计划。

2.分解季、月计划，制定季、月的形象进度目标。

3.实施进度检查：材料进场使用量，机械设备进、出量，工程施工进度或完成的实物工程量，施工记录、台账，同时在形象进度表、横道图（斜条图）、工程量完成曲线等图表上标注。

4.审核施工单位提出的进度报表和统计分析资料，审核施工单位上报的施工业务联系单、施工技术措施等，报建设单位审批。

5. 对检查、收集的资料进行整理、统计，与计划进度对比，是否有偏差，分析偏差带来的影响，每月（必要时每旬）一次预测后续进度情况。

6. 针对现场施工的安排要求，协调及进度实况，以监理业务联系单、监理备忘录、监理专题报告等形式提出修改、调整工程进度的意见和指令。

7. 组织召开工地例会或现场会议，分析、讲评进度情况，协调施工单位、材料供应单位、施工配套单位之间的计划安排和生产活动。

8. 检查已完工程量，签发验工月报。

9. 每月（或每旬）向建设单位提交进度月报（旬报），汇报工程进度、存在问题对后阶段的预测、打算。

10. 完善各种记录，协调建设单位和施工单位在进度方面的矛盾，处理工程延期。

（三）竣工验收阶段

整理、汇总监理资料，检查施工单位的竣工资料；对所完成的工程进行预验收，协助进行初验及竣工验收；调整、修改工程进度计划，以便为下一阶段的施工做好准备工作；协调工程争议，处理工程索赔。

五、施工进度计划编制

（一）编制原则

1. 符合有关规定

（1）符合国家政策、法律法规和工程项目管理的有关规定。

（2）符合合同条款有关进度的要求。

（3）兑现投标书的承诺。

2. 先进可行

（1）满足企业对工程项目要求的施工进度目标。

（2）结合项目部的施工能力，切合实际地安排施工进度。

（3）应用网络计划技术编制施工进度计划，力求科学化，尽量在不增加资源条件下，维短工期。

（4）能有效调动施工人员的积极性和主动性，确保施工过程中施工的均衡性和连续性。

（5）有利于节约施工成本，确保施工质量和施工安全。

（二）编制依据

1. 以合同工期为依据安排开、竣工时间。

2. 设计图纸、定额材料等。

3. 机具（械）设备和主要材料的供应及到货情况。

4. 项目部可能投入的施工力量及资源情况。

5. 工程项目所在地的水文、地质及其他自然情况。

6. 工程项目所在地资源可利用情况。

7. 影响施工的经济条件和技术条件。

8. 工程项目的外部条件等。

（三）编制流程

1. 首先要落实施工组织；其次为实现进度目标，应注意分析影响工程进度的风险，并在分析的基础上采取风险管理的措施；最后采取必要的技术措施，对各种施工方案进行论证，选择既经济又能节省工期的施工方案。

2. 施工进度计划应准确、全面的表示施工项目中各个单位工程或各分项、分部工程的施工顺序、施工时间及相互衔接关系。施工进度计划的编制应根据各施工阶段的工作内容、工作程序、持续时间和衔接关系，以及进度总目标，按资源优化配置的原则进行。在计划实施过程中应严格检查各工程环节的实际进度，及时纠正偏差或调整计划，跟踪实施，如此循环、推进，直至工程竣工验收。

3. 施工总进度计划是以工程项目群体为对象，对整个工地的所有工程施工活动提出时间安排表；其作用是确定分部、分项工程及关键工序准备、实施期限，开工和完工的日期；确定人力资源、材料、成品、半成品、施工机具的需要量和调配方案，为项目经理确定现场临时设施、水、电、交通的需要数量和需要时间提供依据。因此，正确编制施工总进度计划是确保工程施工按合同期交付使用、充分发挥投资效益、降低工程成本的重要基础。

4. 规定各工程的施工顺序和开、竣工时间，以此为依据确定各项施工作业所必需的劳动力、机具（械）设备和各种物资的供应计划。

（四）工程进度计划表达方法

常用的表达工程进度计划方法有网络计划图和横道图两种形式。

1. 采用网络图的形式表达单位工程施工进度计划，能充分揭示各项工作之间的相互制约和相互依赖关系，并能明确反映出进度计划中的主要矛盾；可采用计算软件进行计算、优化和调整，使施工进度计划更加科学，也使得进度计划的编制更能满足进度控制工作的要求。

2. 采用横道图的形式表达单位工程施工进度计划，可以比较直观地反映出施工资源的需求及工程持续时间。

六、流水作业方法

（一）流水施工的基本参数

在组织流水施工时，用以表达流水施工在工艺流程、空间布置和时间排列等方面的特征和各种数量关系的参数，称为流水施工参数，它主要包括工艺参数、空间参数和时间参数三类。

1. 工艺参数。工艺参数是指在组织流水施工时，用以表达流水施工在施工工艺上开展的顺序及其特征的参数，包括施工过程数和流水强度两个参数。

（1）施工过程数（n：n=1，…，i，…，n）。组织流水施工时，通常把施工对象划分为若干个施工过程，根据每个施工过程组织一个或几个专业化的施工队进行施工，这样可以提高工人的操作熟练程度，进而提高劳动效率。

（2）流水强度（V）。流水强度是指某一个施工过程在单位时间内能够完成的工程量，也称为流水能力或生产能力。流水强度又分为机械施工过程流水强度和人工操作过程流水强度。

2. 空间参数。空间参数是指用以表达流水施工在空间布置上所处状态的参数，包括工作面、施工段数和施工层。

（1）工作面（A）。工作面是指施工人员或施工机械进行施工所需的活动空间。工作面的大小，表明可以安排施工人数或机械台数的多少。每个施工人员的工作场地或每台施工机械所需工作面的大小，取决于施工过程的性质和安全施工的要求。工作面确定得合理与否，直接影响专业工作队的施工效率。

（2）施工段数（m：m=1，…，j，…，m）。施工段数是指为了组织流水施工，将施工对象在平面或空间上划分成若干个劳动量大致相等的施工段落，称为施工段或流水段。一个施工段根据需要可以包括若干个工作面，它是流水施工的主要参数之一。

（3）施工层。施工层是指在施工对象的竖向上划分的操作层数。其目的是满足操作高度和施工工艺的要求。

3. 时间参数。时间参数是指用来表达组织流水施工的各施工过程在时间排列上所处状态的参数，包括流水节拍、流水步距、间歇时间、搭接时间、施工过程持续时间和流水施工工期。

（1）流水节拍（t_{ij}：i=1，…，n；j=1，…，m）。当某一施工过程在所有施工段上持续时间均相等时，此施工段上的持续时间称为流水节拍。

此时，该施工过程的施工是有节奏的。流水节拍通常以 tij 表示，它是组织流水施工的基本参数之一。

流水节拍的大小可以反映施工速度的快慢、节奏感的强弱和资源消耗量的多少。影响流水节拍数值大小的因素主要有：项目施工时所采取的施工方案，各施工段投入的劳动力人数或施工机械台数、工作班次，以及该施工段工程量的多少，为避免工作队转移时浪费工时，流水节拍在数值上最好是半个班的整倍数。

（2）流水步距（$k_{i, i+1}$，i=1，2，…，n-1）。流水步距是指相邻两个施工过程（或专业工作队）相继投入同一施工段开始施工的时间间隔。流水步距一般用 $k_{i, i+1}$ 来表示，其中i（i=1，2，…，n-1）为施工过程的编号，它是流水施工的主要参数之一。

流水步距的数目取决于参加流水的施工过程数。如果施工过程数为 n 个，则流水步距的总数为 n-1 个。

流水步距的大小取决于相邻两个施工过程（或专业工作队）在各个施工段上的流水节拍及流水施工的组织方式。确定流水步距时，通常应满足以下基本要求。

①各施工过程按各自流水速度施工，始终保持工艺先后顺序。

②各施工过程的专业工作队投入施工后尽可能保持连续作业。

③相邻两个施工过程（或专业工作队）在满足连续施工的条件下，能最大限度地实现合理搭接。

（3）间歇时间（$Z_{j,\,j+1}$，j=1，…，m）。间歇时间包括技术性间歇时间和组织性间歇时间两类。间歇时间的产生会造成施工过程的中断，会导致流水步距增加而使工期延长，但有时却是必要的。因此，在组织施工时还是应尽量减少或避免其发生。间歇时间通常是按照工艺要求和实际工作需要的时间确定的，尤其是组织性间歇时间的产生与施工条件和验收情况联系紧密，要根据实际情况确定。

①技术性间歇时间。技术性间歇时间是指由于施工工艺和质量的要求，在相邻两个施工过程之间必须留有的时间间隔。如在混凝土施工过程中，按照建筑材料或现浇构件等的工艺性质，以及在考虑合理的工艺等待时间后留有的必要的养护时间等。

②组织性间歇时间。组织性间歇时间是指由于组织方面的因素，在相邻两个施工过程之间必须留有的时间间隔。如对已结束的施工过程进行检查、验收和对将要进行的施工过程进行必要的准备工作所需的时间。

（二）非节奏流水施工

非节奏流水施工方式是建设工程流水施工的普遍方式。

1.非节奏流水施工的特点。

（1）各施工过程在各施工段的流水节拍不全相等。

（2）相邻施工过程的流水步距不尽相等。

（3）专业工作队数等于施工过程数。

（4）各专业工作队能够在施工段上连续作业，但有的工作面可能有闲置的时间。

2.流水步距的确定。在非节奏流水施工中，通常采用"累加数列、错位相减、取大差法"计算流水步距。累加数列、错位相减、取大差法的基本步骤如下：

（1）对每一个施工过程在各施工段上的流水节拍依次累加，求得各施工过程流水节拍的累加数列。

（2）将相邻施工过程流水节拍累加数列中的后者错后一位，相减得一个差数列。

（3）在差数列中取最大值，即为这两个相邻施工过程的流水步距。

第四章 桥梁工程

第一节 桥梁的组成分类及施工技术

一、桥梁的组成和分类

（一）桥梁的组成

1. 组成结构

概括来讲，桥梁由上部结构、下部结构、支座系统和附属设施等四个基本部分组成。上部结构通常又称为桥跨结构，是在线路中断时跨越障碍的主要承重结构；下部结构包括桥墩、桥台和基础；桥梁附属设施包括桥面系、伸缩缝、桥头搭板和锥形护坡等，桥面系包括桥面铺装（或称行车道铺装）、排水防水系统、栏杆（或防撞栏杆）、灯光照明等。

2. 相关术语名称

（1）净跨径。对于梁式桥是设计洪水位上相邻两个桥墩（或桥台）之间的净距，用 l_0 表示；对于拱式桥则是每孔拱跨两个拱脚截面；最低点之间的水平距离。

（2）总跨径。是多孔桥梁中各孔净跨径的总和，也称桥梁孔径（$\sum l_0$），其反映了桥下宣泄洪水的能力。

（3）计算跨径。对于具有支座的桥梁，是指桥跨结构相邻两个支座中心之间的距离，用 l 表示。对于拱式桥拱圈（或拱肋）各截面形心点的连线称为拱轴线，计算跨径为拱轴线两端点之间的水平距离。

（4）桥梁全长。简称桥长，是桥梁两端两个桥台的侧墙或八字墙后端点之间的距离，以 L 表示。对于无桥台的桥梁为桥面系行车道的全长。

（5）桥梁高度。简称桥高，是指桥面与低水位之间的高差或为桥面与桥下线路路面之间的距离。桥高在某种程度上反映了桥梁施工的难易性。

（6）桥下净空高度。是设计洪水位或计算通航水位至桥跨结构最下缘之间的距离，以 H 表示，其应确保能安全排洪，并不可小于对该河流通航所规定的净空高度。

（7）桥梁建筑高度。是桥上行车路面（或轨顶）标高至桥跨结构最下缘之间的距离，其不仅与桥梁结构的体系和跨径的大小有关，而且还随行车部分在桥上布置的高度位置而异。公路（或铁路）定线中所确定的桥面（或轨顶）标高，与通航净空顶部标高之差，又称为容许建筑高度。桥梁的建筑高度不可大于其容许建筑高度，否则就不能确保桥下的通航要求。

（8）净矢高。是从拱顶截面下缘至相邻两拱脚截面下线最低点之连线的垂直距离，用 f_0 表示；矢高，是从拱顶截面形心至相邻两拱脚截面形心之连线的垂直距离，用 f 表示。

（9）矢跨比。是拱桥中拱圈（或拱肋）的计算矢高 f 与计算路径 l 之比（f/l），也称拱矢度，其是反映拱桥受力特性的一个重要指标。

（二）桥梁的分类

1. 桥梁的基本体系。按结构体系划分，有梁式桥、拱桥、刚架桥、悬索桥等四种基本体系。还有其他几种由基本体系组合而成的组合体系等。

（1）梁式体系。是古老的结构体系。梁作为承重结构是以其抗弯能力来承受荷载的。梁分简支梁、悬臂梁、固端梁和连续梁等。悬臂梁、固端梁和连续梁都是利用支座上的卸载弯矩去减少跨中弯矩，使梁跨内的内力分配更合理，以同等抗弯能力的构件断面就可建成更大跨径的桥梁。

（2）拱式体系。其主要承重结构是拱肋（或拱箱），以承压为主，可以采用抗压能力强的圬工材料（石、混凝土与钢筋混凝土）来修建。拱分单铰拱、双铰拱、三铰拱和无铰拱。拱是有水平推力的结构，对地基要求较高，一般常建于地基良好的地区。

（3）刚架桥。是介于梁与拱之间的一种结构体系，其是由受弯的上部梁（或板）结构与承压的下部柱（或墩）整体结合在一起的结构。因梁与柱的刚性连接，梁因柱的抗弯刚度而得到卸载作用，整个体系是压弯结构，也是有推力的结构。刚架分直腿刚架与斜腿刚架。刚架桥施工较复杂，一般用于跨径不大的城市桥或公路高架桥和立交桥。

（4）悬索桥。就是指以悬索为主要承重结构的桥。其主要构造是：缆、塔、锚、吊索及桥面，一般还有加劲梁。其受力特征是：荷载由吊索传至缆，再传至锚墩，传力途径简捷、明确。悬索桥的特点是：构造简单，受力明确；在同等条件下，跨径愈大，单位跨度的材料耗费愈少、造价愈低。悬索桥是大跨桥梁的主要形式。

（5）组合体系。①连续刚构：连续刚构是由梁和刚架相结合的体系，其是预应力混凝土结构采用悬臂施工法而发展起来的一种新体系。②梁、拱组合体系：这类体系中有系杆拱、桁架拱、多跨拱梁结构等。它们利用梁的受弯与拱的承压特点组成联合结构。③斜拉桥：其是由承压的塔、受拉的索与承弯的梁体组合起来的一种结构体系。

2. 桥梁的其他分类

（1）按用途划分：有公路桥、铁路桥、公路铁路两用桥、农桥、人行桥、运水桥（渡槽）及其他专用桥梁（比如通过管路、电缆等）。

（2）按桥梁全长和跨径的不同分。有特大桥、大桥、中桥和小桥等。

（3）按主要承重结构所用的材料划分。有圬工桥（包括砖、石、混凝土桥）、钢筋混凝土桥预应力混凝土桥、钢桥和木桥等。

（4）按跨越障碍的性质分。有跨河桥、跨线桥（立体交叉）、高架桥和栈桥等。

（5）按上部结构的行车道位置分。有上承式桥、下承式桥和中承式桥等。

二、桥梁下部结构施工

（一）桥梁基础施工

桩是竖直或微倾斜的基础构件，它的截面尺寸比长度小得多。桩被设置在土中，把作用于上部结构的荷载和力传递给地基土。桩的长度与设置方法，以及桩的工作方式，都会有很大变化。因此，桩很容易适应于不同情况和要求。桩基础是桥梁基础中的常用形式。

1. 桩和桩基础的类型及特点

桩基础绝大多数采用钢筋混凝土桩，个别情况用木桩或钢桩等。桩的种类繁多，分类方法很多，常见的有如下几种。

（1）按材料分类

钢筋混凝土桩；预应力钢筋混凝土柱；高强度混凝土桩；钢管混凝土桩；钢桩；木桩；板桩等。

（2）按受力条件分类

按桩与周围上的作用性质可以分为摩擦桩与柱桩等。

（3）按施工方法分类

①钻（挖）孔灌注桩。机械挖土成孔的全套筒桩；反循环钻孔桩；抓钻成孔桩；人工挖土桩；换土桩等。

②打入桩、振动下沉桩及管柱基础预应力混凝土桩；钢管桩；高强度混凝土桩（高压蒸气养护桩）；钢筋混凝土桩；混凝土桩；木桩等。

③其他

桩基础网状基础。

2. 桩与桩基

（1）单桩与桩群

单桩有时也作为独立的基础，但通常由两根或两根以上的桩组成桩群支撑桩顶的承台作桥梁基础，桩与承台联结时必须牢固可靠。

（2）承台

分低桩承台和高桩承台。

①低桩承台底面位于局部冲刷线以下，埋置深度符合规定要求，不承受水平力（被周围土压力抵消），仅承受轴向压力，无水平位移产生。

②高桩承台底面位于局部冲刷线以上，埋置深度小于规定要求，不仅承受轴向力，还承受弯矩和水平剪力，常发生水平位移，这对设置斜桩及稳定有利。

（3）基桩的排列主要有行列式和梅花式，在立面有竖直桩和斜桩。采用行列式时施工方便；梅花式可用于承台面积少，桩基根数多时，但是施工不如行列式方便。

3.钻（挖）孔灌注桩基础的施工

钻（挖）孔灌注桩施工包括用人工开挖或机械钻（挖）成孔，就地灌注混凝土或钢筋混凝土，使之成桩而构成桥梁基础。

（1）挖孔灌注桩的施工

①挖孔桩的施工条件

挖孔桩适用于无水或少水的各种土层，地表陡峻土中多漂石，块石的山区地带。挖孔桩基础施工工具有开挖机具简单，不受地形限制，适应性强、形状、孔径和设备不受限制，容易确保质量，施工进度快，劳力耗费少，造价低等特点。但是其作业面小，桩不宜过长，竖井不宜挖得过深，方桩的边长或圆柱形桩孔径不宜小于1.4m，孔深不能大于15m。

②开挖桩孔

开挖前，应整平桩位附近的地面、清除杂物、换填软土、夯打密实、在四周设置临时防护。若桩位于浅水区，可采用围堰开挖，并在孔周挖排水沟，搭雨棚提升设备，布置出碴道路，即把弃渣地点设在距桩孔10m以外，以免坍塌，堵塞孔道。

挖孔应根据桩位处地质、水文、土质条件安全可靠，快速等原则因地制宜地进行。开挖顺序一般由土质及桩孔布置决定，不能在相邻两孔同时开挖，以免因间隔薄和支承力不足造成塌孔。在一墩有四孔时，需对角或间隔开挖，若桩孔间隔较大，土质较好也可同时开挖。作业工具可用铲、镐、锹等，若遇到顽石时，可使用爆破手段。孔壁支护可采取预制或现浇混凝土、小井圈及安装木框架、竹篱、柳条、荆笆等方法。框架护壁适用于孔壁基本稳定，局部坍落不严的桩孔，它比较方便，可随挖随支，使施工有连续性；混凝土护壁可用于各种地层，强度高，安全性好，特别是喷射混凝土支护更具有特色处，这种护壁不需拆除而成为基础的一部分；预制钢筋混凝土圆筒支护适用于圆形基础，防止孔壁坍落的效果高，但与孔壁联结不牢，不易顺利下沉，也难确保位置正确，灌注基础时又难取出，若改用就地灌注混凝土圆筒支护，则能避免以上弱点，但进度慢，开挖与支护不能同时进行。

挖孔桩时应注意以下事宜。

A.严格控制桩孔净空尺寸和平面位置，孔中线误差不能大于桩长15%，截面尺寸应符合设计要求。

B.做好排水防水工作，阻止水在井壁浸流，造成塌孔。

C.摩擦桩的支撑不能采用无法拆除的木框架，对在截面上出现拉应力的混凝土护壁，不能作为桩的部分，其标号不能低于桩身混凝土。

D.要注意施工安全，孔内应有照明，提取土碴的机具，操作人员应戴安全帽，系安全绳，井口围护要高出地面0.2~0.3m；要防止土石等杂物掉入孔内伤人；施工暂停时，要罩盖孔口，桩深超过10m时，应有通风设备以防CO_2浓度过大，引起井下工人中毒。

E.孔内爆破要用电力引爆，采用多次浅眼爆炸时应严格控制药量，爆破前井内人员要撤离至安全地带，爆破后应先通风排烟，经检查无毒后，才可孔内除渣。

F. 桩孔开挖及支护应连续作业，不宜中途停顿，以防坍孔。

③灌注桩身

终孔后应立刻对桩孔的净空尺寸，孔底地质情况进行检查，满足设计要求时，则可清洗孔底，放出桩轴线，灌注桩身。孔桩的配筋，可在孔内绑扎或孔外预扎，灌注用混凝土坍落度一般为 7 ~ 9cm，若用导管灌注时，可让混凝土从管中自由坠落，导管应对准桩心，孔底水深不得超过 5cm，灌注速度要快，使混凝土对孔壁压力尽快地大于渗水处的水压力，并要求一次连续灌完。在干燥无水或少水处，可采用一般灌筑的方法，可让混凝土沿串筒或导管流下。若桩孔底渗水量上升速度大于 6 mm/h，水难以排除，可采用水中灌注方法。当灌注至桩顶后，应将离析的拌合物和水泥浮浆清除干净。灌注时切忌拆除孔壁支护。若地质条件允许，可采用可拆式钢护筒（或钢筋混凝土护筒），在灌注和拆筒过程中，应始终使混凝土面比护筒底端最少高出 1.5 ~ 2.0m。

（2）钻孔机具

钻孔机具主要有旋转钻机，冲击钻机和冲抓钻机三类，它们主要由钻头、抽渣筒、钻架及升降钻进工具等组成，并通过护筒用卷筒的齿轮驱动钻机成孔。

①旋转式钻机

旋转式钻机适用于冲击层较厚的黏性土，砂性土、砂卵石等土层，还可钻进软岩或风化岩层，钻孔直径可达 1.5m。按照成孔时泥浆循环程序分为正循环和反循环钻机。

转盘上设有驱动钻杆的回转机构，钻头（钻具）用于正循环钻机的有回转式刺猬钻头，圆柱式和鱼尾，笼式，三翼式钻头等。

②冲击式钻机

冲击式钻机适用于各种土壤，粘砂土，砂黏土，沙砾和岩层。尤其是对漂卵石和基岩钻孔比其他型号钻机效果更好。

③冲抓式钻机

冲抓式钻机适用于黏性土，砂黏土类碎石（夹粒径 50 ~ 100mm），含量在 40% 以内的卵石，软松而无地下水的地层不宜在大漂石和基岩中钻孔。它主要由冲抓锥，钻架，起吊设备等组成。冲抓锥由锥身及锥瓣两部分组成；钻架可用木料或型钢加工制造；起吊设备主要是卷扬机，其牵引力要大于锥头及碴的总重量。

④人力推钻

人力推钻适用于软土、软塑或硬塑的黏土，砂性土（粉砂到粗砂），沙砾和砂卵石等地层。可用简易的旋转钻头配置必要的钻架，钻杆，卷扬机和其他辅助设备作业。钻架用木或钢制，有三脚扒杆，三脚架和四脚架等；钻头有土锥，大锅卵石锥，螺旋锥等形式，土锥适用于松散土层，这是一种提升锥头，锥身一般用 3 mm 厚的钢板制作，支架为钢筋，同大锅卵石锥一样顶部有很小的扩孔力，锥底很短，并且带锥尖，钻孔时，被切削的土块砂石钻头腹膛内，当装满后即暂停，提出钻头，打开底部清除钻渣后继续钻进；螺旋锥的作用是把紧密的卵石层搅松，将卵石挤进孔壁，它一般与大锥钻头配合使用，可以用圆钢制作。

（3）钻孔桩施工工艺

①基本情况

销孔桩工艺适用性强，不受地质条件限制，能够在松软地层和地下水严重发育地区施工，钻孔深度可达100m以上。按力学性能可分为摩擦桩和柱桩，按承台位置可分为高桩和低桩承台；按施工方法有冲击成孔、旋转成孔和冲抓成孔桩等。桩孔大都采用圆形，孔径大小根据钻头尺寸确定，常比钻头直径大10～15cm。终孔后一般灌注水下混凝土成桩。

②钻孔的准备工作

钻孔前需做好布置场地，桩位测量，埋设护筒，安装钻机，准备和回收泥浆等项工作。

A. 布置钻孔场地

浅水区可采用筑岛法钻孔；深水区可搭设工作平台钻孔，平台应能牢固地支承钻机操作和方便和撤出。若水流平稳，钻机可在船上作业；若流速较大，河床可整理平顺时，则用钢筋混凝土薄壁围堰或沉井浮运就位灌水下沉落床，在堰内安护筒钻孔。场地布置应对施工用水泥浆供应、排防水、动力供应，桩身灌注、钢筋骨架的绑扎和吊运等作统一安排。

B. 埋设护筒

埋设方法由桩位处的地质和水文情况决定。在旱地，浅水和深水处可分别用挖埋法，筑岛法，平台沉入法等。埋设护筒的目的是固定桩位，保护桩孔口不坍塌；隔离地面水，保持孔内水位高出施工水位；维护孔壁及钻孔导向等。护筒按结构形式可以分为拼合式和整节式；按材料又可分为钢护筒、木护筒和钢筋混凝土护筒。木护筒一般厚3～5cm、重量轻、使用方便，易损坏，不宜在深水中作业；钢护筒厚约2～4mm，拼装和接长方便，适应性强，可多次使用；护筒应坚实，不漏水，能多次使用，内径应比桩孔直径大；应比机动冲击，冲抓和旋转钻的内径约大20～30cm其高根据地质、地下水位和施工水位而定。旱地护筒应高出地面约30cm；桩口处于水上，地质良好不易坍孔时，可高出施工水位1.0～1.5m；桩口处于水上，地质不良，容易坍孔时，可高出1.5～2.0m；当钻孔内有承压水时，护筒应高出稳定水位1.5～2.0m；有潮水涨落时，应高出最高潮水位1.0～1.5m。旱地或浅水区埋设护筒时，底部应埋入天然地基土层内，与四周接触一定范围内，应夯填黏土，防止漏水。若旱地土质紧密防漏，护筒可用挖埋法安设；浅水中用筑岛法埋设；在深水或河床松软覆盖土较厚处沉入的护筒，可先导向设备定位，护筒吊起后沿导向设备下沉，并配合压重、射水、振动、抓泥或锤击等。底端沉到较坚实地层（或基桩施工）时，应沉至局部冲刷线以下，且不能小于0.5～1.0m，以防底端穿孔向外漏水、漏泥浆或由护筒外向孔内翻砂，而导致底脚悬空坍孔，此外，还要防止混凝土由底端向外漏失。

C. 泥浆工作

泥浆的作用是在钻孔时悬浮钻渣、加固孔壁、防止坍孔、起护壁作用。同时，还可以冷却钻头，避免钻头冲击时因摩擦产生高温而变形。泥浆用黏土制作，黏土应经严格挑选，不得含砂、石、石膏等杂物。优质的黏土干块、碎块放入水中不分解而只膨胀，用刀切开时应呈光滑、明亮的表面。亚黏土的塑性不得小于 15%，大于 0.1mm 的颗粒不得超过 6%。泥浆可用搅拌机或其他简易方法加水制作，并应尽快灌注到孔底。旋转钻孔泥浆需要量大，如在漂卵石地层中钻孔 1m³ 约需黏土 500 ~ 700kg，故应设法回收泥浆重复使用，这需准备泥浆槽，沉淀池等设施，以供净化后循环使用。泥浆槽的长度不应小于 15m，槽底坡度不得大于 1%；沉淀池的容积在使用反循环钻机时（包括供水池容积），约为钻机体积的 1.2 ~ 2.0 倍；使用正循环钻机时，约为钻机体积的 1/3 ~ 1/2。水中钻孔时，可将池和槽设在船上。泥浆泵的规格可由钻杆内径、钻孔直径和深度、悬浮钻渣所需最小上升流速等因素，经计算泵压和流量后决定。回收时，由孔内抽出的泥浆通过槽流入池，经一定时间沉淀和净化后，将表层黏土再制泥浆，或者是在孔口安接茬盘，抽出的浆硫混合物倒入盘内经槽流入沉渣桶。为了加快浆碴流动，可在接茬盘出口处安上供水管，浆碴在沉渣桶停留后大部分沉淀下来，流动部分经过 4×4 mm 孔眼的拦碴网坡度约为 3.5% 的回浆槽，又将部分钻渣沉淀于该槽内，最后由回浆槽流回桩孔内。回浆槽出口处有一道 10 ~ 12cm 高的挡砂板，可拦阻一些砂粒，因而回到孔内的泥浆足以确保质量。调制钻孔及经循环净化的泥浆，根据钻孔方法与土层情况采用不同的性能指标。

D. 安装钻机

安装前应对钻架和各种钻具进行检查与维修：利用自身的动力移动就位，可用千斤顶逐步移位来校正钻机中心与桩位中心。底座和顶端应平稳，不允许产生位移和偏沉，一般可用枕木垫平塞紧；桅杆螺丝要拧紧并用对称的浪风绳将钻架固定。旋转钻机顶部的起重槽缘，固定钻杆的卡孔和护筒中心应处于一根竖直线上，以确保钻进的竖直度；冲击、冲抓钻架顶部滑轮边缘的铅锤线应对准桩孔中心，其偏差不得大于 2cm。

③钻孔

钻孔方法主要有旋转、冲击和冲抓成孔，其中以旋转钻机和冲击钻机的成孔用得最普遍。在有潮水处钻孔要采用虹吸管或连通管等措施稳定钻孔内水位，防止坍孔翻砂。在钻孔内外水位差应始终保持在 1.0 ~ 1.5m，使之在孔内形成静水压力，并起回壁作用。

A. 旋转式钻机成孔法

此法是利用钻头的旋转作用切削土层。成孔按泥浆循环程序分为正、反循环两种，在桥梁施工中用得最多是正循环钻机。

a. 正循环钻机旋转成孔

在钻进中以泥浆护壁，排碴。泥浆由泵输进钻杆内腔，经钻头出浆口射出，带同钻渣沿孔上升到孔口溢出流入槽内，返回沉淀池中净化，再供钻进使用。

b. 反循环钻机旋转成孔

反循环钻机与正循环钻机基本相同，仅在于正循环的钻头反循环的不同。反循环是利用真空泵将泥浆送全孔内与碴混合，并从钻杆下口吸进，通过钻杆中心排泄到沉淀池内回收再用。初钻时，先启动泥浆泵和转盘，使之空转，待泥浆孔后才钻进。此时，应稍提吊起钻杆，控制钻进速度和垂度，同时进行孔壁支护，待成桩孔道有相当深度后，再按设计的尺度钻进。要控制钻进速度，在松软地层钻进过快会导致孔道偏斜，在坚硬地层钻进太快，会使钻机超荷而加大钻杆摇晃频率，则会造成钻头偏斜，停钻、损坏、扭断钻杆等事故。此外，要注意地层变化，把握节奏，每钻进2m或地层变化处要捞取钻渣样品，以观测孔内地质土层情况，并应随时观测泥浆水位的变化、调整孔内水位差及泥浆稠度。操作时不可使钻杆顶端降到扶钻平台卡孔之下以防掉钻，连接钻锤与杆的钢丝绳稍放松，以免妨碍钻进。

B. 冲击式钻机成孔法

冲击成孔是钻机不停地迫使钢丝绳带动钻头一起一落地冲击土层，把泥沙、石块挤向孔壁被打成碎碴，使之悬浮在孔底泥浆中，被抽渣筒抽出，并不断扩大桩孔直径成桩。钻前应检查钻锤直径。初始造孔时，需用小冲程间断钻进，使初孔坚实、竖直、圆顺能起导向作用，且能防止孔口坍塌。钻头起落速度应均匀，不能突然加速，以免碰撞孔壁造成坍孔，深度超过钻锤的全高后则可另加冲程（约为3～4m）。坚硬的大漂卵石、岩石可用大冲程（不得超过4～6m）；松散地层可用中、小冲程，每次松绳量应比冲程稍多，以防打空锤和大松绳。应经常检查各种钻具，如果有不当之处，要及时修整、处理，并及时抽渣，添加粘上，使钻锤能冲击新鲜地层。冲打表面热平后再冲钻。在抽渣、提钻、除上和中途停钻时，应随时检查并保持孔内规定的水位和泥浆稠度。钻孔时要注意安全，冲击钻锤起吊进出孔口处应严禁站人以防止钻锤撞击，发生伤亡事故。一旦发现钻头磨耗过大，要及时补焊。

C. 冲抓式钻机成孔法

冲抓成孔是靠钻机冲击土层并抓取钻渣。它由带离合器的动力装置通过钻架操纵钻锤冲抓土层或岩层，冲抓锤靠自重使锤上的抓土瓣锥尖张开插入土中，由动力提升锥头收拢抓土瓣将土抓出，弃于孔外。冲抓锥因起吊钢绳联结方式不同可分为单绳与双绳冲抓，作业时应以小冲程稳妥准确地进行，待锥具全部护筒后才能松锥。提锥应慢，冲击高度以1.0～2.5m为度。对于坚硬地层可松开抓瓣，多次冲击，若无效果时再收紧抓瓣而改用冲击锥成孔。在钻渣被抽走后，应同时把护筒用泥浆或水灌满并注意防止钢丝绳互相扭花。

D. 斜桩成孔

钻斜桩孔一般采用旋转钻机，也不排斥用人工推钻或其他方法。为了防止钻杆扭断、挠曲而影响斜孔成桩的质量，钻杆的强度和刚度应比钻竖孔时更为可靠；为了确保斜桩的准确位置（斜度），护筒的形状要规则，其斜度应稍大2～3cm，在两端0.5m处可做成喇叭口，使钻锤易通过；埋设的护筒要牢固不能因操作松动而影响桩位。每隔10m时，锥上部钻杆处应设导向筒一个，钻孔深度不到10m时也要设导向筒，筒直径与钻孔相等，长度不小于1.5m，钻杆、卡口、护筒、导向筒的中心应在钻架同一斜度线上，该线应比设计斜度略大1%～3%，以抵销钻锥和钻杆因重力产生的误差，若设计中斜度较小，或桩较短，可采用低值，反之用高值。

钻斜孔桩,孔壁易坍塌,孔内水头,护壁用泥浆的比重,稠度都应比钻坚孔桩大。此外,还可掺入适量的 $NaNO_3$ 以改善泥浆性能。钻架底部的锚固应可靠,顶部要用通风缆固定,以防倾覆,变形和位移。在作业中还要经常对孔径、斜度、形状、深度进行检查,并及时纠正失误。

④清孔

终孔经检验合格后应立即清孔。其月的是清除基底残渣和泥浆沉淀物以确保灌注混凝土质量和桥基承载力。清孔的方法可根据设计要求、钻孔方式、设备条件和土层情况等决定。常用如下方法。

A. 抽浆清孔法

此法清孔比较彻底和干净,适用于摩擦桩或柱桩。可用空气吸泥机,水力吸泥机、真空吸泥泵、反循环钻机等作业。如采用空气吸泥机时,以风管将压缩空(输进排泥管,使泥浆形成密度小的稀浆和空气的混合物,在水柱的压力下,沿排泥管向外排出泥浆和沉渣,同时水泵向孔内注水,直至喷出清水或沉淀厚度,达到要求为止。

B. 换浆清孔法

利用正循环旋转钻机不进尺继续循环换浆清孔,直至达到清理泥浆的要求。它主要用于各类不同上质的摩擦桩。

C. 掏碴清孔法

利用抽渣筒或大锅锥清掏孔底的粗粒残渣,适用于人工推钻、机动蜗杆、推钻、冲抓、冲击钻孔的各类土层的摩擦桩。掏碴清孔后,孔内泥浆比重不应大于1.3。

D. 喷射清孔法

常配合其他方法清孔。在灌注桩孔前,用高压射水或射风的方式对孔底进行冲洗数分钟,使沉淀物漂浮后,江即灌注水下混凝土。有时也可在灌注的导管内用空气吸泥机将残渣吸出。清孔排碴均应注意保持孔内水位,提管吸泥应避免碰撞孔壁。

（4）钻孔事故及处理方法

钻孔时常会因操作不当、机械磨损以及意外的因素而导致一些问题和事故,轻者影响施工进度,重者造成机械损坏人员伤亡。对钻孔中的事故应立即处理。通常以预防为主,处理为辅。

①预防措施

应根据施工条件和方法制定必要的技术措施,比如应有严格的作业规程等。注意钻进中每一微细环节,发现问题苗头应及时做出相应的处理,杜绝事故发生。在冲击钻孔时,应控制冲击速度和冲程。要做好交接班和停钻工作。停钻时应盖好井口,以免掉钻;应做好各种钻具的稳定工作;在施工中要始终贯彻勤检查、勤出碴、多分析、做好记录等工作。

检查的主要内容包括:钻头升降时大绳是否可靠、夹具是否松动,安全套是否传动失灵;钻杆和吊杆上是否有裂纹,钻头直径是否符合规格尺寸;钻机是否有位移和偏沉;钻机是否有故障;孔径、孔形尺寸是否符合设计要求等。

②坍孔的处理

坍孔包括孔口坍塌、护筒倾斜、沉陷、钻孔深度突然变浅，水位下落等现象。其产生的原因主要有：操作不当，冲击、冲抓锥头和抽渣筒倾倒，碰撞孔壁，大绳太松，钻头摆动损坏孔壁；护筒埋设不合要求（如高度不够），回填的质量差；泥浆稠度不够，比重小，不能形成坚硬的护壁；泥浆水位高度不够；对孔壁压力小；在向孔内加水时，因流速过大直接冲刷孔壁，造成冲击压力大于其极限强度；在松软土层的钻速太快；孔口排水差或因无接茬盘，抽出的浆碴四处漫流，使孔周的土壤处于饱和状态；孔壁暴露过久或清时风量太大，延续时间过久等。坍孔的处理办法如下：若护筒倾斜或下沉造成坍口，可以用草袋或黏土回填阻止其继续发展，待沉淀密实后，重新埋设护筒钻孔。若孔内水位不稳，水中含细水泡，钻头达不到应有的深度，可用黏土或黏土渗石子，片石分层回填至坍孔处以上 0.5m 后再重钻。如果坍孔不严重，可加大泥浆比重继续钻进或将桩孔回填到坍孔位置以上后再钻进。若坍孔严重而影响钻机稳定，可用钢护筒沉至未坍处以上 1m 处，周围用草袋装土填塞，固定护筒上端防止其偏斜下沉，护筒随钻进逐节加长（即用小沉井方式处理）。

③漏水漏浆的处理

孔内漏水漏浆时则不能保持孔内外水位差和孔内水头压力。漏水漏浆若是护筒造成时，可堵漏处，并用黏土将筒周夯实加固；若很严重或因埋设不妥造成时，则应重新埋设；因是孔壁松散，泥浆护壁较差造成时，应在孔内重新回填黏土，待沉淀密实一段时间后，再重新加强泥浆护壁，继续钻进。

④不规则孔形的处理

由于操作不当，如大绳、钻杆在护筒内水面的位置偏移中心时，会出现不规则孔形，使得桩孔在尺寸上达不到设计要求。若问题不严重时，可重新调整钻头和卡杆孔、继续钻进。若问题严重，应回填孔道重新钻孔。

A. 弯孔与斜孔

钻孔若碰到倾斜不平的岩层或软硬不均地层时，用大冲程猛冲或因缆风绳松紧不一致，钻机不稳，产生位移和不均匀下沉。钻架安装不正，护筒埋置不合理等会产生弯孔和斜孔。一般可用片石回填至不规则孔段以上 0.5 ~ 1.0m 后，再小冲程钻进。如果因基岩倾斜而发生的弯孔，可用混凝土把弯孔填平，待其凝固到一定强度后再钻；若因钻机位移、偏斜下沉而弯孔，则应调整钻机后回填重钻。

B. 扩孔和缩孔

为孔径不规则地大于或小于孔桩直径的不良现象。扩孔是孔壁部分坍塌未做处理造成的，极易在堆积层，漂卵石层，块石层，卵石层中发现；缩孔是因钻头磨损和地层挤压造成的。处理此类孔形，一般应回填后重钻。扩孔要按坍口处理，缩孔要补焊钻头。若因地层挤压造成的，要及时调整钻进速度和泥浆稠度。操作时轻打稳打，勤松大绳，采用适当的冲程。

C.梅花孔与探头石

梅花孔是钻头不适应地层的情况下冲打过甚，转向失灵；泥浆太稠而妨碍钻头转动、冲程太小、钻头得不到充分转动和大绳太松等原因造成的。探头石是在非均匀地层钻进时，孔壁出现的大直径卵石。一部分突出伸入孔径，另一部分埋在孔壁土层内。此时容易造成斜孔和卡钻。可以用高于基岩和探头石强度的片石（或碎石）回填桩孔重钻等办法处理。

⑤卡钻和掉钻的处理

A.卡钻。钻头被孔壁卡住不能提动。有两种情况，一种是钻头卡在距孔底一定距离处，提不上来，钻不下去，有时向下并有一定的活动余地，比如梅花孔和探头石引起的卡钻，此为上卡。卡钻的原因很多，其与钻头直径磨损和具体地质土层有关。造成的主要原因如下：在未经处理的不规则孔形中继续钻孔；坍孔落下的石头或因失误掉进孔内的大工具卡住；埋设过深的钢护筒倾斜，其下端被冲击变形；更换钻头尺寸产生差异，补焊钻头的尺寸过大；下钻太猛，大绳太长，使钻头的倾斜长伸入孔壁或孔底；放绳太长或简易钻架承受大冲程。处理卡钻常有如下措施；上下提动钻头，使之旋转，用撬棍配合左右摇晃，反复拨动大绳，使钻头能离开冲击、冲抓或旋转轨道，然后提出；用小钻头冲击，提开钻头的障碍物，使之破碎或挤入孔壁。或用冲击厚锥使钻头松动后再吊起。

B.掉钻。由于钢绳（或联结装置）和钻杆磨损来不及更换造成的。在钻进中若发现缓冲弹簧突然不伸缩，大绳松弛等现象时，则表明钻头已落入孔中。掉钻后应及时了解情况，查明原因，采取措施防止泥浆、钻渣及坍孔埋钻，并立即用工具和捞叉、捞钩、打捞绳套等打捞。

C.埋钻。落于孔内不及时打捞而被泥浆，钻渣或坍孔泥沙埋住的钻头。可在孔内压入稠度大（比重大）的泥浆冲刷并悬浮埋钻的泥浆与钻渣，然后提出钻头。或用特制的钻具套钻，将埋钻的砂子钻掉，并在套钻的同时压入稠度大的泥浆使之悬浮钻渣，套至被埋入的钻头顶部后将其提起。若钻头被坍孔泥沙埋住，则应先清除泥沙，后用工具打捞埋钻。

D.钻杆折断。钻杆在操作时，因碰撞会使钻头随断杆掉至孔内。

（二）桥梁墩台施工

桥梁墩台按建筑材料可分为圬工墩台、混凝土、钢筋混凝土、预应力混凝土等多种形式。按施工方法可分为就地灌注式和预制装配式两种。就地灌注式是在现场用支模，灌注混凝土的方法修筑墩台；装配式是在工厂或预制场把墩台分成若干块、预制成砌块或构件，运至桥位处用拼装或砌筑的方法装配成墩台。装配式墩台多为空心结构，它在国外桥梁建筑中发展较快，在我国城市建设中也应大力发展。目前，在我国的城市桥梁中仍以就地灌筑实体混凝土或空心的钢筋混凝土墩台为主、辅助以一些石砌工程。在中、小型投资不大的桥中，也仍采用石砌墩台的形式。墩台按结构类型分类有多种类型，可分为实体和空心的两类、按形状可分为圆、方和尖端形。按立面形状可分为排架式、柱式、桩式和桩柱式等；按力学性能可分为刚性和柔性；按重量可分为重力式和轻型式；按受力图式可分为单向推力墩和无推力墩。

墩台施工应按图纸将各种形式的墩台构筑物建筑在准确位置上。在尺寸、形状、可靠度等方面均应符合设计要求，使之能有效地将桥跨上的全部荷载传递给基础，再传给地基。墩台施工要精确地测定位置，制造和安装模板，选择合格的材料，严格执行各种操作规程，确保工程质量。装配式桥墩竣工后不应有缺边掉角现象，它与基础的连接处必须严密、牢固，灌筑混凝土接缝应密实，强度要符合设计标准，外露的铁件必须作防锈处理。

1.石砌墩（台）的施工

石砌墩（台）施工主要包括定位放样，材料运输，坊工砌筑，养护和勾缝等工序。

（1）定位放样

根据施工测量定出的墩台轴线放出砌筑石块的轮廓线，并在墩台转角处，设置标杆和挂线作为石砌的准绳。墩台放样定位的方法较多，常见的有垂线法，线架法和瞄准法等。可根据实际情况采用。

（2）材料运输

施工时材料需水平与垂直运送。水平运输主要靠车辆或人工担抬，垂直运输靠机械和脚手架提吊。施工用脚手架除开吊运材料外，尚可供工人上下和操作，主要有固定式、梯子式、螺旋升高滑动式和简易活动式多种。施工用石料和砂浆在数量小、重量轻时，可用马凳跳板直接运送；距地面较高时，可以采用各种扒杆或绳索吊机和铁链、吊筐、夹石钳等捆装工具运送。也可以用井架，固定式动臂吊机或桅杆式吊机吊运。石砌材料主要是片石、块石、粗料石或混凝土砌块和水泥砂浆。若在漂流物或冲积物多的河中砌筑墩台，其表面应选择坚硬石料或强度等级高的混凝土 R≥C23 预制块镶面，在低温或温差大的地区更要选用好料。因此，在选料时不仅要注意强度，耐久性和经济价值，而且要考虑石料吊运、安砌就位是否方便。

（3）坊工砌筑

基础竣工后，经检查平面位置与标高符合设计要求即可清基、定位、放线、砌筑墩台。各种砖、石、混凝土砌块在使用前必须浇水湿润，表面的泥土、水锈要除掉，片石、块石强度不得小于 29400kPa；粗料石强度不能小于 39200kPa；混凝土砌块强度不得小于 C13 砂浆的和易性。强度和耐久性均要满足使用要求。

砌筑墩台一般采用浆砌配合挤浆法分层分段砌筑，表面用块石、粗料石或混凝土砌块镶面，内部用片石填充。石料按坊工砌筑方式排列，使之整体联结牢固。第一层砌块若遇到基底为土层时，可在砌石侧面铺刮砂浆不需坐浆。若是岩层和混凝土基底，除润湿凿毛外，还应坐浆砌筑。浆砌片石时，石块应交错排列坐实挤紧，尖锐凸出部分要敲掉，并掌握好砌筑厚度，不应高低差太大。浆砌块石时，可以先在已砌石块平面上铺 4～5cm 厚一层砂浆，使石块放置安砌平稳，砂浆保持 2cm 厚挤满砌缝，竖缝上下层错开。浆砌料石时，应严格控制平面位置和高度，砌缝应横平竖直。浆砌混凝土预制块应从角石开始，竖缝应用厚度较灰缝略小的铁皮控制，安砌后立即用扁铲捣实砂浆，斜面应逐层收坡以确保规定的斜度。分段分层砌筑时，两相邻工作段的砌筑高差不可超过 1.2m，分段位置宜尽量设置在沉降缝或伸缩缝处。砌筑的顺序应由下而上，方向由上游至下游，先砌四转角石，然后挂线砌筑边部表层，最后填筑腹部。

（4）勾缝与养护

为了美观并且防止水从砌缝中渗入墩台内部，表面砌缝靠外露面处要另行勾缝，靠掩蔽面则随砌随刮，但也应确保砌缝质量。石块与预制块均应以砂浆粘接，砌块间要求有一定厚度的砌缝，在任何情况下不允许相互间直接接触。浆砌规则块材如料石、混凝土砌块时可用凹缝，浆砌片石或块石用平缝或凸缝。勾缝砂浆强度等级在主体工程中不低于M10；在附属工程不低于 M7.5。勾缝前，外层砌缝应留距石面 1 ~ 2cm 的空隙，用水清洗后以砂浆填充。勾缝在砌筑完工后从上至下进行，以确保墩台整齐干净。墩台砌筑完工后，必须用浸湿的草帘（袋）等物覆盖，根据气温变化浇水养护 1 ~ 7 天。

2. 就地灌筑混凝土墩台

混凝土墩台灌筑的主要工作是立模，扎筋和灌筑混凝土成形等。

（1）墩台的模板

①墩台模板的基本要求

钢筋混凝土墩台对模板的基本要求与钢筋混凝土受压构件相同。其轮廓尺寸的准确性由制模和立模来确保。墩台模板形式复杂、数量多、消耗大，对桥梁工程的质量、进度、经济技术的可靠性均有直接影响。它应能确保墩台的设计尺寸；有足够的可靠度承受灌筑的混凝土重量、侧压力和其他施工荷载，并确保受力后不变形，不位移；其接缝紧密不漏浆，内侧光滑平整；结构简单，制造，安装和拆卸方便。

②模板的类型和构造

A. 固定式模板

位置固定可在现场加工制作和安装，又称为零拼模板。主要由壳板、肋木、立柱、撑木、拉条（或钢箍）、枕梁与铁件等组成。墩身模板由斜面和圆锥体曲面组成，骨架的立柱安放在基础枕梁上，肋木固定在立柱上，木模的壳板竖直布置在肋木上，立柱两端用钢拉杆拉紧并加强联结，以确保模板的刚度以及不发生位移。如果桥墩较高时，要加设斜撑，横撑式抗风拉索等。木壳板厚 3 ~ 5cm，宽 15 ~ 20cm；肋木一般用方木制作，间距由板厚及混凝土侧压力决定；两立柱间的距离为 0.7 ~ 1.2m，立柱用圆木制作；拉杆是 φ12 ~ φ20 的圆钢；拱肋木由 2 ~ 3 层木板交错重叠用铁件结合，拱肋木与水平、直肋木之间也可用铁钉与螺栓连接。各种桥台的模板要比桥墩复杂，多了背墙、侧墙等构造，但基本形式大同小异。固定式模板使用一次后，就被拆散或改制，仅有一部分可以重复使用，工料浪费较大，仅适用一般小型工程，如墩台的基础、拱座、帽石、端翼墙、中小桥桥台身、涵洞等。

B. 镶板式模板

又叫整体吊装模板，它是将固定式模板改成可以拆移活动的模板。在灌筑多个同类型墩台时，按一定的尺寸拼装一个分块装配式模板重复使用，可以节约许多工料。此种模板由螺栓连接，整体吊装，在拆装时应尽量不受损坏。镶板彼此用横带或竖带间接接合，尺寸大小由吊装能力与结构大小而定。常用钢板和型钢加工而成。

C. 拼装式模板

又称为盾状模板，这是将墩台模板划分为若干尺寸相同的小块，在工厂按规定尺寸加工而成的大小相同块件，然后运到桥位处拼装的模板。它适用于高大桥墩或在同类墩台较多时，待混凝土达到拆模强度后，可以整块拆下来；直接或略加修整，就能周转使用。此类模板可用钢材或木材加工制作。木料加工制造较为方便简单；钢材需铸造、刨光等，机械加工不方便。木模板的制作基本上与固定式模板相同。钢模用 2 ~ 3mm 厚的薄钢板与型钢为骨架。此种模板可以重复使用，装拆方便，节约材料，降低成本，无需吊装，缩短工期。

D. 滑升模板

又称为抽动模板，它整体地在墩脚处安放。灌筑时借助千斤顶及顶杆使模板沿墩身向上滑升，它滑升灌筑的高度可达 70m 以上。一般用钢板制作，可根据墩台的平面形状制成矩形、圆形、圆端形和其他形式。可用于滑升实体墩和空心墩，若墩身垂直或收坡率不大时，可做成内外壁同坡等厚或不等厚的空心墩。圆形收坡空心墩液压滑模主要由操作平台、模板系统、提升系统和垂直运输系统组成。空心墩模板有内外之分，由固定和活动模板组成。固定模板通过上、下横杆与提升架联结；活动模板由心板与边板迭合而成并用螺栓连在横杆上。当滑升时，活动模板依靠横杆上固定的小轮沿固定模板的横杆滑移。

③模板的制作与安装

画线、下料、加工和拼缝均要符合设计要求。安装要先确定顺序，预留孔（件）、接触面、可靠度均要符合有关的规定。

（2）墩（台）的混凝土灌筑

灌筑混凝土墩（台）要遵循混凝土操作的一般规定，要控制灌筑质量，处理好墩身与墩帽的连接，注意施工节奏和安全。

①质量控制

灌筑混凝土的质量应从准备工作，拌和材料，操作技术这三方面来控制。滑模灌筑应选用低流动度的或半硬性的混凝土拌合料，分层分段对称灌筑，并应同时灌完一层。各段的灌筑应到距模板上缘 10 ~ 15cm 处为止；采用插入式振捣器时伸入深度不应超过 5cm；拌制混凝土时应掺加早强剂。要防止千斤顶和油管接头在混凝土和钢筋上漏油，要连续操作，中途因故停止时应按施工缝处理；脱模后若表面不平整或有其他缺陷要予以修整。在明挖基础上灌筑墩台第一层混凝土时，要避免水分被基底吸收或基底水分渗入混凝土中而降低强度。要注意对非黏土和干土基底的润湿。若土太湿时，应在基底以下填石料夯实或灌筑强度等级较低的混凝土垫层。若基底为岩石时，也应先润湿后，铺一层 2～3cm 厚的水泥砂浆，在其初凝前灌筑。

②灌筑节奏

为确保质量和工期，要注意灌筑节奏。若墩台截面积不大时，应连续一次完成，以保其整体性；若墩台截面积太大时，例如有 100m²，可分段分块灌筑。大体积圬工所用片石数量不得多于整个混凝土体积的 20%，最大粒径不能超过填放石块处最小尺寸的 1/4。一节灌筑完后，须间歇一段时间才能立模，继续灌筑下一节。应充分利用劳力和设备，采用流水作业线，在各墩上同时立模，灌筑能收到显著效果。

③墩帽与台顶施工

顶帽是用以支持桥跨结构的，桥梁支座就设在其上，墩（台）顶帽的形状，尺寸和各种预埋孔道要求十分精细。因此，要特别重视这部分的施工操作。它主要包括放线、立模、扎筋、安埋锚栓孔和灌筑等工作。当墩身距顶帽以下 40cm 时，应停止灌筑，在此预埋接榫在墩身平面上定出纵横中心线，放出顶帽轮廓线，竖立顶帽模板，其下的拉杆可以用顶帽下层的分布钢筋代替，安装锚栓孔模板用以埋设支座锚栓，扎好顶帽钢筋，支承垫石的模板挂装在上部的木拉杆上。钢筋混凝土墩（台）帽混凝土强度等级不得低于 C18，其他部分采用素混凝土时也不应低于 C18。对有托盘的顶帽作业时，可以把托盘与顶帽模板作一整体安装。托盘模板的肋木、竖木和顶帽模板的立木用联结板和螺栓连成整体。

3. 装配式桥墩的施工

装配式桥墩主要采用拼装法施工。它用于预应力混凝土薄壁空心墩和一些钢筋混凝土轻型桥墩，拼装式桥墩主要由就地灌筑实体部分墩身、拼装部分墩身和基础组成。实体墩身与基础施工可就地灌筑而成，但在灌筑实体墩身时应考虑与拼装部分的连接、抵御洪水和漂流物的冲击，锚固预应力筋、调节拼装墩身的高度等问题。装配部分墩身由基本构件，隔板，顶板和顶帽等四部分组成，在工厂制作，运到桥位处拼装成墩。装配部分墩身的分块，要根据桥墩的结构形式、吊装、起重和运输能力决定。要尽可能使分块大、接缝小，根据设计要求定型批量生产为宜。加工制作出来的拼装块件要质量可靠、尺寸准确、内外壁光洁度高。拼装要根据施工现场的地形、水文、土质、运输条件，墩的高度、起吊设备等进行。决定拼装方法时应注意预埋件的位置，接缝处理要牢固密实，预留孔道要畅通。

三、桥梁上部结构施工技术

（一）桥梁上部结构装配式施工技术

1. 先张法预制梁板

（1）台座

台座是先张法施工的主要设备之一，承受预应力钢筋的全部张拉力，它应具有足够的强度和稳定性，以免台座变形、倾覆、滑移而引起预应力损失。台座由一个框架（两根固定横梁和两根受压柱构成）和两根活动横梁组成，固定和活动横梁间设置千斤顶，预应力钢筋两端用工具锚固在活动横梁的锚固板上。千斤顶顶起活动横梁，使预应力筋受张拉。全部张拉力由框架承受。

压柱的承压形式可为中心受压或偏心受压，一般采用偏心受压。前者省料但作业不方便，后者则相反。

（2）模板工程

预制梁的模板是施工过程的临时结构，它不仅关系到预制梁尺寸的精度，而且对工程质量、施工进度和工程造价有直接的影响。

预制梁的模板通常按材料分类，有钢模板、木模板、土木组合模、土模以及钢木组合模等数种。预制工厂常采用钢模板和钢木结合的模板。

模板在制作时，应确保表面平整，转角光滑，连接孔配合准确。对于钢模要考虑焊缝收缩对长度的影响，对于木模要在构造上采取措施以防漏浆。模板的组装可在工作平台上进行，底模在制作时需考虑预制梁的预拱度。

模板的安装应与钢筋工作配合进行。在底模整平以及钢筋骨架安装后，安装侧模板和端模板，也可先安装端模，后安装侧模板。模板安装的精度要高于预制梁的精度要求。每次模板安装完成后需通过验收合格后，方可进入下一道工序。

模板分为底模、侧模、端模和内模。底模支承在底座上或设置在流水台车上，可用 12 ~ 16mm 厚的钢板制成。将先张台座的混凝土底板作为预制构件的底模，要求地基不产生非均匀沉陷，底板制作必须平整光滑、排水畅通，预应力筋放松，梁体中段拱起，两端压力增大，梁位端部的底模应满足强度要求和重复使用的要求。底模在构造上需注意设置底模与侧模、底模与端模以及底模接长的联系构件。此外，还应在底模与台座之间设置减振垫。

侧模由侧板、水平加劲肋、斜撑等构件组成。钢侧模板一般采用 4 ~ 8 mm 厚钢板，采用∟50 ~ ∟100 加劲角钢。侧模板在构造上应考虑悬挂振捣器的构件，要加强侧模间的连接构造，并需设置拆模板的设施。先张法制作预应力板梁，预应力钢筋放松后板梁压缩量为 1% 左右。为确保梁体外形尺寸准确，侧模制作要增长 1%。

端模设置在梁的两端，安装时连接在侧模上，用于形成梁端形状。端模预应力筋孔的位置要准确，安装后与定位板上对应的力筋孔要求均在一条中心线上。由于施工中实际上存在偏差，力筋张拉时的筋位有移动，制作时端模力筋孔径可按力筋直径扩大 2 ~ 4mm，力筋孔水平向还可做成椭圆形。

内模是空心截面梁、板的预制关键。其结构形式直接影响到制作是否经济、拆装是否方便、周转率高低等问题。

（3）预应力筋的张拉

预应力钢筋一般采用高强钢丝，钢绞线和精轧螺纹钢筋。

预应力混凝土预制梁制造过程中，张拉预应力筋、对梁施加预应力是一项十分重要的工作。施加预应力过多或不足都会影响梁的预制质量，必须按设计要求，准确地施加预应力。

先张法梁的预应力筋是在底模整理后，在台座上张拉已加工好的预应力筋。

先张法梁通常一端张拉，另一端在张拉前设置好固定装置或安放好预应力筋的放松装置。张拉前，要先在端横梁上安装预应力筋的定位钢板，并检查其孔位和孔径是否符合设计要求。之后在台座安装预应力筋，穿钢筋不能刮碰掉台面上的隔离剂。安装张拉设备时，应使张拉力的作用线与钢筋中心线一致。张拉时应采用应力与伸长值双控制，如发现伸长值异常，应停止张拉，查明原因。此外，在张拉过程中要十分重视施工安全。

（4）预应力混凝土的配料与浇筑

混凝土工程质量好坏是确保混凝土能否达到设计强度等级的关键，将直接影响钢筋混凝土结构的强度和耐久性。

①预应力混凝土配料

预应力混凝土配料除符合普通混凝土有关规定外，尚应满足如下要求。

配制高强度等级的混凝土应选择级配优良的配合比，在构件截面尺寸和配筋允许下，尽量采用大粒径骨料、强度高的骨料；含砂率不超过 0.4，水泥用量不宜超过 500 kg/m³，最大不超过 550 kg/m³，水灰比不超过 0.45，一般可采用低塑性混凝土，坍落度不大于 30mm，以减少因徐变和收缩所引起的预应力损失。即在拌和料中可掺入适量的减水剂（塑化剂），以达到易于浇筑、早强、节约水泥的目的，其掺入量可由试验确定，也可参考经验值。拌和料不得掺入氯化钙、氯化钠等氯盐及引气剂，亦不宜掺用引气型减水剂。值得注意是，由于混凝土掺加减水剂效果显著，目前用于建造预应力混凝土桥梁的高强度混凝土几乎没有不掺加减水剂的，但是对它的使用不能掉以轻心，使用不当将会严重影响混凝土的质量。

水、水泥、减水剂用量应准确到 ±1%；骨料用量准确到 ±2%。

预应力混凝土所用的一切材料，必须全面检查，各项指标均应合格。预应力混凝土选配材料总的发展趋势是提高强度，减轻自重，主要途径是采用多孔的轻质骨料。改善预应力混凝土物理力学性能的另一个重要途径是发展研制改性混凝土。

②预应力混凝土浇筑

混凝土浇筑前除按操作规程检查外，对先张构件还应检查台座受力、夹具、预应力筋数量、位置及张拉吨位是否符合要求等。

浇筑质量主要从两个方面来控制，一个是浇筑层的厚度与浇筑程序；另一个是良好的振捣，两个方面互相影响。当构件的高度（或厚度）较大时，为了确保混凝土能振捣密实，应采用分层浇筑法，并在下层混凝土初凝之前，将上层混凝土浇筑并振捣完毕。T 形梁的浇筑顺序一般采用水平层浇筑，也可采用斜层浇筑。

混凝土浇筑不得任意中断，由于技术上或组织上的原因必须间歇时，间歇时间应根据环境温度、水泥性能、水灰比、外加剂类型及混凝土硬化条件确定。无试验资料时，对不掺外加剂的混凝土，间歇时间不宜超过 2 h；当温度高达 30℃左右时，应减少为 1.5h；

当温度低于 10℃ 左右时，可延长至 2.5 h。

③混凝土的振捣

混凝土浇筑与混凝土振捣要密切配合，分层浇筑分层振捣。

在预制梁时，组织强力振捣是提高施工质量的关键。因预制梁截面形状复杂，梁高、壁薄、钢筋密集，在浇筑梁下层或下马蹄处的混凝土时，可使用底模和侧模下排的振捣器联合振捣，同时依照浇筑位置调整振捣部位。当浇筑到梁的上层或梁肋混凝土时，主要使用侧模振捣，辅以插入式振捣。待浇筑桥面混凝土时，可以使用侧模上排振捣器、插入式振捣器和平板式振捣器联合振捣。

混凝土的振捣时间应严格控制。振捣时间过长，容易引起混凝土的离析现象；振捣时间过短，不能达到要求的密实度。一般以振捣至混凝土不再下沉、无显著气泡上升、混凝土表面出现浮浆、表面达到平整为适度。当用附着式振捣器时，由于振捣效率差，一般约需 120 s。当用插入式振捣器时，效果较好，一般只要 20 ~ 30s。当用平板式振捣器时，在每个位置上的振捣时间为 25 ~ 40 s。

④混凝土的养护及拆模

为了保持混凝土硬化时所需的温度与湿度，混凝土浇筑后需进行养护。预应力混凝土梁一般采用蒸汽法养护。开始时恒温，温度应按设计规定执行，不得任意提高，以免造成不可补救的预应力损失。

拆模的施工质量好坏直接影响到预制梁的质量和模板的周转使用。不承重的侧模，在混凝土强度达到 2.5 MPa 时，可以拆除。侧模可用千斤顶协助脱模，为使模板单元安全脱模，常用旋转法拆模，其转动中心可设在侧模的下端或上端。承重的底面模板应在混凝土强度能承受自重和其他可能的外荷载时拆除。拆模后，如发现有缺陷，应进行修补。应遵循以下三点。

对有面积小、数量不多的蜂窝或露石的混凝土，先用钢丝刷或加压水洗刷基层，然后用 1∶2 ~ 1∶2.5 的水泥砂浆抹平。

对有较大面积的蜂窝、露石和露筋的混凝土，应按其全部深度凿去薄弱层，然后用钢丝刷或加压水冲刷，再用比原混凝土强度等级高一个级别的细骨料混凝土填塞，并仔细捣实。

对影响结构性能的缺陷，应与设计单位研究处理。

（5）预应力筋的放松

当混凝土强度达到设计强度的 70% ~ 80% 以后，可在台座上放松受拉预应力筋，对预制梁施加预应力。放松过早会造成较多的预应力损失（主要是收缩、徐变损失）；放松过迟，则影响台座和模板的周转。放松操作时速度不应过快，尽量使构件受力对称均匀。只有待预应力筋被放松后才能切割每个构件端部的钢筋。

放松预应力钢筋的方法有：用千斤顶先拉后松、沙箱放松、滑楔放松和螺杆放松等方法，用的较多的是千斤顶放松。

采用千斤顶放松，是在混凝土达到规定强度后，再安装千斤顶重新张拉钢筋，施加的应力不应超过原有的张拉控制应力，之后将固定在横隔梁定位板前的双螺帽慢慢旋动后，再将千斤顶回油，让钢筋慢慢放松，使构件均匀对称受力。当逐根放松预应力筋时，应严格按有利于梁受力的次序分阶段进行。通常自构件两侧对称地向中心放松，以免较后一根钢筋断裂时使梁承受大的水平弯曲冲击作用。

2. 后张法预制梁板

（1）后张法预制梁板施工工序

①按施工需要规划预制场地，整平压实，完善排水系统，保证场内不积水。

②根据预制梁的尺寸、数量、工期，确定预制台座的数量、尺寸，台座用表面压光的梁（板）筑成，应坚固不沉陷，确保底模沉降不大于 2 mm，台座上铺钢板底模或用角钢镶边代作底模。当预制梁跨大于 20 m 时，要按规定设置反拱。

③根据需要及设备条件，选用塔吊或跨梁龙门吊作吊运工具，并铺设轨道。

④统筹规划梁（板）拌和站及水、电管路的布设安装。

⑤预制模板由钢板、型钢组焊而成，要有足够的强度、刚度和稳定性，尺寸规范、表面平整光洁、接缝紧密、不漏浆，试拼合格后，方可投入使用。

⑥在绑扎工作台上将钢筋绑扎焊接成钢筋骨架，把制孔管按坐标位置定位固定，比如使用橡胶抽拔管要插入芯棒。

⑦用龙门吊机将钢筋骨架吊装入模，绑扎隔板钢筋，埋设预埋件，在孔道两端及最低处设置压浆孔，在最高处设排气孔，安设锚垫板后，先安装端模，再安装涂有脱模剂的钢侧模，统一紧固调整和必要的支撑后交验。

⑧将质量合格的梁（板）用专用设备运输，卸入吊斗，由龙门吊从梁的一端向另一端，水平分层，先下部捣实后再腹板、翼板，浇筑至接近另一端时改从另一端向相反方向顺序下料，在距梁端 3 ~ 4 m 处浇筑合龙，一次整体浇筑成型。当梁高跨长，或混凝土拌制跟不上浇筑进度时。可以采用斜层浇筑，或纵向分段，水平分层浇筑。

⑨梁（板）的振捣以紧固安装在侧模上的附着式为主，插入式振捣器为辅。

振捣时要掌握好振动的持续时间、间隔时间和钢筋密集区的振捣，力求使梁（板）达到最佳密实度而又不损伤制孔管道。

⑩梁（板）混凝土浇筑完成后要将表面抹平、拉毛，收浆后适时覆盖，洒水湿养不少于 7 d，蒸汽养护恒温不宜超过 80℃，也可采用喷洒养护剂。

⑪使用龙门吊拆除模板，拆下的模板要顺序摆放，清除灰浆，以备再用。

⑫构件脱模后，要标明型号、预制日期及使用方向。

⑬将力学性能和表面质量符合设计要求的预应力钢丝或钢绞线按计算长度下料，梳理顺直，编扎成束，用人工或卷扬机或其他牵引设备穿入孔道。

⑭当构件梁（板）达到规定强度时，安装千斤顶等张拉设备，准备张拉。

⑮张拉使用的张拉机及油泵、锚、夹具必须符合设计要求，并配套使用，定期校验，以准确标定张拉力与压力表读数间的关系曲线。

⑯按设计要求在两端同时对称张拉，张拉时千斤顶的作用线必须与预应力轴线重合，两端各项张拉操作必须一致。

⑰预应力张拉采用应力控制，同时以伸长值作为校核。实际伸长值与理论伸长值之差应满足规范要求，否则要查明原因采取补救措施。

⑱张拉过程中的断丝、滑丝数量不能超过设计规定，否则要更换钢筋或采取补救措施。别的

⑲预应力筋锚固要在张拉控制应力处于稳定状态时进行，其钢筋内缩量不可超过设计规定。

⑳预应力筋张拉后，将孔道中冲洗干净，吹除积水，尽早压注水泥浆。

（2）后张法张拉时的施工要点

①对受力筋施加预应力之前，应对构件进行检验，外观尺寸应符合质量标准要求。张拉时，构件混凝土强度应符合设计要求；设计无要求时，不应低于设计强度等级值的75%。当块体拼装构件的竖缝采用砂浆接缝时，砂浆强度不低于 15 MPa。

②对预留孔道应用通孔器或压气、压水等方法进行检查。端部预埋铁板与锚具和垫板接触处的焊渣、毛刺、混凝土残渣等应清除干净。当采用先穿束的方法时用压气、压水较好。

③钢筋穿束前，螺丝端杆的丝扣部分应用水泥袋纸等包缠 2 ~ 3 层，并用细钢丝扎牢；在钢丝束、钢绞线束、钢筋束等穿束前，将一端找齐平，顺序编号。对于短束，用人工从一端向另一端穿束；对于较长束，应套上穿束器，由引线及牵引设备从另一端拉出。

④对于夹片式锚具，上好的夹片应齐平，并且在张拉前用钢管捣实。

⑤预应力筋的张拉顺序应符合设计要求，当设计未规定时，可采取分批、分段对称张拉。

⑥应使用能张拉多根钢绞线或钢丝的千斤顶同时对每一钢束中的全部力筋施加应力，但对于扁平管道中不多于 4 根的钢绞线除外。

⑦预应力筋张拉端的设置要符合设计要求，当设计无具体要求时，应符合以下规定：对于曲线预应力筋或长度大于等于 25 m 的直线预应力筋，宜在两端张拉；对长度小于 25 m 的直线预应力筋，可在一端张拉；曲线配筋的精轧螺纹钢筋应在两端张拉，直线配筋的精轧螺纹钢筋可在一端张拉。

⑧后张预应力筋断丝及滑丝不得超过有关规定的控制数。

⑨预应力筋在张拉控制应力达到稳定后方可锚固。预应力筋锚固后的外露长度不宜小于 300 mm，锚具应用封端混凝土保护，当需长期外露时，应采取防止锈蚀的措施。一般情况下，锚固完毕并经检验合格后即可切割端头多余的预应力筋，严禁用电弧焊切割，强调用砂轮机切割。

⑩张拉切割后即封堵。用素灰将锚头封住，然后用塑料布将其裹住进行养护，以防止裂缝而使锚头漏浆、漏气，影响压浆质量。

3. 预制梁的架设方法

（1）联合架桥机法

以联合架桥机并配备若干滑车、千斤顶、绞车等辅助设备架设安装的预制梁适用于多孔 30 m 以下孔径的装配式桥梁。

①联合架桥机的组成

联合架桥机主要由龙门架、导梁和蝴蝶架组成。龙门架用工字形钢梁架设，在架上安放两台吊车，架的接头处和上、下缘用钢板加固，主柱为拐脚式，横梁的高程由两根预制梁的叠高加上平板车的高度和起吊设备的高度决定。它是用来起落预制件和导梁，并对预制构件进行墩上横移和就位。蝴蝶架是专供托运龙门吊机在轨道上移走的支架，它形如蝴蝶，用角钢拼成，上设有供升降用的千斤顶。它是用以拖动龙门架转移位置的专用工具，托架是在桥头地面上拼装、竖直，用千斤顶顶起放在托架平车上，移至导梁上放置。导梁用钢桁梁拼成，以横向框架连接，其上铺钢轨供运梁行走。

②施工作业

架梁时，先铺设导梁和轨道，用绞车将导梁拖移就位后，把蝴蝶架用平板小车推上轨道，将龙门吊机托运至墩上，用千斤顶将吊机降落在墩顶，同时用螺栓固定在墩的支承垫块上，然后用平车将梁运到两墩之间，由吊机起吊、横移、下落就位。待全跨梁就位后，向前铺设轨道，用蝴蝶架把吊机移至下一跨架梁。

③施工优缺点

其优点是可完全不设桥下支架，不受洪水威胁，架设过程中不影响桥下通车、通航。预制梁的纵移、起吊、横移、就位都比较便利。缺点是架设设备用钢材较多（可周转使用），较适用于多孔 30 m 以下孔径的装配式桥。

（2）双导梁穿行式架设法

双导梁穿行式架设法是在架设跨间设置两组导梁。导梁是用贝雷梁或万能构件组装的钢桁架，其梁长大于两倍桥梁跨径，前方为引导部分，由前端钢支架与桥前方墩上的预埋螺栓连接，中段是承重部分，后段为平衡部分。导梁顶面铺设小平车轨道，预制梁由平车在导梁上运至桥孔，由设在两根横梁上的卷扬机吊起，下落在两个桥墩上，之后在滑道垫板上进行横移就位。先安装两个边梁，再安装中间各梁。全跨安装完毕、横向焊接后，将导梁向前推，安装下一路。双导梁穿行式架桥机的构造。

（3）扒杆架设法

扒杆架设法又称钓鱼架设法，是利用人字扒杆来架设桥梁上部结构构件，不需要特殊的脚手架或木排架。

人字扒杆又有一副扒杆和两副扒杆架设两种。两副扒杆架设中，一副是吊鱼滑车组，用以牵引预制梁悬空拖曳；另一绞车是牵引前进，梁的尾端设有制动绞车，起溜绳配合作用，后扒杆的主要作用是预制梁吊装就位时，配合前扒杆吊起梁端，抽出木垛，便于落梁就位。一副扒杆架设中，基本方法与两副扒杆架设相同，不同之处是采用千斤顶顶起预制梁，抽出木垛，落梁就位。

用此法架梁时，必须以预制梁的质量和墩台间跨径为基础，在竖立扒杆、放倒扒杆、转移扒杆或吊梁进行横移等各个阶段，对扒杆、牵引绳、控制绳等零件进行受力分析和应力计算，以保证设备的安全。本法不受架设孔墩台高度和桥孔下地基、河流水文等条件影响，适用于起吊高度不大和水平移动范围较小的中、小跨径的桥梁。

（4）自行式吊车架梁

在桥不高、场内又可设置行车便道的情况下，用自行式吊车（汽车吊车或履带吊车）架设中、小跨径的桥梁非常方便。此法视吊装质量不同，还可采用单吊（一台吊车）或双吊（两台吊车）两种形式。其特点是机动性好，不需要动力设备，不需要准备作业，架梁速度快。一般吊装能力为 150 ~ 1000 kN。此方法适合于陆地架设。

（5）跨墩门式吊车架梁

跨墩龙门吊机安装适用于岸上和浅水滩以及不通航浅水区域安装预制梁。两台跨墩龙门吊机分别设于待安装孔的前、后墩位置，预制梁由平车顺桥向运至安装孔的一侧，移动跨墩龙门吊机上的吊梁平车，对准梁的吊点放下吊架，将梁吊起。当梁底超过桥墩顶面后，停止提升，用卷扬机牵引吊梁平车慢慢横移，使梁对准桥墩上的支座，然后落梁就位，接着准备架设下一根梁。

在水深不超过 5 m、水流平缓、不通航的中小河流上的小桥孔，也可采用跨墩龙门吊机架梁。此时必须在水上桥墩的两侧架设龙门吊机轨道便桥，便桥基础可用木桩或钢筋混凝土桩。在水浅流缓而无冲刷的河流上，也可用木笼或草袋筑岛来做便桥的基础。便桥的梁可用贝雷组拼。

（6）浮吊架设法

在海上和深水大河上修建桥梁时，用可回转的伸臂式浮吊架梁比较方便，也可用钢制万能杆件或贝雷钢架拼装固定的悬臂浮吊进行。这种架梁方法高空作业较少，施工比较安全，吊装能力也大，工效也高，但需要大型浮吊。鉴于浮吊船来回运梁航行时间长，要增加费用，一般采取用装梁船存梁后成批一起架设的方法。

浮吊架梁时需在岸边设置临时码头来移运预制梁。架梁时，浮吊要认真锚固。例如流速不大时，则可用预先抛入河中的混凝土锚来作为锚固点。

（二）桥梁上部结构支架施工技术

1. 支架、拱架、模板的类型

（1）支架

支架按其构造分为立柱式支架、梁式支架和梁柱式支架等；按材料可分为木支架、钢支架、钢木混合支架和万能杆件拼装的支架等。

①立柱式支架。立柱式支架构造简单，可用于陆地或不通航河道以及桥墩不高的小跨径桥梁施工。

②梁式支架。根据跨径不同，梁可采用工字钢、钢板梁或钢桁梁等。

③梁柱式支架。当桥梁较高、跨径较大或必须在支架下设孔通航或排洪时可用梁柱式支架。

（2）拱架

拱架按结构分为支柱式、撑架势、扇形、衍式、组合式等；按材料分为木拱架、钢拱架、竹拱架和土牛拱胎等。

（3）模板

施工所用模板，有组合钢模板、木模板、木胶合板模板、竹胶合板模板、硬铝模板、塑料模板、各类纤维材料板等。施工时应根据结构物的外观要求选用。

2.模板、支架和拱架的设计

（1）设计的一般要求

①模板、支架和拱架的设计，需根据结构形式、设计跨径、施工组织设计、荷载大小、地基土类别及有关的设计、施工规范进行。

②应绘制模板、支架和拱架总装图、细部构造图。

③应制定模板、支架和拱架结构的安装、使用、拆卸保养等有关技术安全措施和注意事项。

④应编制模板、支架及拱架材料数量表。

⑤应编制模板、支架及拱架设计说明书。

（2）设计荷载

①计算模板、支架和拱架时，应考虑下列荷载。

A.模板、支架和拱架自重。

B.新浇筑混凝土、钢筋混凝土或其他圬工结构物的重力。

C.施工人员和施工材料、机具等行走运输或堆放的荷载。

D.振捣混凝土时产生的荷载。

E.新浇筑混凝土对侧面模板的压力。

F.倾倒混凝土时产生的水平荷载。

G.其他可能产生的荷载，比如雪荷载、冬季保温设施荷载等。

②钢、木模板，支架及拱架的设计，可按《公路钢结构桥梁设计规范》（JTG D64-2015）的有关规定执行。

③计算模板、支架和拱架的强度和稳定性时，应考虑作用在模板、支架和拱架上的风力。设于水中的支架，尚需考虑水流压力、流冰压力和船只漂流物等冲击力荷载。

④组合箱形拱，如为就地浇筑，其支架和拱架的设计荷载可只考虑承受拱肋重力及施工操作时的附加荷载。

（3）稳定性要求

①支架的立柱应保持稳定，并用撑拉杆固定。当验算模板及其支架在自重和风荷载等作用下的抗倾倒稳定时，验算倾覆的稳定系数不得小于1.3。

②支架受压构件纵向弯曲系数应符合《公路钢结构桥梁设计规范》(JTGD64-2015) 的要求。

（4）强度及刚度要求

①验算模板、支架及拱架的刚度时，其变形值不得超过下列数值。

A. 结构表面外露的模板，挠度为模板构件跨度的 1/400。

B. 结构表面隐蔽的模板，挠度为模板构件跨度的 1/250。

C. 支架、拱架受载后挠曲的杆件（盖梁、纵梁），其弹性挠度为相应结构跨度的 1/400。

D. 钢模板的面板变形为 1.5 mm。

E. 钢模板的钢棱和柱箍变形为 L/500 和 B/500（其中 L 为计算跨径，B 为柱宽）。

②受压杆件的长细比不能超过下列数值：主要受压杆件（立柱）的长细比为 100，次要受压杆件的长细比为 150。

③拱架各截面的应力验算，按照拱架结构形式及所承受的荷载，验算拱顶、拱脚及 1/4 跨各截面的应力、铁件及节点的应力，同时应验算分阶段浇筑或砌筑时的强度及稳定性。验算时不论板拱架或桁拱架均作为整体截面考虑，验算倾覆稳定系数不可小于 1.3。

3. 模板、支架和拱架的制作及安装

（1）钢模板制作

①钢模板宜采用标准化的组合模板。组合钢模板的拼装应符合现行国家标准《组合钢模板技术规范》(GB 50214-2013)。各种螺栓连接件应符合国家现行有关标准。

②钢模板及其配件应按批准的加工图加工，成品经检验确认合格后方可使用。

（2）木模板制作

①木模可在工厂或施工现场制作，木模与混凝土接触的表面应平整、光滑，多次重复使用的木模应在内侧加钉薄铁皮。木模的接缝可做成平缝、搭接缝或企口缝。当采用平缝时，应采取措施防止漏浆。木模的转角处应加嵌条或做成斜角。

②重复使用的模板应始终保持其表面平整、形状准确：不漏浆，有足够的强度和刚度。

（3）模板安装的技术要求

混凝土的模板板面应采用下列材料之一：金属板、木制板及高分子合成材料面板、硬塑料或玻璃钢板等材料。外露面的模板板面宜采用钢模板、胶合板，为减少模板的拼缝，对于大面积的混凝土，其每块模板的面积宜大于 1.0m²，梁及墩台帽的突出部分，应做成倒角或削边，以便脱模。在结构物的某些部位设置凸条或凹槽的装饰线。在模板内的金属连接件或锚固件，需按图纸规定及监理工程师的要求将其拆卸或截断，并且不损伤混凝土。模板内应无污物、砂浆及其他杂物。以后要拆除的模板，应在使用前彻底涂以脱模剂或其他相当的代用品，应使能易于脱模，并使混凝土不变色。

①模板与钢筋安装工作应配合进行，妨碍绑扎钢筋的模板应待钢筋安装完毕后安设。模板不应与脚手架连接（模板与脚手架整体设计时除外），避免引起模板变形。

②安装侧模板时,应防止模板移位和凸出。基础侧模可在模板外设立支撑固定,墩、台、梁的侧模可设拉杆固定。浇筑在混凝土中的拉杆,应按拉杆拔出或不拔出的要求,采取相应的措施。对于小型结构物,可使用金属线代替拉杆。

③模板安装完毕后,应对其平面位置、顶部标高、节点联系及纵、横向稳定性进行检查,签认后方可浇筑混凝土。浇筑时,发现模板有超过允许偏差变形值的可能时,要及时纠正。

④模板在安装过程中,必须设置防倾覆设施。

⑤当结构自重和汽车荷载(不计冲击力)产生的向下挠度超过跨径的1/1600时,钢筋混凝土梁、板的底模板应设预拱度,预拱度值应等于结构自重和1/2汽车荷载(不计冲击力)所产生的挠度。纵向预拱度可做成抛物线或圆曲线。

⑥后张法预应力梁、板,应注意预应力、自重和汽车荷载等综合作用下所产生的上拱或下挠,应设置适当的预挠或预拱。

⑦当所有和模板有关的工作做完,待浇混凝土构件中所有预埋件亦安装完毕,才能浇筑混凝土。这些工作包括清除模板中所有污物、碎屑物、木屑、水及其他杂物。

(4)支架、拱架制作安装

支架、拱架制作安装一般要求:

①支架和拱架宜采用标准化、系列化、通用化的构件拼装。不论使用何种材料的支架和拱架,均应进行施工图设计,并验算其强度和稳定性。

②制作木支架、木拱架时,长杆件接头应尽量减少,两相邻立柱的连接接头应尽量分设在不同的水平面上。主要压力杆的纵向连接,应使用对接法,并用木夹板或铁夹板夹紧。次要构件的连接可用搭接法。

③安装拱架前,对拱架立柱和拱架支承面应详细检查,准确调整拱架支承面和顶部标高,并复测跨度,确认无误后方可进行安装。各片拱架在同一节点处的标高应尽量一致,以便于拼装平联杆件。在风力较大的地区,应设置风缆。

④支架和拱架应稳定、坚固,应能抵抗在施工过程中有可能发生的偶然冲撞和振动。安装时应注意以下几点。

A.支架立柱必须安装在有足够承载力的地基上,立柱底端应设垫木来分布和传递压力,并确保浇筑混凝土后不发生超过允许的沉降量。

B.施工用的脚手架和便桥,不应与结构物的模板支架相连接,以避免施工振动时影响浇筑混凝土质量。

C.船只或汽车通行孔的两边支架应加设护桩,夜间应用灯光标明行驶方向。施工中易受漂流物冲撞的河中支架应设坚固的防护设备。

⑤支架或拱架安装完毕后,应对其平面位置、顶部标高、节点连接及纵、横向稳定性进行全面检查,符合要求后,方可进行下一道工序。

⑥在浇筑混凝土及砌筑拱圈过程中,承包人应随时测量和记录支架和拱架的变形及沉降量。

⑦现浇混凝土的梁（板）结构，在支架架设后，应按图纸要求对支架进行预压，加在支架上的预压荷载应不小于梁（板）自重。

（5）中小跨径的空心板制作时所使用的芯模应符合下列要求。

①充气胶囊在使用前必须经过检查，不得漏气，安装时应有专人检查钢丝头，钢丝头应弯向内侧，胶囊涂刷隔离剂。每次使用后，要妥善存放，防止污染、破损及老化。

②从开始浇筑混凝土到胶囊放气时止，其充气压力应保持稳定。

③浇筑混凝土时，为避免胶囊上浮和偏位，应采取有效措施加以固定，并应对称平衡地进行浇筑。

④胶囊的放气时间应经试验确定，以混凝土强度达到能保持构件不变形为宜。

⑤木芯模使用时应防止漏浆和采取措施便于脱模。要控制好拆芯模时间，过早易造成混凝土塌落，过晚拆模困难。应根据施工条件通过试验确定拆除时间。

⑥钢管芯模应由表面匀直、光滑的无缝钢管制作，混凝土终凝后，即可将芯模轻轻转动，然后边转动边拔出。

⑦充气胶囊芯模在工厂制作时，需规定充气变形值，确保制作误差不大于设计规定的误差要求。在设计无规定时，应满足《公路桥涵施工技术规范》（JTG/T F50-2011）对板梁构造尺寸的要求。

4. 模板、支架和拱架的拆除

承包人应在拟定拆模时间的 12 h 以前，报告拆模建议，并应取得同意。如果因拆模不当而引起混凝土损坏，卸落拱架时应用仪器观测拱圈挠度和墩台变位情况，并做好记录。

（1）拆除期限的原则规定

①模板、支架和拱架的拆除期限应根据结构物特点、模板部位和混凝土所达到的强度来决定。

A. 非承重侧模板应在混凝土强度能确保其表面及棱角不致因拆模而受损坏时方可拆除，一般应在混凝土抗压强度达到 2.5MPa 时方可拆除侧模板。

B. 芯模和预留孔道内模，应在混凝土强度能确保其表面不发生塌陷和裂缝现象时，方可拔除，拔除时间可按《公路桥涵施工技术规范》（JTG/T F50-2011）的有关规定确定。

C. 钢筋混凝土结构的承重模板、支架和拱架，应在混凝土强度能承受其自重力及其他可能的叠加荷载时，方可拆除，当构件跨度不大于 4 m 时，在混凝土强度符合设计强度标准值的 50% 的要求后，方可拆除；当构件跨度大于 4 m 时，在混凝土强度符合设计强度标准值的 75% 的要求后，方可拆除。

如设计上对拆除承重模板、支架、拱架另有规定，应按照设计规定执行。

②石拱桥的拱架卸落时间应符合下列要求。

A. 浆砌石拱桥，须待砂浆强度达到设计要求，或如设计无要求，则须达到砂浆强度的 70%。

B.跨径小于 10 m 的小拱桥，宜在拱上建筑全部完成后卸架；中等跨径的实腹式拱，宜在护拱砌完后卸架；大跨径空腹式拱，宜在拱上小拱横墙砌好（未砌小拱圈）时卸架。

C.当需要进行裸拱卸架时，应对裸拱进行截面强度及稳定性验算，并且采取必要的稳定措施。

（2）拆除时的技术要求

①模板拆除应按设计的顺序进行，设计无规定时，应遵循先支后拆，后支先拆的顺序，拆时严禁抛扔。

②为了便于支架和拱架的拆卸，可根据结构形式、承受的荷载大小及需要的卸落量，在支架和拱架适当部位设置相应的木楔、木马、砂筒或千斤顶等落模设备。

③卸落支架和拱架应按拟定的卸落程序进行，分几个循环卸完，卸落量开始宜小，以后逐渐增大。在纵向应对称均衡卸落，在横向应同时一起卸落。在拟定卸落程序时应注意以下几点。

A.在卸落前应在卸架设备上画好每次卸落量的标记。

B.满布式拱架卸落时，可从拱顶向拱脚依次循环卸落；拱式拱架可在两支座处同时均匀卸落。

C.简支梁、连续梁宜从跨中向支座依次循环卸落；悬臂梁应先卸挂梁及悬臂的支架，再卸无铰跨内的支架。

D.多孔拱桥卸架时，若桥墩允许承受单孔施工荷载，可单孔卸落，否则应多孔同时卸落，或各连续孔分阶段卸落。

E.卸落拱架时，应设专人用仪器观测拱圈挠度和墩台变化情况，并详细记录。另设专人观察是否有裂缝现象。

④墩、台模板宜在其上部结构施工前拆除。拆除模板，卸落支架和拱架时，不允许用猛烈地敲打和强扭等方法进行。

⑤模板、支架和拱架拆除后，应维修整理，分类妥善存放。

5.施工工序

（1）地基处理

地基处理应按照箱梁的断面尺寸及支架的形式对地基的要求而决定，支架的跨径大，对地基的要求就高，地基的处理形式就得加强，反之就可相对减弱。地基处理时要做好地基的排水，避免雨水或混凝土浇筑和养护过程中滴水对地基的影响。

（2）支架

①支架的布置根据梁截面大小并通过计算确定以保证强度、刚度、稳定性满足要求，计算时除考虑梁体混凝土质量外，还需考虑模板及支架质量，施工荷载（人、料、机等），作用模板、支架上的风力，及其他可能产生的荷载（如雪荷载，确保设施荷载）等。

②支架应根据技术规范的要求进行预压，以收集支架、地基的变形数据。作为设置预

拱度的依据，预拱度设置时要考虑张拉上拱的影响。预拱度一般按两次抛物线设置。

③支架的卸落设备可根据支架形式选择使用木楔、砂筒、千斤顶、U 形顶托等，卸落设备特别要注意有足够的强度。

（3）模板

模板由底模、侧模及内模三个部分组成，一般预先分别制作成组件，在使用时再进行拼装。模板以钢模板为主，在齿板、堵头或棱角处采用木模板。模板的楞木采用方钢、槽钢或方木组成，布置间距以 75 cm 左右为宜，具体的布置需要根据箱梁截面尺寸确定，并通过计算对模板的强度、刚度进行验算。

（4）普通钢筋、预应力筋的布设

①在安装并调好底模及侧模后，开始底、腹板普遍钢筋绑扎及预应力管道的预设。混凝土一次浇筑时，在底、腹板钢筋及预应力管道完成后，安装内模，再绑扎顶板钢筋及预应力管道。混凝土二次浇筑时，底、腹板钢筋及预应力管道完成后，浇筑第一次混凝土，混凝土终凝后，再支内模顶板，绑扎顶板钢筋及预应力管道，进行混凝土的第二次浇筑。

②普通钢筋及预应力筋按规范的要求做好各种试验，严格按设计图纸的要求布设，对于腹板钢筋通常根据其起吊能力，预先焊成钢筋骨架，吊装后再绑扎或焊接成型，钢筋绑扎、焊接要符合技术规范的要求。

③预应力管道采用镀锌钢带制作，预应力管道的位置按设计要求准确布设，并采用每隔 50 cm 一道的定位筋进行固定，接头要平顺，外用胶布缠牢，在管道的高点设置排气孔。

④锚垫板安装前，要检查锚垫板的几何尺寸是否符合设计要求，锚垫板要牢固的安装在模板上。要使垫板与孔道严格对中，并与孔道端部垂直，不得错位。

⑤预应力筋的下料长度要通过计算确定，计算要考虑孔道曲线长，锚夹具长度，千斤顶长度及外露工作长度等因素。

⑥预应力筋穿束前要对孔道进行清理。

（5）混凝土的浇筑

浇筑施工前，要做混凝土的配合比设计及各种材料试验，并根据实际情况进行综合比较确定箱梁混凝土采用一次、两次或三次浇筑。以下两点在施工中应给予重视。

①混凝土浇筑时要安排好浇筑顺序，其浇筑速度要确保下层混凝土初凝前覆盖上层混凝土。

②混凝土的振捣采用插入式振捣器进行，振捣器的移动间距不超过其作用半径的 1.5 倍，并插入下层混凝土 5 ~ 10cm。对于每一个振捣部位，必须振捣到该部位混凝土密实为止，但也不得超振。

（6）预应力的张拉

①在进行张拉作业前，必须对千斤顶、油泵进行配套标定，并且每隔一段时间进行一次校验。有几套张拉设备时，要进行编组，不同组号的设备不得混合。

②当梁体混凝土强度达到设计规定的张拉强度时，方可进行张拉。

③预应力的张拉采用双控，即以张拉力控制为主，以钢束的实际伸长量进行校核，实测伸长值与理论伸长值的误差不得超过规范要求，否则应停止张拉。

（三）桥梁上部结构逐孔施工技术

1.概述

逐孔施工法从施工技术方面有三种类型。

（1）采用临时支承组拼预制节段逐孔施工；对于多跨长桥，在缺乏较大能力的起重设备时，可以将每跨梁分成若干段，在预制现场生产；架设时采用一套支承梁临时承担组拼节段的自重，并在支承梁上张拉预应力筋，并将安装跨的梁与移动临时支承梁，进行下一桥的施工。

（2）使用移动支架逐孔现浇施工。此法亦称移动模梁法，它是在可移动的支架、模板上完成一孔桥梁的全部工序。因为此法是在桥位上现浇施工，可免去大型运输和吊装设备。桥梁整体性好；同时，它还具有在桥梁预制厂生产的特点，可提高机械设备的利用率和生产效率。

（3）采用整孔吊装或分段吊装逐孔施工。这种施工方法是早期连续梁桥采用逐孔施工的唯一方法，可以用于混凝土连续梁和钢连续梁桥的施工中。

2.用临时支承组拼预制节段逐孔施工的要点

（1）节段划分

①桥墩顶节段。由于桥墩节段要与前一跨连接，需要张拉钢索或钢索接长，为此对墩顶节段构造有一定要求。此外，在墩顶处桥梁的负弯矩较大，梁的截面还要符合受力要求。

②标准节段。前一跨墩顶节段与安装跨第一节段间可以设置就地浇筑混凝土封闭接缝，用以调整安装跨第一节段的准确程度。封闭接缝宽 15～20 cm，拼装时由混凝土垫块调整。在施加初预应力后用混凝土封填，这样可调整节段拼装和节段预制的误差。

（2）支承梁

①钢桁架导梁。钢梁应设置预拱度，要求当每跨箱梁节段全部组拼之后，钢导梁上弦应符合桥梁纵断面标高要求。并且还需准备一些附加垫片，用于临时调整标高。

②下挂式高架钢桁架。在节段组拼过程中，架桥机前臂必然下挠，安装桥跨第一块中间节段的挠度倾角调整是该跨架安设的关键，因而要求当一跨节段全部由架桥机空中吊起后，第一个中间节段与墩上节段的接触面应全部吻合。

3.用移动支架逐孔现浇施工（移动模架法）

当桥墩较高，桥跨较长或桥下净空受到约束时，可以采用非落地支承的移动模架逐孔现浇施工，称为移动模架法。移动模架法适用于多跨长桥，桥梁跨径可达 50m，使用一套设备可多次移动周转使用。

移动模架法施工的主要工序：侧模安装就位、安装底模、支座安装、预拱度设置与模板调整、绑扎底板及腹板钢筋、预应力系统安装、内模就位、顶板钢筋绑扎、箱梁混凝土浇筑、内模脱模、施加预应力、管道压浆、落模、拆底模及滑模纵移。

4.整孔吊装或分段吊装逐孔施工

（1）整孔吊装或分段吊装逐孔施工的吊装的机具

吊装的机具有衍式吊、浮吊、龙门起重机，汽车吊等多种，可根据起吊物重力、桥梁所在的位置以及现有设备和掌握机具的熟练程度等因素决定。

（2）整孔吊装和分段吊装施工应注意以下几个问题

①采用分段组装逐孔施工的接头位置可以设在桥墩处也可设在梁的 1/5 处，前者多为由简支梁逐孔施工连接成连续梁桥；后者多为悬臂梁转换为连续梁。在接头位置处可设有 0.5 ~ 0.6m 现浇混凝土接缝，当混凝土达到足够强度后张拉预应力筋，完成连续。

②桥的横向是否分隔，主要依据起重能力和截面形式确定。当桥梁较宽，起重能力有限的情况下，可以采用 T 梁或工字梁截面，分片架设之后再进行横向整体化。为了加强桥梁的横向刚度，通常采用梁间翼缘板有 0.5 m 宽的现浇接头。采用大型浮吊横向整体吊装将会简化施工和加快安装速度。

③对于先简支后连续的施工方法，通常在简支梁架设时使用临时支座，待连接和张拉后期钢索完成连续时拆除临时支座，放置永久支座。为使临时支座便于卸落，可以在橡胶支座与混凝土垫块之间设置一层硫黄砂浆。

④在梁的反弯点附近设置接头，在有可能的情况下，可在临时支架上进行接头。桥梁上部结构各截面的恒载内力根据各施工阶段进行内力叠加计算。

（四）桥梁上部结构悬臂施工技术

1.悬臂拼装施工

（1）概述

悬臂拼装施工包括块件的预制、运输、拼装及合龙。它与悬浇施工具有相同的优点，不同之处在于悬拼以吊机将预制好的梁段逐段拼装。此外还具备以下优点。

①梁体的预制可与桥梁下部构造施工同时进行，平行作业缩短了建桥周期。

②预制梁的混凝土龄期比悬浇法的长，从而减少了悬拼成梁后混凝土的收缩和徐变。

③预制场或工厂化的梁段预制生产利于整体施工的质量控制。

（2）悬拼法施工方法

①梁段预制方法分长线法及短线法。

②长线法。组成梁体的所有梁段均在固定台座上的活动模板内浇筑且相邻段的拼合面应相互贴合浇筑，缝面浇筑前涂抹隔离剂，以利脱模。优点是由于台座固定可靠，成桥后梁体线性较好；缺点是占地较大，地基要求坚实，混凝土的浇筑和养护移动分散。

③短线法。梁段在固定台座能纵移的模内浇筑。待浇梁段一端设固定模架，另一端为已浇梁段（配筑梁段），浇毕达到强度后运出原配筑梁段，如此周而复始，台座仅需 3 个

梁段长。优点是场地较小，浇筑模板及设备基本不需要移机，可调的底、侧模便于平竖曲线梁段的预制；缺点是精度要求高，施工要求严，施工周期相对较长。

④长线法施工工序：预制场、存梁区布置→梁段浇筑台座准备→梁段浇筑→梁段吊运存放、修整→梁段外运→梁段吊拼。

2. 梁段的拼接施工

（1）0 号块梁段

为了保证连续梁分段悬拼施工的平衡和稳定，常将 T 构支座临时固结，必要时在墩两侧加设临时支架以满足悬拼的施工需要。

（2）1 号块梁段

1 号块梁段是紧邻 0 号块梁段两侧的第一箱梁节段，也是悬拼 T 构桥的基准梁段，是全跨安装质量的关键，通常采用湿接缝连接。湿接缝拼装梁段施工程序为：吊机就位→提升、起吊 1 号块梁段→安设铁皮管→中线测量→丈量湿接缝的宽度→调整铁皮管→高程测量→检查中线→固定 1 号块梁段→安装湿接缝的模板→浇筑湿接缝混凝土→湿接缝养护、拆模→张拉预应力筋→下一梁段拼装。

（3）其他梁段拼装

采用胶接缝拼装，拼装施工程序包括：吊机就位→起吊梁段→初步定位试拼→检查并处理管道接头→移开梁段→穿临时预应力筋入孔→接缝面上涂胶接材料→正式定位、贴紧梁段→张拉临时预应力筋→放松起吊索→穿永久预应力筋→张拉预应力筋后移挂篮→下一梁段拼装。

3. 预制梁块悬臂拼装时应注意的要点

（1）梁段的存放场地应平整，承载力应满足要求，支垫位置应与吊点一致。

（2）预制梁块的测量要求。

①箱梁基准块出坑前必须对所有梁块进行测量，详细记录，并根据其在桥上的设计位置进行校正。

②箱梁标高控制点和挠度观测点，在箱梁顶面埋置 4～6 个。

③在预制梁段上标出梁号、中轴线、横轴线。

（3）预制块件的悬臂拼装可依据设备和现场条件选用。如果方便在陆地上或在便桥上施工时，可采用自行式吊车、门式吊车进行拼装；对于水中桥跨，可采用水上浮吊进行安装；对于高墩身的桥跨，可利用各种吊机进行高空悬拼施工。

（4）桥墩顶梁段及桥墩顶附近梁段施工时，可采用托架或膺架为支架就地浇筑混凝土。托架或膺架应经过设计，计算其弹性及非弹性变形。

（5）应确保拼装的第一个梁块（基准块）的预制精度，安装时应对纵、横轴线、高程进行精确定位测量，为以后的拼装创造条件。

（6）采用悬臂拼装法修建预应力悬臂梁桥时，应先将梁、墩临时锚固或在墩顶两侧设立临时支承，待全部块件安装完毕后，再撤除临时锚固或支承。

（7）采用悬臂吊机、缆索、浮吊悬拼安装时，应按施工荷载进行强度、刚度、稳定性验算，使安全系数大于 2.0，施工中还应注意以下几点。

①块件起吊安装前，需对起吊设备进行全面的安全技术检查，并按照设计荷载的 60%、100% 和 130% 分别进行起吊试验。

②吊机的最大承重能力应符合设计要求，应注意吊机的定位和锚固，经检查符合要求后再进行起吊拼装。

③移动吊机前应将纵向主桁架上所有活动部件尽量移动到主桁架后端，然后方可松懈锚固螺栓。

④桥墩两侧块件宜对称起吊，以确保桥墩两侧平衡受力。

⑤移动吊机时应沿箱梁纵轴线对称地向两端推进。

⑥墩侧相邻的 1 号块件提升到设计标高初步定位后，应立即测量、调整 1 号块件的纵轴线，使之与梁顶块件纵轴线的延伸线重合，使其横轴线与梁顶块件的横轴线平行且间距符合设计要求。应检查梁顶块件与 1 号块件间孔道的接头情况，调整并制作接缝间孔道接头后，方可将 1 号块件牢靠固定，其他各个块件连接时，均应按本条规定测量调整其位置。

⑦应在施工前绘制主梁安装挠度变化曲线，悬臂拼装过程中应随时观测桥轴线安装挠度曲线的变化情况，并与设计值进行对比，遇有较大偏差时应及时处理，以便控制块件的安装高程。

⑧吊机就位后须将支点垫稳，固定后锚螺栓，平车移动到起吊位置，进行下一块件的拼装。

（8）对于非 0 号、1 号块件的拼装，通常应在接缝上设置定位榫齿或钢定位器。

（9）采用胶接缝拼装的块件，涂胶前应就位试拼。胶黏剂一般采用环氧树脂，使用前应经过试验，符合设计要求方可使用。

（10）湿接缝块件应待混凝土强度达到设计强度等级的 70% 以上时（设计文件如有要求，则按设计文件要求处理，但不能低于设计强度等级的 70%），才能张拉预应力束。

（11）体系转换应按设计顺序进行。

4.悬臂浇筑施工法

（1）概述

适用于大跨径的预应力混凝土悬臂梁桥、连续梁桥、T 形刚构桥、连续刚构桥。其特点是无需建立落地支架，无需大型起重与运输机具，主要设备是一对能行走的挂篮。

（2）施工准备

①挂篮设计及加工。挂篮是悬浇箱梁的主要设备，它是沿着轨道行走的活动脚手架及模板支架。国内外现有的挂篮按结构形式可分为桁架式、三角斜拉带式、预应力束斜拉式、斜拉自锚式；按行走方式可分为滑移式和滚动式；按平衡方式可分为压重式和自锚式。对某一具体工程，应根据梁段分段情况，根据对挂篮的质量、要求承受荷载及施工经验对挂篮进行认真详细的设计。除必须满足强度、刚度、稳定性要求外，还要使其行走、锚固方

便可靠，质量不大于设计规定。挂篮由主桁架、锚固、平衡系统及吊杆、纵横梁等部分组成，由工厂或现场根据挂篮设计图纸精心加工而成。挂篮试拼后，必须进行荷载试验。

②0 号、1 号块的施工。挂篮是利用已浇筑的箱梁段作为支撑点，通过桁架等主梁系统、底模系统，人为创造一个工作平台。对于 0 号、1 号块挂篮没有支撑点或支撑长度不够，需采用其他方式浇筑。一般采用扇形托架浇筑。扇形托架可用万能杆件、贝雷片或其他装配式杆件组成，托架可支撑在桥墩基础承台上或墩身上。托架除须满足承重强度要求外，还需具有一定的刚度，各连续点应连接紧密，螺栓旋紧，以减少变形，避免梁段下沉和裂缝。

③临时固结。对于连续箱梁，梁与墩未固结在一起，施工时，两侧悬浇施工难以保持绝对平衡，必须在施工中采取临时固结措施，使梁具有抗弯能力。临时固结一般采用在支座两侧临时加预应力筋，梁和墩顶之间浇筑临时混凝土垫块。将梁固结在桥墩上，使梁具有一定的抗弯能力。在条件成熟时，再采用静态破碎方法，解除固结。

（3）悬臂浇筑施工中应注意要点

①主梁各部分的长度应充分考虑主梁的形式、跨径、墩宽、挂篮的形式以及施工周期来确定。0 号块梁段长度一般为 5 ~ 20m，悬浇分段长度一般为 3 ~ 5m。

②桥墩顶梁段及桥墩顶附近梁段施工时，可采用托架或膺架为支架就地浇筑混凝土。托架或膺架应经过设计，计算弹性及非弹性变形。

③在梁段混凝土浇筑前，应对挂篮（托架或膺架）、模板、预应力筋管道、钢筋、预埋件、混凝土材料、配合比、机械设备、混凝土接缝处理情况进行全面检查，经确认后方可浇筑。

④悬臂施工过程中，若梁身与墩身采用非刚性连接，为确保结构的稳定性，悬臂梁桥和连续梁桥应实施 0 号块梁段与桥墩间临时固结支承措施；对于刚性连接的 T 形刚构、连续刚构梁，因结构本身已具有一定的抗弯能力，可根据设计和施工要求在墩旁架设临时托架等方法进行施工。临时固结支承可采用如下措施。

A. 将 0 号块梁段与桥墩钢筋或预应力筋临时固结，待解除固结时再将其切断。

B. 在桥墩一侧或两侧设置临时支承或支墩。

C. 顺桥向用扇形或门式托架将 0 号块梁段临时支承，待悬浇到至少一端合龙后恢复原状。

D. 临时支承可用硫黄水泥砂浆块、砂筒或混凝土块等卸落设备，以使体系转换时，较方便地撤除临时支承。当采用硫黄水泥砂浆块作临时支承的卸落设备，并采用高温熔化撤除支承时，必须在支承块之间设置隔热措施，以免损坏支座部件。

⑤挂篮安装时应确保安全、稳定、可靠。

A. 挂篮的主纵、横梁的分联和移动操作应特别精心，以防急剧的塌落和倾覆。

B. 浇筑混凝土时，后端应锚固于已完成的梁段上，后锚和移动架可采取保险锚、保险索或保险手动葫芦等安全措施。

C. 挂篮桁架在已完成的梁段上行走时，应于后端压重稳定。

D.挂篮桁架行走和浇筑混凝土时的稳定系数，均不得小于1.50。

E.挂篮组拼后，要全面检查安装质量，并对挂篮进行试压，以消除结构的非弹性变形。挂篮试压的最大荷载一般可按最大悬浇梁段质量的1.3倍考虑。挂篮试压通常采用水箱加压法、试验台加压法及沙袋法。

⑥桥墩两侧梁段悬臂施工进度应对称、平衡，实际不平衡偏差不超过设计要求值。设计无要求时，其两端允许的不平衡质量最大不得超过一个梁段的底板自重。

⑦悬臂浇筑前端底板和桥面的标高，应按照挂篮前端的垂直变形及预拱度设置，施工过程中要对实际高程进行监测，如果与设计值有较大出入时，应会同有关部门查明原因进行调整。

⑧安装模板后，应严格核准中心位置及标高、校正中线。

A.组装模板并校正中线，外模及框架的长度和高度应能适应各节段的变化。内模由侧模、顶模和内框架组成，应便于拆模和修改。

B.如上一节段施工后出现中线或高程误差需要调整时，应在模板安装时予以调整。

C.模板和前一节段的混凝土面应平整密贴。

⑨安装预应力预留管道时，应确保管道连接紧密、管道定位准确。放置预应力管道时要注意和前一段的管道连接接头严密对准，并用胶布包贴，防止灰浆渗入管道，还应设置足够的定位钢筋，以确保预留管道在浇筑混凝土过程中位置正确，线形和顺。纵向预应力管道用塑料波纹管时必须设置塑料内衬管，内衬管外径可比波纹管内径小3～4 mm。定位钢筋的纵向水平间距不大于100 cm，曲线段间距不大于50 cm。

⑩挂篮行走前要测定已完成节段梁端标高，并定出箱梁中轴线。当解除挂篮的后锚固后，挂篮沿箱梁中轴线对称向两端，每前进50 cm作一次同步观测，防止挂篮转角、偏位造成挂篮受扭。

⑪箱梁梁段混凝土浇筑，可视箱梁截面高度情况采用一次或二次浇筑法。无论采用何种方法浇筑，梁段自重误差应在±3%范围内。

用一次浇筑法，可在箱梁顶板中部留一窗口，以供浇筑底板混凝土，待浇好底板后立即补焊钢筋封洞，同时浇筑肋板混凝土，最后浇筑顶板混凝土，一次完成。浇筑肋板混凝土时，两侧肋板应同时分层进行。浇筑顶板及翼板混凝土时，应从外侧向内侧一次完成，以防发生裂纹。

当采用两次浇筑时，各梁段的施工应错开。箱梁分层浇筑时，底板可一次浇筑完成，腹板可分层浇筑，分层间隔时间宜控制在混凝土初凝之前且应使层与层覆盖住。为缩短两次浇筑混凝土的时间间隔，可一次支立外侧模，内侧模分次接高，内模接高应待底板混凝土达到一定强度后进行，同时做好钢筋的绑扎和预应力的定位、布设工作，然后浇筑肋板上段和顶板混凝土。其接缝除按施工缝要求进行处理外，还应采取如预埋型钢、预留凹槽等抗剪措施。

施工中还应注意如下几点。

A. 检查钢筋、管道、预埋件的位置。

B. 检查已浇混凝土表面的润湿情况。

C. 浇筑时随时检查锚垫板的固定情况。

D. 检查压浆管是否通畅牢固。

E. 严密监视模板与挂篮变化情况，发现问题及时处理。

F. 检查对称浇筑进度。

⑫箱梁截面混凝土浇筑顺序应按设计要求进行，如果设计无明确要求，通常应按下列顺序进行浇筑：

A. 浇筑混凝土时，必须从悬臂端开始，两个悬臂端应对称均衡地进行浇筑。

B. 浇筑混凝土时，应加强振捣，对于高箱梁混凝土施工，可采用内侧模开仓振捣。

C. 在浇筑混凝土的同时应注意对预应力管道的保护，浇筑后应及时对管道清孔，以利穿束。

⑬为提高混凝土早期强度，加快施工速度，在设计混凝土配合比时，一般加入早强剂或减水剂。混凝土梁段浇筑周期一般为 5 ~ 7 d，为防止混凝土出现过大的收缩、徐变，应在配合比设计时按规范要求控制水泥用量。

⑭梁段拆模后，应对梁端的混凝土表面进行凿毛处理，以加强接头混凝土的连接。悬浇梁段分次浇筑混凝土时，如处理不当，由于后浇筑混凝土的重力的影响会引起挂篮变形，导致先浇筑的混凝土开裂，故应采取措施消除后浇筑混凝土引起的挂篮变形。

⑮分期浇筑混凝土时，新旧混凝土的结合面应凿毛洗净，还应严格控制相邻两次混凝土浇筑的龄期差，一般在任何情况下不得大于 20d，同时应控制水灰比降低骨料温度，减少模板与混凝土间的摩阻力。

⑯在每一梁段施工过程中出现大风预报应停止施工，并使两悬臂端不得出现不平衡荷载，且应确保挂篮的牢固性。

⑰混凝土浇筑完毕后应进行养护，待养护达到设计强度的 75%，并经过孔道检查、修理管口弧度后，即可进行穿束、张拉、压浆和封锚等工作。

（5）施工中易出现的问题及预防措施

①箱梁腹板出现斜向裂缝

悬臂现浇混凝土箱梁拆模后张拉预应力索，腹板混凝土出现裂缝。一种是有规律地出现在与底板约呈 45° 的斜裂缝。另一种为沿预应力索管方向的斜向裂缝，往往是靠近锚头处裂缝开展较宽，逐渐变窄而至消失。

A. 原因分析

出现与底板呈 45° 斜裂缝的原因极大可能是该区域的主拉应力，超过了该处的预应力索和普通钢筋的抗剪力及混凝土的抗拉强度。也有可能是混凝土拆模时间过早，混凝土尚未达到其设计抗拉强度。

出现沿预应力索管方向的裂缝的原因往往是由于预应力索张拉时，索管及其周边混凝土受到较集中的压应力,由于柏松效应导致索管及其周边混凝土受到索管径向的巨大张力,如保护层混凝土不足以抵抗拉应力,则会在其最薄弱处开裂;混凝土未达到拆模、张拉的龄期或强度;腹板的非预应力普通钢筋网,钢筋间距较大,不能满足抗裂要求;施工临时荷载超载或在作用点产生过大的集中应力。

B. 预防措施

悬臂现浇混凝土箱梁腹板斜向裂缝的出现往往是设计、施工、材料、工艺等综合因素作用的结果,原因比较复杂。但其中必然有一两个原因是主要的。为此,应针对不同的情况,采取相应的对策。设计中需注意:

a. 布置有弯起预应力筋部位,往往能有效地克服主拉应力。因此在无弯起预应力筋部位应特别注意验算该部位的主拉应力,并布置相应的抗裂钢筋。

b. 加密普通钢筋间距以增强抗裂性。必要时可在易发生斜向裂缝的区段,加设钢丝网片。

c. 在预应力束张拉集中的近锚头区域,增设钢筋网片,以提高抗压能力和分散集中力。

d. 施工工况、工艺流程必须与设计相符。如有变更应立即与设计单位联系,核算无误后方可施工。

e. 混凝土未到龄期或强度,不能拆除模板。为掌握混凝土的实际强度,可在浇筑混凝土时多制作几组混凝土试块,在不同龄期进行试验。

②箱梁拆模后在腹板与底板承托部位出现空洞、蜂窝、麻面。

箱梁浇筑混凝土拆模后,在底板与腹板连接处的承托部位,部分腹板离底板 1 m 高范围内出现空洞、蜂窝、麻面。

A. 原因分析

箱梁腹板一般较高,厚度较薄,在底板与腹板连接部位钢筋较密,又布置有预应力筋使得腹板混凝土浇筑时不易振实,也有漏振情况,易造成蜂窝。

若箱梁设置横隔板,通常会设预留入孔,浇筑混凝土时从预留入孔两边同时进料,易造成预留孔下部空气被封堵,形成空洞。

浇筑混凝土时,若气温较高,混凝土坍落度小,模板湿水不够,局部钢筋太密,振捣困难,易使混凝土出现蜂窝,不密实。

箱梁混凝土浇筑量较大,若供料不及时,易造成混凝土振捣困难,出现松散或冷缝。

模板支撑不牢固,接缝不密贴,易发生漏浆、跑模,使混凝土产生蜂窝、麻面。

施工人员操作不熟练,振捣范围分工不明确,未能严格做到对相邻部位交叉振捣,从而发生漏振情况,使混凝土出现松散、蜂窝。

B. 防治措施

箱梁混凝土浇筑前应做好合理组织和分工,对操作人员进行技术交底,划分振捣范围,浇筑层次清楚,相互重复振捣长度应取 50cm 左右,一边下料。对设置横隔板的箱梁,混凝土要轮流从横隔板洞口一边下料,并从洞口下另一边振出混凝土,避免使空气封堵在洞口下部，这样就不易在洞口下部形成空洞。

合理组织混凝土供料，如采用商品混凝土，现场宜有临时备用搅拌设备，以便当商品混凝土因运输或其他原因带来供料中断时予以临时供料。

根据施工气温，合理调整混凝土坍落度和混凝土水灰比，当气温高时，要做好模板湿润工作。

当箱梁腹板较高时，模板上应预留入孔处，使得振捣棒可达到各部位。

对箱梁底板与腹板承托处及横隔板预留入孔处，应重点进行监护，确保混凝土浇筑质量。

四、桥面及附属工程施工技术

（一）桥面铺装施工

桥面铺装即行车道铺装，作为上层的保护层，保护桥面免受车轮的摩擦以及雨水的冲刷作用，并对车轮荷载具有一定的分布作用。所以，桥面铺装必须具有一定的强度、刚度、抗滑和不透水性。

桥面铺装的平整性耐磨性和不翘性是确保行车平稳的关键，特别是在钢箱梁上铺设沥青路面时的技术要求十分严格。桥面铺装可采用水泥混凝土、沥青混凝土、沥青表面处治和泥结碎石等材料。而沥青表面处治和泥结碎石桥面铺装耐久性较差，仅在中级和低级公路桥梁上使用。本章简要介绍桥梁水泥混凝土和沥青混凝土桥面的铺装层施工。

1. 水泥混凝土桥面铺装

水泥混凝土桥面铺装是以水泥和水合成的水泥浆为结合料，碎（砾）石为粗集料，砂为细集料，经过拌和、摊铺、振捣和养护所修筑的桥面铺装。水泥混凝土桥面铺装直接铺设在防水层或桥面板上，其混凝土强度等级一般与桥面板混凝土等级相同或高一级，铺设时应避免两次成形。水泥混凝土桥面铺装层内一般配置钢筋网，钢筋直径不应小于 8mm，间距不大于 100mm。采用水泥混凝土铺装桥面耐磨性较好，养护费用小，适合于重载交通，但其养生期比沥青混凝土铺装的养生期要长，后期修补也比较麻烦。

（1）材料准备

桥面水泥混凝土要求强度等级在 C30 以上，要满足防水、抗冻、抗冲击和耐磨等性能要求，而结构厚度较小（6 ~ 10cm），故对路面铺装材料的要求较高。

①粗集料。一般宜选用碎石，特别是有抗冻、抗冲击要求的混凝土；碎石要求级配良好，最大粒径不大于层厚的 1/4，一般以 5 ~ 20 mm 为宜；针片状颗粒含量不大于 7%，含泥量不大于 0.2%。

②细集料。宜选用优质中砂（细度模数 2.3 ~ 2.8），天然砂和人工砂均可，含泥量不大于 0.5%，进场后按国家现行标准《公路工程集料试验规程》（JTJ E42-2005）相关规定取样试验，其质量应符合《公路桥涵施工技术规范》（JTG/T F50-2011）的规定。

③水。宜选用可饮用水，水质应符合国家现行《混凝土用水标准》（JGJ 63-2006）相关规定。

④水泥。宜选用强度等级为 32.5 级以上硅酸盐水泥或普通硅酸盐水泥。水泥进场后应有产品合格证和出厂检验报告，对其强度、安定性等性能指标进行取样复试。

⑤外加剂。外加剂应有产品说明书、出厂检验报告及合格证，应由相应资质等级的检测部门出具有害物质含量检测报告。为提高混凝土密实度和早期强度，宜选用优质高效减水剂。

（2）安放钢筋

钢筋可选用市场上合格的成品钢筋网片，这类网片一般采用冷拉圆筋或冷轧带肋钢筋加工而成，强度较高，一般节点采用机械电阻焊，较为牢固；如果选用此类成品网片，可根据单幅桥面净宽定做，运到现场后采用绑扎连接即可。

如无特别要求，也可在现场加工钢筋网。钢筋网一般采用热轧 6 ~ 12 mm 钢筋，6 ~ 10 mm 钢筋一般采用Ⅰ级盘圆筋，12mm 钢筋一般采用Ⅱ级带肋筋；Ⅰ级盘圆筋需要先行调直，可以用冷拉或机械调直的方法，若采用冷拉法，其冷拉率不宜大于 2%。

将调直的钢筋按设计的网眼尺寸在桥面上布置并固定，交叉点一般采用铁丝绑扎，也可用点焊；钢筋如需接长，可采用绑扎或电弧焊等方式搭接，搭接长度应满足相应的规范要求，若采用绑扎接头，应在两端和中央处均绑扎牢固。

（3）安装模板

由于水泥混凝土铺装层较薄（一般为 6 ~ 12cm），同时要伸出钢筋连接，故一般用木板或钢板做成齿板或带孔板的形式，既便于钢筋定位又可支挡混凝土，同时也方便装拆。

安装模板要确保线形平顺，模板接缝的错台要小于 2mm，同时模板要固定牢固，以防在浇注时爆模。安装完成的模板要经过高程复核。

（4）混凝土拌和与运输

混凝土拌和宜使用强制式搅拌机拌和，应先将碎石、砂和水泥干拌 1min，再放入水和减水剂的溶液湿拌 1.5 min；如需掺入纤维，则应均匀撒在碎石和砂之间，钢纤维的掺量一般为 1% 的体积率，聚丙烯纤维的掺量一般为 0.9 kg/m³；要严格控制混凝土的坍落度。

混凝土运输可用混凝土罐车或其他小型车辆运输，运输时间不宜大于 30min，且要做到不漏浆、不吸水、不离析，坍落度损失小。

（5）混凝土入模与初平

①标高控制。在混凝土施工前先用水准仪测量梁板顶面标高，一般纵向 10 m、横向 5 m 一个点，再用混凝土（砂浆）带或固定型钢（钢筋）顶面标高控制带，间距宜小于 6 m，可做 2 ~ 4 条，顶面要保持平顺。

②混凝土入模。混凝土用运输车运到施工地点后，分点卸在模内，以便于摊平。

③混凝土初平。混凝土卸料后用人工进行摊平，其松铺高度一般要高于设计顶面 2 ~ 3 cm。

（6）混凝土振捣与平整

①混凝土振捣。混凝土摊平后用平板振捣器将其振捣密实，平板振捣器的行走速度宜控制在 5 m/min 左右，反复振捣 3 ~ 5 遍，至混凝土密实不再沉降、表面覆盖一层稠浆为止；在混凝土较厚（大于 15 cm）处须先使用插入式振捣器。

②混凝土平整。平整度要求较高时宜先用钢滚筒进行初平、压实；钢筒直径一般为 15 ~ 25 cm，厚 1cm 左右，中轴为 $50mm 左右的钢棒，轴与筒之间灌填粗砂，其重量既要能将混凝土压实又要便于操作，并要有足够的刚度；使用钢滚筒时，将其放在两条标高控制带上，再在两端各用一人用粗绳拉动中轴使其来回滚动，并用人工辅助挖补找平，直至将表面压平为止；钢滚筒表面宜保持平整、不黏附混凝土。有条件的单位可使用三轴整平机，它将表面振捣和平整结合在一起，效率较高，但原理与上述相同。

③混凝土精平。可选用方木或铝合金型材，一般长 3 ~ 6 m，用一人或两人持型材板沿标高控制带进行纵向精平，要注意封闭气（水）泡眼；要搭施工台供人站立。

（7）混凝土表面处理

混凝土表面应依据设计要求设置防滑构造。当设计为拉槽或压槽时，在第二次抹平后，沿横坡方向拉毛或采用机具压槽，拉毛和压槽深度应为 1 ~ 2mm；当设计为刻槽时，则在混凝土达到设计强度的 75% 后，用刻槽机刻槽。

（8）混凝土养护

因混凝土铺装层是大面积的薄层构件，易于风干开裂，故要特别注意后期养护。混凝土养护可用土工布或麻（草）袋覆盖，然后洒水湿润，时间保持 7 d。

（9）后浇带施工

桥面混凝土的横向分块施工，需要预留安装模板的宽度，一般为 20 ~ 30cm，此处桥面铺装待主体浇筑完成后另行浇筑。有时为了预留预应力张拉槽口或其他原因而留有一段空带作为后浇带，在最后浇筑。后浇带施工与正常的铺装施工完全相同，但要注意在施工前须将之前浇筑的铺装层端面凿毛、洗净，使新浇筑混凝土与桥面铺装混凝土结合良好。

2. 沥青混凝土桥面铺装

沥青混凝土适用于大桥、特大桥的桥面铺装，高速公路、一级公路桥梁的沥青混凝土桥面铺装层厚度不宜小于 70 mm；二级及二级以下的公路桥梁的沥青混凝土桥面铺装层厚度不宜小于 50 mm。为了防滑和减弱光线的反射，最好将混凝土做成粗糙表面。沥青混凝土铺装可以做成单层式、双层式或三层式。

沥青混凝土铺装前需对桥面进行检查，桥面要平整、粗糙、干燥、整洁。桥面横坡应满足要求，不符合时应及时处理。铺筑前应撒布黏层沥青，石油沥青撒布量为 0.3 ~ 0.5 L/m³。

沥青混凝土路面施工的一般工序为：施工准备→沥青混凝土拌和、运输→沥青混凝土摊铺、碾压→接缝、修边和清场。

（1）施工准备

沥青混凝土所用粗细集料、填料以及沥青均应符合规范技术要求，提前设计混合料配合比，包括矿料级配、沥青含量稳定度（包括残留稳定度）、饱和度、流值、马歇尔试件的密度与空隙率等的详细说明。

沥青混合料拌和设备、运输设备以及摊铺设备均应符合规范技术要求。

施工测量放样：

①恢复中线。在直线每 10m 设一钢筋桩，平曲线每 5m 设一桩，桩的位置在中央隔离带所摊铺结构层的宽度外 20 cm 处。

②水平测量。对设立好的钢筋桩进行水平测量，并标出摊铺层的设计标高，挂好钢筋，作为摊铺机的自动找平基线。

沥青材料的准备。沥青材料应先加热，避免局部加热过度，并确保按均匀温度把沥青材料源源不断地从贮料罐送到拌和设备内，不应使用正在起泡或加热超过 160℃的沥青胶结料。

（2）沥青混凝土拌和、运输

①沥青混凝土拌和

集料和沥青材料按工地配合比公式规定的用量测定和送进拌和，送入拌和设备里的集料温度应符合规范规定，在拌和设备内及出厂的混合料的温度，应不超过 160℃。

把规定数量的集料和沥青材料送入拌和设备后，需把这两种材料充分拌和直至所有集料颗粒全部裹覆沥青结合料为度，沥青材料也完全分布到整个混合料中；拌和厂拌和的沥青混合料应均匀一致、无花白料、无结团块。

拌好的热拌沥青混合料不立即铺筑时，可放入保温的成品储料仓储存，存储时间不可超过 72h，贮料仓无保温设备时，允许的储料时间应以符合摊铺温度要求为准。

②沥青混合料运输

沥青混凝土运输采用 15t 的自卸车运输，从拌和设备向自卸车放料时，为减少粗细集料的离析现象，每卸一斗混合料挪动一下汽车位置，运料时，自卸车用篷布覆盖。

（3）沥青混凝土摊铺、碾压

①沥青混凝土摊铺

A. 沥青混凝土采用沥青摊铺机进行摊铺和刮平。摊铺机自动找平时，采用所摊铺层的高程靠金属边桩挂钢丝所形成的参考线控制，横坡靠横坡控制器来控制，精度在 ±0.1% 范围。

B. 摊铺时，沥青混合料必须缓慢均匀、连续不间断地摊铺。不得随意变换速度或中途停顿。摊铺机螺旋送料器中的混合料的高度保持不低于送料器高度的 2/3，并确保在摊铺机全宽度断面上不发生离析。

C. 在机械不能摊铺及整修的地方，在征得监理工程师同意后可用人工摊铺和整修。

D. 在施工安排时，当气温低于 10℃时不安排沥青混合料摊铺作业。

②沥青混合料碾压

A. 一旦沥青混合料摊铺整平，并对不规则的表面修整后，立刻对其进行全面、均匀的压实。

B. 初压在混合料摊铺后较高温度下进行，沥青混合料不应低于120℃，不得产生推移、发裂；碾压时将驱动轮面向摊铺机，碾压路线及碾压方向不得突然改变，初压两遍；复压要紧接在初压后进行，沥青混合料不能低于90℃。

C. 终压要紧接在复压后进行，沥青混合料不得低于70℃，采用轮胎压路机碾压2～4遍，并无轨迹，路面压实成型的最终温度符合规范要求。

D. 碾压从外侧开始并在纵向平行于道路中线进行，双轮压路机每次重叠30cm，三轮每次重叠为后轮宽的一半，逐步向内侧碾压过去，用梯队法或接着先铺好的车道摊铺时，应先压纵缝，然后进行常规碾压，在有超高的弯道上，碾压应采用纵向行程平行于中线重叠的办法，由低边向高边进行。碾压时压路机应匀速行驶，不可在新铺混合料上或未碾压成型并未冷却的路段上停留、转弯或急刹车。施工检验人员在碾压过程中，使用核子密度仪来检测密实度，以确保获得要求的最小压实度，开始碾压时的温度控制在不低于120℃，碾压终了温度控制在不低于70℃，初压、复压、终压三种不同压实段落接茬设在不同的断面上，横向错开1 m以上。

E. 为防止压路机碾压过程中沥青混合料沾轮现象发生，可向碾压轮洒少量水、混有极少量洗涤剂的水或其他认可的材料，把碾轮适当保湿。

（4）接缝、修边和清场

沥青混合料的摊铺应尽量连续作业，压路机不得驶过新铺混合料的无保护端部，横缝应在前一次行程端部切成，以暴露出铺层的全面。接铺新混合料时，应在上次行程的末端涂刷适量黏层沥青，然后紧贴着先前压好的材料加铺混合料，并注意调置整平板的高度，为碾压留出充分的预留量。相邻两幅及上下层的横向接缝均应错位1 m以上。横缝的碾压采用横向碾压后再进行常规碾压。修边切下的材料及其他的废弃沥青混合料均应从路上清除。

（二）伸缩缝安装施工

桥梁结构在温度变化、荷载作用、基础变位、混凝土收缩和徐变等影响下将会产生伸缩变形，为了满足桥梁在各种荷载作用下受力与变形要求，确保车辆平稳安全通过，需要在相邻两梁端之间，或桥梁的铰接处设置预留伸缩缝，并在桥面设置伸缩装置。依据伸缩装置的传力方式及其构造特点，可分为对接式、钢制支承式、橡胶组合剪切式、无缝式伸缩装置等。伸缩装置应满足下列要求：在平行、垂直于桥梁轴线的两个方向，均能自由伸缩；除本身要有足够的强度外，应与桥面铺装部分牢固连接；车辆通过时应平顺、无突跳且噪声小；具有良好的密水性和排水性，并便于安装、检查、养护和清除沟槽的污物。

伸缩缝是桥梁的薄弱环节，在汽车荷载的作用下有很小的不平整就会使该处受到很大的冲击作用。因而，在实际工程中，伸缩装置常常遭到损坏需要维修、更换。造成伸缩装置破坏的原因，除了交通流量增大、重型车辆增多，使得冲击作用明显增大之外，设计、施工和养护方面的失误也不容忽视。对于伸缩装置，在设计时需选用抵抗变形能力较强的伸缩装置，精确到位，并安装牢固。对于曲线桥或斜桥，除了纵向、竖向变形外，还存在横向、纵向及竖向相对错位，故选用的伸缩装置要有相应的变位适应能力。

伸缩装置的施工工序一般按以下顺序进行：安装前现场准备→开槽→缝体安装→混凝土浇筑→养生。

施工作业时应注意以下几方面内容。

1. 机械设备、小型机具配备齐全，尤其是提供施工车辆过往的过桥板必须质量坚固、数量充足，以确保施工顺利进行。

2. 桥面沥青混凝土铺装层完成（覆盖伸缩缝连续铺筑）并验收合格后，应根据施工图的要求确定开槽宽度，准确放样，打上线后用切割机锯缝、顺直，锯缝线以外的沥青混凝土路面，必须仔细用塑料布覆盖并用胶带纸封好，以防锯缝时产生的石粉污染路面。锯缝应整齐、顺直，并注意把沥青混凝土切透，以免开槽时缝外混凝土松动。

3. 梁端间隙内的杂物，特别是混凝土块必须清理干净，然后用泡沫塑料填塞密实。若有梁板顶至背墙情形，须将梁端部分凿除。开槽后产生的所有弃料必须及时清理干净，确保施工现场整洁。

4. 安装时伸缩缝的中心线应与梁端中心线相重合。如果伸缩缝较长，需将伸缩缝分段运输，到现场后再对接，对接时应将两段伸缩缝上平面置于同一水平面上，使两段伸缩缝接口处紧密靠拢，并校直调整。用高质量的焊条逐条焊接，焊接时宜先焊接顶面，再焊侧面，最后焊底面，要分层焊接，确保质量，并及时清除焊渣。

5. 伸缩缝的焊接。固定后应对伸缩缝的标高再复测一遍，确认在临时固定过程中未出现任何变形、偏差后，把异性钢梁上的锚固钢筋与预埋钢筋在两侧同时焊牢，最好一次全部焊牢。如有困难，可先将一侧焊牢，待达到预定的安装气温时，再将另一侧全部焊牢。伸缩缝焊接牢固后，应尽快将预先设定的临时固定卡具、定位角钢用气割枪割去，使其自由伸缩，此时应严格保护现场，防止车辆误压。

6. 模板安装时多采用泡沫板、纤维板、薄铁皮等，模板应做得牢固、严密，能在混凝土振捣时而不出现移动，并能防止砂浆流入伸缩缝内，以免影响伸缩。为防止混凝土从上部缝口进入型钢内侧沟槽内，型钢的上面必须要用胶布封好。

7. 桥梁伸缩缝混凝土的施工会截断桥梁两侧盲沟内的水的排出，造成桥面铺装出现水损坏，宜通过塑料软管将桥梁盲沟内的水排出桥面外，在浇筑混凝土时将排水软管埋设到位。

8. 水泥混凝土浇筑完成后覆盖麻袋等，并严格洒水养生，养生期不少于 7d，养生期间严禁车辆通行。

（三）其他附属工程施工

1. 人行道

人行道是用路缘石或护栏或其他设施加以分隔的专门供人行走的部分。桥梁上的人行道宽度由人行交通量决定，可以选用 0.75m 或 1 m，大于 1 m 时按 0.5 m 倍数递增，行人稀少时可不设人行道。

按人行道的施工方法，有以下几种形式。

（1）就地浇筑的人行道，用于跨径比较小的桥梁中，人行道与行车道板及梁整体连接在一起，若人行道板的恒载及活载较小，可将其设在桥梁行车道的悬挑部分。

（2）整体预制装配式的人行道，是将人行道做成预制块件安装在桥面上，这种形式适用于各种净宽度的人行道，人行道下可以放置过桥管线，但是对管线的检修和更换比较困难。

（3）部分装配和部分现浇的人行道，是把预制的人行道梁、支撑梁及人行道板等构件通过与主梁上预埋件的连接，并使接缝部分填实，混凝土与桥面形成整体。

人行道顶面一般铺设 20mm 厚的水泥砂浆或沥青混凝土作为面层，并且向桥内侧形成 1% 的横向坡度；桥面铺设中若设贴式防水层，要在人行道内侧设置路缘石，以便把防水层伸过缘石底面，从人行道与缘石之间的砌缝里向上叠起；人行道在桥面伸缩缝处也必须设断缝。

2. 安全带

不设置人行道的桥上，两边应设置宽度不小于 250 mm，高度为 250 ~ 350 mm 的护轮安全带。为确保行车安全，安全带的高度可适当增加。安全带可以做成预制块件或与桥面铺装层一起现浇。预制的安全带有矩形截面和肋板式截面两种，以矩形截面最为常见。现浇的安全带宜每隔 2.5 ~ 3.0 m 做一个断缝，以免参与主梁受力而破损。

3. 栏杆和护栏

（1）栏杆

栏杆既是桥梁上的安全措施，又是桥梁表面的建筑。桥梁栏杆不仅要结构坚固，而且要求具有美观的外表。栏杆的高度一般不小于 1.1 m，栏杆的间距一般为 1.6 ~ 2.7 m。桥梁栏杆设置在人行道上，防止行人和车辆坠入桥下。

栏杆选用时首先要考虑结构安全可靠、选材合理，栏杆或栏杆底座要与浇在混凝土中的预埋件焊牢，以增强抗冲击能力。同时，栏杆要经济实用，工序简单，方便互换。在造型上，栏杆的材料和尺寸与整体应协调，常采用简单的上扶手、下扶手和栏杆柱组成。

（2）护栏

桥梁上的护栏，当设于人行道上时，主要作用是给行人以安全感，遮拦行人，防止行人坠入桥下；当无人行道时，桥上栏杆主要作用是与高填路堤或危险路段所设护栏相仿，用以引导视线，起到轮廓标示的作用，使车辆尽量在路幅之内行驶。用于高速公路、一级公路、城市快速道路、主干道路、立交工程等的护栏用以封闭沿线两侧，是人畜与非机动车辆公路的隔离设施，它同时能有效吸收能量、迫使失控车辆改变方向并使其恢复到原有行驶方向，防止其越出路外或跌落桥下的作用。

栏杆和护栏块件必须在人行道板铺设完毕后才可安装，安装栏杆柱时，必须全桥对直、校平（弯桥、坡桥要求平顺），竖直后用水泥砂浆填缝固定。

第二节　涵洞分类及施工技术

一、涵洞的分类

涵洞是横贯公路路基，用以泄水或通过人、畜车辆的小型构筑物。根据桥梁涵洞按跨径分类标准，涵洞的单孔跨径小于 5m 或多孔跨径总长小于 8m，但是圆管涵及箱涵不论管径或跨径大小、孔数多少，均称为涵洞。

涵洞按建筑材料可分为砖涵、石涵、混凝土涵和钢筋混凝土涵等；按涵洞断面形式可分为管涵、板涵、箱涵、拱涵等；按涵顶填土情况可分为明涵（涵顶无填土）和暗涵（涵顶填土大于 50 cm）等；按水力性能分为无压涵、半压力涵和压力涵等。

二、涵洞的施工

（一）混凝土和钢筋混凝土圆管涵施工

1.圆管涵施工主要工序。测量放线→基坑开挖→砌筑圬工基础或现浇混凝土管座基础→安装圆管→出入口浆砌→防水层施工→涵洞回填及加固。

2.涵管预制。为确保涵管节的质量，管涵宜在工厂中成批预制，再运到现场安装，预制混凝土圆涵管可采用振动制管法、离心法、悬辊法和立式挤压法。在运输条件限制时，也可在现场就地制造。钢筋混凝土圆管成品应符合下列要求：（1）管节端面应平整并与其轴线垂直。斜交管涵进出水口管节的外端面，应按斜交角度进行处理。（2）管壁内外侧表面应平直圆滑，如有蜂窝，蜂窝处应修补完善后方可使用。（3）管节各部尺寸不得超过规定的允许偏差。（4）管节混凝土强度应符合设计要求。（5）管节外壁必须注明适用的管顶填土高度，相同的管节应堆置在一处，以便于取用，防止弄错。

3.安装管节时的注意事项。（1）应注意按涵顶填土高度取用相应的管节，管节应检查合格后方可使用。（2）各管节应顺流水坡度安装平顺，当管壁厚度不一致时应调整高度使内壁齐平，管节必须垫稳坐实，管道内不得遗留泥土等杂物。（3）对插口管接口应平直，环形间隙应均匀，并应安装特制的胶圈或用沥青、麻絮等防水材料填塞，不得有裂缝空鼓、漏水等现象；对平接管，接缝宽度应不大于 10 ~ 20mm，禁止用加大接缝宽度来满足涵洞长度要求；接口表面应平整，并用有弹性的不透水材料嵌塞密实，不得有间断、裂缝、空鼓和漏水等现象。

（二）拱涵、盖板涵施工

1.石拱涵或钢筋混凝土拱涵施工主要工序。测量放样→基坑开挖、排水及换填→混凝土基础或浆砌基础施工→拱涵涵身、台座立模灌注→支立拱架，安装拱模→对称灌注拱圈混凝土或浆砌拱圈→养护拱圈混凝土或砂浆强度达80%设计值→对称拆除拱架、拱模→施做防水层→涵顶对称填土夯实→出入口、八字墙等附属工程施工。

2.盖板涵（预制吊装）施工主要工序。测量放线→基坑开挖→下基础→浆砌墙身→现浇板座→吊装盖板→出入口浆砌→防水层施工→涵洞回填及加固。

3.拱涵、盖板涵的施工要求。（1）拱圈和出入口拱上端墙的施工，需由两侧向中间同时对称进行。（2）钢筋混凝土、混凝土拱圈和盖板混凝土的现场浇筑施：工宜连续进行，避免施工接缝，当涵身较长时，可沿长度方向分段进行，接缝应设在涵身沉降缝处。（3）就地浇筑的拱涵和盖板涵，宜采用组合钢模板，在缺乏钢木材料的情况下，可采用全部土胎。（4）拱圈砌筑砂浆或混凝土强度达到设计强度的75%时，方可拆除拱架，达到设计强度后，方可回填土。（5）在拱架未拆除的情况下，拱圈砌筑砂浆或混凝土强度达到设计强度的75%时，可进行拱顶填土，但在拱圈强度达到设计强度100%后，方可拆除拱架。

4.预制拱圈和盖板的安装注意事项。（1）钢筋混凝土拱圈；和盖板的预制，应按相关规范要求进行施工。预制涵洞盖板时，应注意检查上下面的方向，斜交涵洞应注意斜交角的方向，避免发生反向错误。（2）成品混凝土强度达到设计强度的70%时，方可搬运安装。（3）成品安装前，需检查成品及拱座、墩、台的尺寸。（4）安装后，成品拱圈和盖板上的吊装孔，应以砂浆填塞，如系吊环应锯掉。（5）拱座与拱圈、拱圈与拱圈的拼装接触面，应先拉毛或凿毛（沉降缝处除外），安装前应浇水湿润，再以M10水泥砂浆砌筑。

（三）倒虹吸管施工

1.倒虹吸管施工主要工序。测量放线→基坑开挖→基坑修整与检查→铺设砂垫层和现浇混凝土管座→安装管节→接缝防水施工→竖井、出入口施工→防水层施工→回填土及加固。

2.倒虹吸管施工注意事项。（1）倒虹吸管宜采用钢筋混凝土或混凝土圆管，进出水口必须设置竖井，包括防淤沉淀井。施工时管节接头及进出水口砌缝应特别严格，不漏水。填土覆盖前应做灌水试验，符合要求后，方可填土。（2）倒虹吸管如需在冰冻期施工时，应按冬期要求施工进行，并应在冰冻前将管内积水排出，以防冻裂。（3）倒虹吸管的进出水口应在竣工后及时盖上。

（四）通道桥涵的顶进施工

当公路须从现有铁路、公路路基下面立交通过时，对原有路线采取必要的加固措施后，可以采取顶入法施工通道桥涵。

1. 通道桥涵顶进施工主要工序。测量放线→工作坑定位与开挖→工作坑基础、导轨及附属设施施工→后背设计与施工桥涵身预制→顶进设备与设施准备→既有线路的加固→顶进作业→附属工程施工。

2. 顶进工作坑及后背施工要求。(1)顶进的工作坑位置应根据现场地形、土质、结构物尺寸及施工需要决定,在确保排水和安全的前提下,工作坑边缘距公路、铁路应有足够的安全距离。(2)工作坑基底的承载力应能满足顶入桥涵的要求,否则应加固。(3)工作坑滑板应符合下列要求:滑板中心线与桥涵中心线一致;具有足够的强度、刚度和稳定性,必要时可在滑板上层配置钢筋网,以防顶进时滑板开裂;表面平整,减小顶进时的阻力;底面设粗糙面或锚梁,增加抗滑能力;宜将滑板做成前高后低的仰坡,坡度为 3% 左右;沿顶进方向,在滑板的两侧,距桥涵外缘 50 ~ 100 m 处设置导向墩,以控制桥涵顶入方向。(4)顶进桥涵的后背,应按照现场条件、地质、材料设备情况及强度、稳定性的要求进行设计计算,确保顶进工作顺利和安全。

3. 顶进作业。注意事项:(1)桥涵顶进前应检查验收桥涵主体结构的混凝土强度、后背,应符合设计要求。应检查顶进设备并做预订试验。(2)千斤顶应按桥涵的中轴线对称布置。顶进法的传力设备安装时应与鼎力线一致,并与横梁垂直。顶程较长时,顶柱与横梁应用螺栓固定。(3)桥涵顶进挖土时保持刃角有足够的吃土量,挖掘进尺及坡度应视土质情况确定。挖土必须与观测紧密配合,根据偏差随时改变挖土方法。(4)顶管施工应在工作坑内安装导轨,导轨高程允许偏差为 2mm,中心线允许偏差为 3 mm。首节管节安放在导轨上,应测量其中线和前后两端高程,合格后方可顶进。(5)顶管施工时,可在管前端先挖土,后顶进,一般轴向超挖量在铁路道砟下不可大于 100mm,其余情况不得大于 300mm,管节上部超挖量不得大于 15mm,管节下部 135° 范围内不应超挖。(6)桥涵顶进中,应经常对桥涵中线和高程进行观测,发现偏差及时纠正。发生左右偏差时,可采用挖土校正法和千斤顶校正法调整;发生上下偏差时,可采用调整刃角挖土量或铺筑石料等方法调整。(7)顶进作业应连续进行,不得长期停顿,以防地下水渗出,造成路基坍塌。出现事故时应立即停止顶进。(8)桥涵顶进时,对节间接缝及结构物应按设计要求进行防水处理。

第三节 桥梁工程作用及施工测量控制技术

一、桥梁工程作用的计算方法及作用效应组合

(一)桥梁施工作用的计算方法

公路桥涵设计采用的作用分为永久作用、可变作用和偶然作用等三类,规定见表 4-1。

表 4-1　作用分类

编号	作用分类	作用名称
1		结构重力（包括结构附加重力）
2		预加力
3		土的重力
4	永久作用	土侧压力
5		混凝土收缩及徐变作用
6		水的浮力
7		基础变位作用
8		汽车荷载
9		汽车冲击力
10		汽车离心力
11	可变作用	汽车引起的土侧压力
12		人群荷载
13		汽车制动力
14		风荷载
15		流水压力
16		冰压力
17		温度（均匀温度和梯度温度）作用
18		支座摩阻力
19		地震作用
20	偶然作用	船舶或漂流物的撞击作用
21		汽车撞击作用

1. 对不同作用应采用不同的代表值。比如：（1）永久作用应采用标准值作为代表值。（2）可变作用应根据不同的极限状态分别采用标准值、频遇值或准永久值作为其代表值。承载能力极限状态设计及按弹性阶段计算结构强度时应采用标准值作为可变作用的代表值。正常使用极限状态按短期效应（频遇）组合设计时，应采用频遇值作为可变作用的代表值；按长期效应（准永久）组合设计时，应采用准永久值作为可变作用的代表值。（3）偶然作用取其标准值作为代表值。

2. 作用的代表值按下列规定取用

（1）永久作用的标准值。对结构自重（包括结构附加重力），可按结构构件的设计尺寸与材料的重力密度计算确定。

（2）可变作用的标准值应符合下列规定。①汽车荷载分为公路Ⅰ级和公路Ⅱ级；汽车荷载分为车道荷载和车辆荷载。车道荷载由均布荷载和集中荷载组成。桥梁结构的整体计算采用车道荷载；桥梁结构的局部加载涵洞、桥台和挡土墙土压力等的计算采用车辆荷载。车辆荷载与车道荷载的作用不重叠。②公路Ⅰ级车道荷载的均布荷载标准值为 q_k=10.5 kN/m；集中荷载标准值按照以下规定选取：桥梁计算跨径小于或等于 5 m 时，P_k=180kN；桥梁计算跨径等于或大于 50 m 时，P_k=360kN；桥梁计算跨径在 5 ~ 50 m 时，P_k 值采用直线内插求得。计算剪力效应时，上述集中荷载标准值 P_k 应乘以 1.2 的系数。③公路Ⅱ级车道荷载的均布荷载标准值 q_k 和集中荷载标准值 P_k 按公路Ⅰ级车道荷载的 0.75 倍采用。④车道荷载的均布荷载标准值应满布于使结构产生最不利效应的同号影响线上；集中荷载标准值只作用于相应影响中一个最大影响线峰值处。⑤人群荷载标准值按下列规定采用：当桥梁计算跨径小于或等于 50 m 时，人群荷载标准值为 3.0kN/m²；当桥梁计算跨径等于或大于 150m 时，人群荷载标准值为 2.5kN/m²；当桥梁计算跨径在 50 ~ 150m 时，可由线性内插得人群荷载标准值。

对跨径不等的连续结构，以最大计算跨径为准。城镇郊区行人密集地区的公路桥梁，人群荷载标准值取上述规定值的 1.15 倍。专用人行桥梁，人群荷载标准值为 3.5 kN/m²。⑥可变作用频遇值为可变作用标准值乘以频遇值系数 ϕ_1。可变作用准永久值为可变作用标准值乘以准永久值系数 ϕ_2。

（3）偶然作用的标准值。应根据调查、试验资料，结合工程经验确定其标准值。

3.作用的设计值规定为作用的标准值乘以相应的作用分项系数。

（二）作用组合效应

1.公路桥涵结构设计要考虑结构上可能同时出现的作用。按承载能力极限状态和正常使用极限状态进行作用效应组合，取其最不利效应，应组合进行设计。

（1）在结构上可能同时出现的作用，才进行其效应的组合：当结构或结构构件需作不同受力方向的验算时，则应以不同方向的最不利的作用效应进行组合。

（2）可变作用的出现对结构或结构构件产生有利影响时，该作用不应参与组合，实际不可能同时出现的作用或同时参与组合概率很小的作用。

（3）施工阶段作用效应的组合，应按计算需要及结构所处条件而定，结构上的施工人员和施工机具设备均应作为临时荷载加以考虑。组合式桥梁，当把底梁作为施工支撑时，作用效应宜分两个阶段组合，底梁受荷为第一个阶段，组合梁受荷为第二个阶段。

（4）几个偶然作用不同时参与组合。

2.公路桥涵结构按承载能力极限状态设计应采用的两种作用效应组合。

（1）基本组合。永久作用的设计值效应与可变作用设计值效应相结合。

（2）偶然组合。永久作用标准值效应与可变作用某种代表值效应、一种偶然作用标准值效应相组合。偶然作用的效应分项系数取 1.0 ；与偶然作用同时出现的可变作用，可根据观测资料；和工程经验取用适当的代表值。地震作用标准值及其表达式按现行《公路工程抗震规范》（JTG B02-2013）规定采用。

3.公路桥涵结构按正常使用极限状态设计。应根据不同的设计要求，采用以下两种效应组合。

（1）作用短期效应组合。

（2）永久作用标准值效应与可变作用频遇值效应相组合。

二、桥梁施工监测和控制

（一）桥梁监测

1.监测范围

（1）敏感部位监测。一般只在桥梁内力、应变、位移变化和裂纹产生对桥梁影响至关重要的（敏感）部位进行监测。

（2）总体监测。特大桥梁构造复杂，难以做地毯式人工监测。鉴于特大桥梁的重要性，需要适时地得到桥梁正常工作的总体状况。通过对可能取得的桥梁工作参数，采用不同的方法进行"识别"找到桥梁异常的一个或几个可能部位，再由配备检测设备的专业人员到可能异常部位检测。

2.监测方式

（1）人工监测。配备简单的仪器，用人工作地毯式监测，用模糊分级描述桥梁状况，一般可作为定期监测、突发性事件后的特别监测。

（2）自动监测。一般适用于特大的或重要的桥梁在线监测。这种方法自动化程度高，是当前研究热点与发展方向。但是难度大，目前使用尚少。

（3）联合监测。考虑到前两种方法的实际情况，用各种小型的自动化程度较高的仪器配合人工监测，是一个比较可行的方案。

3.监测的状态

（1）监测桥梁结构的静态几何和力学参数，用以分析桥梁结构的工作状态。静态监测比较困难，一般都是加载检测。但是，静态参数比较直观地反映了桥梁的工作状态。

（2）监测桥梁结构的动态几何和力学参数，用以分析桥梁结构的工作状态。动态监测适于运营监测。

4.常规监测传感器和手段

位移（量程）计、倾斜仪、（高程、方位距离）测量设备、GPS、数字成像机;位移传感器、电阻应变仪、压电式应变仪、振弦应变仪。分布式光纤应变计；压力环、磁弹性张力计、油压计、剪力销等；速度计、伺服（或压电）加速度计算；刻度放大镜、数字成像机、超声探测仪、地面雷达等；化学试剂试验、由外观特征判断、钢筋锈蚀仪；风向（速）计空气（或埋入式）温度计、当地的地震观测数据、交通量观测仪、埋入（或移动）式称重仪摄像机。

（二）桥梁施工控制

1. 桥梁施工控制方法。具体为：（1）采取纠偏终点控制的方法，即在施工过程中，对产生主梁线形偏差的因素跟踪控制，随时纠偏，最终达到理想线形，这种方法常用 Kalman 理论等。（2）应用现代控制理论中的自适应控制方法，即对施工过程中的标高和内力的实测值与预计值进行比较，对桥梁结构的主要基本设计参数进行识别，找出产生实测值与预计值（设计值）产生偏差的原因，进而对参数进行修正，达到双控的目的。（3）误差的容许值法，即在设计时给予主梁标高和内力最大的宽容度，这种做法减少了控制的难度。

2. 桥梁的施工控制特点。控制最基本的要求是确保施工中的安全和结构恒载内力及结构线形符合设计要求。因桥梁结构形式和施工方法有许多，对于具体某一座桥梁的施工控制又有其侧重点。不同桥梁的控制特点如下。

（1）斜拉桥。施工时，在主梁悬梁浇筑或悬臂拼装过程中，确保主梁线形和顺、正确是第一位的，施工中以标高控制为主。二期恒载施工时，为了确保结构的内力和变形处于理想状态，拉索再次张拉时以索力控制为主。所谓以标高控制为主，并非只控制主梁的标高，而不顾及拉索索力的偏差。施工中应按照结构本身的特性和施工方法的不同，采取相应的控制策略。若主梁刚度较小，斜拉索索力的微小变化将引起悬臂端挠度的较大变化，斜拉索张拉时应以高程测量为主进行控制，但索力张拉吨位不应超过容许范围，确保施工安全。如果主梁刚度较大，斜拉索索力变化了很多，而悬臂端挠度的变化却非常有限，施工中应以拉索张拉吨位进行控制，然后根据标高的实测情况，对索力作适当的调整。此时标高线形的控制主要是通过混凝土浇筑前底模标高的调整（悬臂浇筑方法）或预制块件接缝转角的调整（悬臂拼装方法）来加以实现的。

（2）悬索桥。其主要承重结构是主索，主索在施工中又是悬索桥吊装的主要承重结构，主索一经架好，其长度和线形调整甚小，为了确保悬索内力和线形符合设计要求，主索的无应力长度（下料长度）要严格加以控制，尤其是基准束的尺寸要更加重视。对于加劲梁的拼装，为确保符合设计线形，吊杆的下料长度（无应力长度）将又是一个控制重点。可以看出，为了使在无应力状态下结构各部分的尺寸准确无误，故要有一个符合结构实际的计算程序。在施工过程中，除了主索和加劲梁外，对桥塔受力、索鞍偏移、吊杆和主索索股受力均匀性等应严加跟踪控制，确保应力和线形的双控实现。

（3）大跨度混凝土拱桥。同样按安全、线形和恒载内力的要求进行施工控制。由于大跨度混凝土拱桥拱肋截面多采用底板侧板顶板分次浇筑完成的组合截面，必然造成结构挠度和内力的重分布，为确保拱肋应力和变形符合设计要求，要严格进行双控，但拱肋的形成一般要靠劲性骨架进行浇筑，其拱肋各段是在工厂放样加工制作的（无应力长度），骨架一经合龙，今后无法进行大的调整，所以大跨度混凝土拱桥的施工控制首先要把好骨架无应力长度控制这一关，然后做好拱肋混凝土浇筑的跟踪施工、控制，确保拱肋应力和标高符合要求。拱桥是以受压为主的结构，对于施工过程中结构的稳定性要给予关注。

（4）预应力混凝土连续梁或连续刚构。相对斜拉桥而言，没有斜拉索，其施工控制与斜拉桥主梁相同。凡是以悬臂浇筑或悬臂拼装施工的桥梁，都是逐节段向前推进的，施工控制中常采用逐节段跟踪控制的方法。

第四节 大跨径桥梁施工特点

一、斜拉桥施工特点

1. 索塔。

其施工可视其结构、体形材料、施工设备和设计综合考虑选用合适的方法。裸塔施工宜用爬模法，横梁较多的高塔宜用劲性骨架挂模提升法。

2. 混凝土主梁。

主梁零号段及其两旁的梁段，在支架和塔下托架上浇筑时，应消除温度、弹性和非弹性变形及支承等因素对变形和施工质量的不良影响。

3. 挂篮悬浇。

采用挂篮悬浇主梁时，除应符合梁桥挂篮施工的有关规定外，还应按下列规定执行：（1）挂篮的悬臂梁及挂篮全部构件制作后均应进行检验和试拼，合格后再于现场整体组装检验，并按设计荷载及技术要求进行预压，同时测定悬臂梁和挂篮的弹性挠度、调整高程性能及其他技术性能。（2）挂篮设计和主梁浇筑时应考虑抗风振的刚度要求。③拉索张拉时应对称同步进行，以减少其对塔与梁的位移和内力影响。

4. 合龙梁段。

（1）防止合龙梁段施工出现的裂缝，应采用以下方法改善受力和施工状况：①在梁上下底板或两肋端部预埋临时连接钢构件，或者设置临时纵向连接预应力索，还可以用千斤顶调节合龙口的应力和合龙口长度。②合龙两端高程在设计允许范围内时，可视情况进行适当压重。③观测合龙前连日的昼夜温度场变化与合龙高程及合龙口长度变化的关系，选定适当的合龙浇筑时间。

（2）合龙梁段浇筑后至纵向预应力索张拉前，应禁止施工荷载的超平衡变化：①预制梁段，如设计无规定，宜选用长线台座（可分段设置），亦可采用多段的连线台座，每联宜多于5段，先预制顺序中的1、3、5段，脱模后再在其间浇2、4段，使各端面啮合密贴，端面不应随意修补。②应在底模上调整主梁分段形体所受竖曲线的影响。拼装中多段积累的超误差，可用湿接缝调整。③梁段拼合前应试拼，以便及时调整。④湿接缝拼合面应进行表面凿毛和清扫，干接缝应保持结合面清洁，黏合料应涂刷均匀。⑤采用垫片调整梁段拼装线形时，每次垫片调整的高程不应大于 20 mm。

5. 长拉索。

在抗震阻尼支点尚未安装前，应采用钢索或杆件（平面索时）将一侧拉索联结以抑制和减小拉索的振动。

6. 大跨径主梁。

施工时应缩短双向长悬臂持续时间，尽快使一侧固定，以减少风振的不利影响，必要时应采取临时抗风措施。

7. 钢主梁。

其中包括叠合梁和混合梁，应注意：①钢主梁应由资质合格的专业单位加工制作、试拼，经检验合格后安全运至工地备用。堆放应无损伤、无变形和无腐蚀。②钢梁制作的材料应符合设计要求。③应进行钢梁的连日温度变形观测对照，确定适宜的合龙温度及实施程序，并应满足钢梁安装就位时高强螺栓定位所需的时间。

二、悬索桥施工特点

1. 锚锭大体积混凝土。

锚锭大体积混凝土施工需采取下列措施进行温度控制，防止混凝土开裂：①采用低水化热品种的水泥。对于普通硅酸盐水泥应经过水化热试验比较后方可使用。②降低水泥用量、减少水化热，掺入质量符合要求的粉煤灰和缓凝型外掺剂。③降低混凝土入仓温度。可对砂石料加遮盖，防止日照，采用冷却水作为混凝土的拌和水等。④在混凝土结构中布置冷却水管，混凝土终凝后开始通水冷却降温。设计好水管流量、管道分布密度和进水温度。⑤大体积混凝土应采用分层施工，每层厚度可为 1.0 ~ 1.5 m。

2. 猫道面架设。

中跨、边跨猫道面的架设进度，要以塔的两侧水平力差异不超过设计要求为准。在架设过程中须监测塔的偏移量和承重索的垂度。

3. 索力调整。

索力的调整以设计提供的数据为依据，其调整量应根据调整装置中测力计的读数和锚头移动量双控确定。

4. 试拼装。

加劲梁应按拼装图进行厂内试拼装，试拼不可少于 3 个节段，按架梁顺序试拼装。

5. 吊装。

（1）吊装过程应观察索塔变位情况，应根据设计要求和实测塔顶位移量分阶段调整索鞍偏移量，以确保工程质量和施工安全。

（2）安装前应确定安装顺序，通常可以从中跨跨中对称地向两边进行，安装完一段跨中梁段后，再从两边跨对称地向索塔方向进行。

（3）钢箱梁水上运输必须由有经验的人员担任，架设前，宜进行现场驳船定位试验，以确保定位精度。

（4）各工作面上，吊装第二节段起须与相邻节段间预偏一定间隙（0.5～0.8m），至标高后，牵拉连接，避免吊装过程与相邻节段发生碰伤，影响吊装工作顺利进行。

（5）安装合龙段前，必须根据实际的合龙长度，对合龙段长度进行修正。

三、刚构桥施工特点

1.平衡悬臂施工。可分为悬臂浇筑法与悬臂拼装法施工。前者是当桥墩浇筑到顶以后，在墩顶安装脚手钢桁架，并向两侧伸出悬臂以供垂吊挂篮，实施悬臂浇筑（挂篮是主要施工设备）；后者是将梁逐段分成预制块件进行拼装，穿束张拉，自成悬臂。

2.悬臂梁起步段施工。为拼装挂篮或吊机，要在墩柱两侧先采用支撑托架浇筑一定长度的梁段。其施工托架可根据墩身高，度、承台形式和地形情况，分别支承在墩身、承台或经过加固的地面上。挂篮由主桁架、悬吊系统、锚固系与平衡重、行走系统以及工作平台底模架等所组成。挂篮设置除应确保强度安全可靠外，还应满足变形小、行走方便、锚固装拆容易以及各项施工作业的操作要求，并注意安全防护设施。

3.箱梁混凝土的浇筑（悬臂浇筑）。可视箱梁截面高度情况采用一次或两次浇筑法。浇筑肋板混凝土时，两侧肋板应同时分层进行。浇筑顶板及翼板混凝土时，应从外侧向内侧一次完成，以防发生裂缝。

当箱梁截面较大（或靠近悬臂根部梁段），节段混凝土数量较多，每个节段可分两次浇筑，先浇底板到肋板的倒角以上，再浇筑肋板上段和顶板，其接缝按施工缝要求处理。

4.悬臂拼装。主要工序的主要工序包括块件预制、移运、整修、吊装定位、预应力张拉、施工接缝处理等，各道工序均有其不同的要求，并对整个拼装质量具有密切影响。

5.块件拼装接缝。一般为湿接缝与胶接缝两种。湿接缝用高强细石混凝土，胶接缝则采用环氧树胶为接缝料。由于1号块的安装对控制该跨节段的拼装方向和标高十分关键，故1号块与0号块之间的接缝多以采用湿接缝以利调整1号块位置。

四、拱桥施工特点

（一）劲性骨架浇筑拱圈

大跨径劲性拱圈混凝土拱圈（拱肋）的浇筑，可采用分环多工作面均衡浇筑法、水箱压载分环浇筑法和斜拉扣挂分环连接浇筑法等。浇筑前应进行加载程序设计，正确计算和分析钢骨架以及钢骨架与先期混凝土层联合结构的变形、应力和稳定安全度,,并在施工过程中进行监控。

（二）装配式混凝土、钢筋混凝土拱圈

装配式混凝土、钢筋混凝土拱圈适用于箱形拱、肋拱及箱肋组合拱（以下均称箱形拱）的少支架或无支架施工。

1. 无支架安装拱圈。具体为：（1）构件拼装应结合桥梁规模、河流、地形及设备等条件采用适宜的吊装机具，各项机具设备和辅助结构的规格、型号、数量等均应按有关规定经过设计计算确定。缆索吊机在吊装前必须按规定进行试拉和试吊。（2）拱肋吊装时，除拱顶段以外，各段应设一组扣索悬挂。（3）扣架的布置应符合下列规定：扣架一般设在墩、台顶上，扣架底部应固定，架顶应设置风缆；各扣索位置必须与所吊挂的拱肋在同一竖直面内；扣架上索鞍顶面的高程应高于拱肋扣环高程；扣架应进行强度和稳定性验算。

2. 转体施工安装方法。方法如下：（1）平转施工主要适用于刚构梁式桥、斜拉桥、钢筋混凝土拱桥及钢管拱桥。竖转施工主要适用于转体重量不大的拱桥或某些桥梁预制部件（塔、斜腿、劲性骨架）。（2）竖转施工对混凝土拱肋、刚架拱、钢管混凝土拱，当地形、施工条件适合时，可选择竖转法施工。其转动系统由转动铰，提升体系（动、定滑轮组，牵引绳等）、锚固体系（锚索、锚碇顶）等组成。（3）平、竖转结合。

3. 缆索吊装施工。预制的拱肋（箱），一般均有起吊、安装等过程，因此必须对吊装、搁置、悬挂、安装等状况下的拱肋进行强度验算，以确保拱肋（箱）的安全施工。拱肋如采用卧式预制，还需验算平卧运输或平卧起吊时截面的侧向应力。

4. 钢管拱肋（桁架）安装。钢管拱肋（桁架）安装采用少支架或无支架吊装、转体施工或斜拉扣索悬拼法施工。钢管拱肋成拱过程中，应同时安装横向连接泵，未安装连接系的不得多于一个节段，否则应采取临时横向稳定措施。节段间环的焊缝的施焊应对称进行，施焊前需确保节段间有可靠的临时连接并用定位板控制焊缝间隙，不可采用堆焊。合龙口的焊接或栓接作业应选择在结构温度相对稳定的时间内尽快完成。

第五章 桥梁基础施工

第一节 明挖基础

一、基坑开挖

（一）无支护加固坑壁的基坑

1.适用条件

（1）干枯的河滩、河沟，或虽然有水但经改道后，筑堤能排除地表水的河沟。

（2）地下水位低于基底，或渗透量小，不影响坑壁的稳定性。

（3）施工工期较短，基础埋置不深，基坑开挖时不影响附近建筑物的安全。

2.基坑底平面尺寸

（1）一般情况按基础平面尺寸四周各边增加 50 ~ 100cm 的宽度，以便在基础底面外安装基础模板，设置排水沟等。

（2）雨季施工，有基坑排水设计或基础模板设计的，依据设计需要的基坑大小而定。

（3）基础地基需要进行加固的，按设计加固范围和作业需要而定。

（4）在干旱晴天施工的坑壁垂直的无水基坑基底，可依据基础平面尺寸不必加大，直接利用垂直坑壁作为基础砌筑的外模板。

3.基坑形式

基坑形式有垂直坑壁基坑、斜坡或阶梯形坑壁基坑、变坡度坑壁基坑。

（1）垂直坑壁基坑

对于天然湿度接近最佳含水率、构造均匀、不发生坍塌（位移、松散）或不均匀沉降的基坑，可采用垂直基坑。

（2）斜坡或阶梯形坑壁基坑

土的湿度超过坑壁稳定湿度的，应采用缓于该湿度的土的天然坡度，或采用加固基坑的措施来施工。

（3）变坡度坑壁基坑

基坑穿过不同土层时，坑壁边坡可按照各层土质采用不同的坡度。当下层土质为密实黏性土或岩石时，下层可采用垂直坑壁开挖。同时在坑壁变换坡度处可根据需要设置小于0.5m宽的平台。

4.施工方法

无水基坑的施工方法，对于一般小桥涵的基础，可用人力施工方法；大、中桥基础工程，由于基坑深，基坑平面尺寸较大，挖方量多，可用机械或半机械施工方法。

5.施工注意事项

（1）基坑开挖前应先做好地面排水工作，一般是在基坑顶缘四周向外设置排水坡，并在适当距离内设置截水沟，并且要防止渗水影响基坑坑壁稳定。

（2）坑缘边应预留护道，静载时距离基坑边缘不小于0.5m，动载时距离基坑边缘不小于1.0m。在垂直坑壁的基坑边缘设置护道时，还应该适当增加护道的宽度，堆置弃土的高度不得超过1.5m。

（3）施工时应该随时注意观察基坑缘顶地面有无裂缝，坑壁有无松散塌落现象。一旦发生上述现象，应立即停止施工，查明原因并进行处理；严重时应该立即撤离施工人员，确保施工安全。

（4）基坑施工不可延续时间过长，自基坑开挖至基础完成的整个过程中都应该抓紧连续施工。

（5）如果采用机械开挖，挖至基坑坑底时应保留不小于30 cm的厚度，用人工来挖至基底设计标高。

（6）相邻基坑深度不一致时，通常按照先深后浅的顺序来施工。

（二）用挡板支护坑壁的基坑

1.适用条件

（1）基坑坑壁土质不稳定，并有地下水影响。

（2）放坡开挖工程量过大，不符合技术经济要求。

（3）受施工场地或邻近建筑物限制，不能采用放坡开挖。

2.支护形式

常用的坑壁支撑形式有直衬板式坑壁支撑、横衬板式坑壁支撑、框架式支撑及其他形式的支撑（如锚桩式、斜撑式、锚杆式等）。

坑壁有支撑的施工，按土质情况不同，可一次挖成或分段开挖，但是每次开挖深度不宜超过2m。

（三）用混凝土加固坑壁的基坑

混凝土加固基坑坑壁包括混凝土或钢筋混凝土，以及喷射混凝土或钢筋网喷锚混凝土等形式。

基坑平面形状有矩形、圆形、圆端矩形等，其中以圆形坑壁受力较为有利。井壁有等厚度、变厚度及逐节向内收缩等形式。

混凝土护壁的施工方法有喷射混凝土护壁和现浇混凝土护壁两种。

1. 喷射混凝土护壁

根据经验，一般喷护厚度为 5 ~ 8 cm，一次喷护约需 1 ~ 2h。一次喷护如达不到设计厚度，应等第一次喷层终凝后再补喷，直至达到要求厚度为止。喷护的基坑深度应按地质条件决定，一般不宜超过 10 m。基坑开挖苦遇有较大渗水时，可采取下列措施。

（1）每层开挖深度不大于 0.5m 时，汇水坑应设在基坑中心。

（2）开挖含水土层时，宜扩挖 0.4 m，以石料码砌扩挖部位，并在表面喷射一层 5 ~ 8 cm 厚的混凝土。

（3）对流砂、淤泥等夹层，打入小木桩，并在桩间绕缠竹筋、荆笆或挂上竹筒等后再喷射混凝土。

2. 现浇混凝土护壁

基坑开挖视地质稳定情况而定，一般挖深 1.0 ~ 1.8 m 即应立模浇筑混凝土。应根据掺速凝剂数量、气温条件、混凝土达到支撑强度等要求来决定拆模时间，通常在 24h 以上便可拆模。挖一节浇一节直至基底。每次安装模板时，在上下节之间留有高 0.2m 的浇筑口，最后用混凝土堵塞;浇筑护壁厚度视基坑大小及土质条件而定，一般厚度取 8 ~ 15cm，必要时可采用钢筋混凝土护壁。对于圆形基坑，开挖面应均匀分布，对称施工，及时浇筑。

（四）围堰工程

在水中砌筑基础时，通常要在基坑周围预先围成一道临时性的挡水围堰，再把围堰内的水排干，再挖基坑。如不能排水时，可在静水中进行水下施工。

1. 围堰尺寸

（1）堰顶高度。宜高出施工期间可能出现的最高水位（包括浪高)50 ~ 100 cm。

（2）围堰外形。应考虑修筑围堰期间河流断面压缩引起的水流对围堰冲刷、河床的集中冲刷及对通航、导流、农用排灌设施等的影响。

（3）围内面积。应能够满足基础施工等的要求。

（4）围堰断面。应能满足堰身强度和稳定（防止滑动、倾覆）的要求。

2. 对围堰的要求

（1）围堰要求防水严密，减少渗漏。

（2）一般在枯水期进行施工，否则应采取周密的防护措施。

3. 围堰的几种常见形式

下面简要介绍几种常见的围堰形式。

（1）土围堰

土围堰适宜用在水浅、流速不大、河床土层为不透水的情况。

（2）竹（木）笼围堰

在岩层裸露河底不能打桩时，或流速较大而水深在 1.5 ~ 4.0m 时，可采用竹（木）

笼围堰。

（3）板桩围堰

板桩围堰分木板桩围堰、钢板桩围堰和钢筋混凝土板桩围堰三种，因木板桩围堰防水效果不佳，施工也不简单，同时需要消耗大量的木材，故近年来在实际工程中用的较少。

（4）钢套箱围堰

钢套箱围堰适用于流速较小、覆盖层较薄、透水性较好的沙砾或岩石深水河床，埋置深度不深的水中基础，也可以用作修建桩基承台。根据工地起吊、移运能力和现场实际情况，钢套箱可制成整体式或装配式，并采取相应的措施，避免套箱接缝渗漏。

（5）双壁钢围堰

当河床覆盖层较薄，下卧层为密实的大漂石或岩层，不能采用钢板桩围堰，或需要在坑内爆破等不宜设立支撑时，或单臂钢围堰套箱难以确保结构刚度时，也可采用双壁钢围堰。双壁钢围堰能承受较大压力，适用于大型河流中的深水基础。

二、基坑排水及水中挖基

（一）基坑排水

基坑排水有以下几种方法。

1.集水坑排水法。除严重流沙外，一般情况均可采用。

2.井点排水法。基坑土质不好，地下水位较高，用集水坑排水有流沙涌泥现象产生时，可采用井点排水以降低水位。

3.板桩法、沉井法。适用于基坑较深，土质渗透性较大的基坑。

4.帷幕法。将基坑周围土用冻结法、硅化法、水泥灌浆法、沥青灌浆法等处理成封闭不透水的帷幕。

（1）集水坑排水法

开挖基坑如有渗水时，可以沿坑底四周基础范围以外挖集水沟和集水坑，使坑壁渗水沿四周集水沟汇合于集水坑，然后用水泵排出，使基坑中间挖土部分处于无水状态，当挖至接近水位时，可反复加深集水沟和集水坑，经常保持坑底和水沟底有一定高差，

（2）井点排水法

当土质较差有严重流沙现象，地下水位较高，挖基较深，坑壁不易稳定，用普通排水方法难以解决时，可采用井点排水法。井点排水适用于渗透系数为 0.5 ~ 150m/d 的土壤，尤其在 2 ~ 50 m/d 的土壤中效果最好。降水深度一般可达 4 ~ 6 m，二级井点可达 6 ~ 9 m，超过 9m 时应选用喷射井点或深井点法。具体可视上层的渗透系数、要求降低地下水位的深度及工程特点等，选择适宜的井点排水法和所需设备。

用井点法降低土层中地下水位时，应尽可能将滤水管埋设在渗水性较好的土层中，并应在水位降低的范围内设置水位观测孔；对整个井点系统应加强维修和检查，以确保不间

断地进行抽水；还应考虑到水位降低区域构筑物受降水影响而可能产生的沉降。为此要做好沉降观测，必要时采取防护措施。

井点排水法因需要设备较多，施工布置较复杂，费用较大，应进行技术经济比较后采用。在桥涵基础上多用于城市内挖基。

（二）水中挖基

1. 水中挖基适用条件

（1）基坑土质不好，如果采用排水挖基有可能产生涌砂或涌泥现象，严重影响坑壁的稳定时。

（2）当基坑土质渗水量过大，已超过现有排水能力，基坑抽水不干时。

2. 水中挖基一般方法

一般采用水力吸泥机、水力吸石筒、空气吸泥机等，也可以采用抓泥斗、挖掘机等水中挖基。

三、基底检验

基础是隐蔽工程，在基础浇筑前应按规定检验基坑施工是否符合设计要求。通常在基坑开挖并处理完毕后，首先由施工人员自检并报请检验，确认合格后填写地基检验表。经检验签证的地基检验表由施工单位保存作为竣工交验资料；未经签证，不得砌筑基础。检验的目的在于确定地基的容许承载力大小、基坑位置与标高是否与设计文件相符，以确保基础的强度和稳定性，不致发生滑移等病害。

基底检验的主要内容应包括：检查基底平面位置、尺寸大小，基底标高；检查基底土质均匀性，地基稳定性及承载力等；检查基底处理和排水情况；检查施工日志及有关试验资料等等。一般基底平面周线位置允许偏差不得大于 20 cm，基底标高不得超过 ±5 cm（土质）±5 cm-20 cm（石质）。

基底检验根据桥涵大小、地基土质复杂情况（如溶洞、断层、软弱夹层、熔岩等）及结构对地基有无特殊要求等，按以下方法进行。

1. 小桥涵的地基。一般采用直观或触探方法，必要时进行土质试验。特殊设计的小桥涵对地基沉陷有严格要求，且土质不良时，宜进行荷载试验。对经加固处理后的特殊地基，一般采用触探或作密实度检验等。

2. 大、中桥和填土 12m 以上涵洞的地基。一般由检验人员用直观、触探、挖试坑或钻探（钻探至少 4 m）试验等方法，确定土质容许承载力是否符合设计要求。对地质特别复杂，或在设计文件中有特殊要求，或虽经加固处理又经触探、密实度检验后尚有疑问时，需进行荷载试验，确认符合设计要求后，方可进行基础结构物施工。

四、地基处理

天然地基上的基础是直接靠基底土壤来承担荷载的，故基底土壤状态的好坏，对基础及墩台上部结构的影响极大，不能仅检查土壤名称与容许承载力大小，还要进行基底处理工作，为土壤更有效地承担荷载创造条件。

软土及软弱地基承压力小、沉降量大，进行处理时，可依据软土层的厚度及其物理力学性质、承载力大小、施工期限、施工机具和材料供应等因素，因地制宜、就地取材，采取换填土、沙砾垫层、袋装砂井、排水塑料板桩、生石灰桩、真空预压及粉体喷射搅拌法等处理方法。

五、基础圬工砌筑

为方便施工和确保施工质量，明挖基坑中的基础施工应尽可能地使基底处于无水的情况下浇砌基础。通常的基础施工可分为无水砌筑、排水浇砌及水下灌筑等三种情况。为确保及时浇砌基础，避免基底土质变差，基础结构物的用料应在挖基完成前准备好。

排水砌筑的施工要点是：确保在无水状态下砌筑圬工；禁止带水作业及用混凝土将水赶出模板外的灌筑方法；基础边缘部分应严密隔水；水下部分圬工必须待水泥砂浆或混凝土终凝后才允许浸水。

一般情况下，只有在排水困难时采用水下灌筑混凝土。基础圬工的水下灌筑分为水下封底和水下直接浇筑基础两种。前者封底后仍需排水再砌筑基础，封底只是起封闭渗水的作用，其混凝土只作为地基而不作为基础本身，适用于板桩围堰开挖的基坑。

第二节　沉入桩基础

一、概述

桩的类型可分为排土桩和非排土桩两大类。排土桩，是指桩沉入地层时造成土层土体位移的桩，如锤击沉桩、振动沉桩、振动或锤击配合射水沉桩、静力压桩以及沉管灌筑桩等。非排土桩是指在地层中钻孔或挖孔达到要求的深度后，将钢筋笼放入桩孔灌筑混凝土的桩，如钻孔灌筑桩、挖孔桩和钻埋大直径空心桩等。

排土桩的优点如下。

1. 桩身材料在沉入地层前可以进行检查，能确保桩的质量。

2. 位移桩多为预制桩，桩身质量有确保，适用于有侵蚀性的土层和软土及淤泥质黏土层。

3.沉管灌筑桩内的配筋，不受桩的操作和施工等应力控制，钢管可以回收重复利用，可以节约大量钢材，且易于调整桩长。

4.在地层变化复杂地区，沉入桩在施工中容易控制桩的轴力，以减少桥梁墩台不均匀沉降。

排土桩的缺点如下。

1.沉桩时要引起桩临近土体的隆起或下沉及侧向位移，可能会影响邻近建筑物的安全，需要采取预防措施。

2.施工时锤击或振动沉桩的噪声大，影响附近环境。

3.桩长受运输和桩架高度影响，常常需要接桩，增加施工难度。

4.沉桩设备笨重，搬运、拆装麻烦，增加施工工作量。

5.遇较大的卵石、漂石时，阻碍桩的下沉，施工困难。

桩按材料分类有木桩、钢筋混凝土桩、预应力混凝土桩与钢桩。桥梁基础上应用较多的是钢筋混凝土桩和预应力混凝土桩两种。按制作方法分为预制桩和钻（挖）孔灌筑桩；按施工方法分为锤击沉桩、振动沉桩、射水沉桩、静力压桩、就地灌筑桩与钻孔埋置桩等，前四种又统称为沉入桩。应该依据地质条件、设计荷载、施工设备、工期限制及对附近建筑物产生的影响等来选择桩基的施工方法。

二、桩的构造和制作

（一）钢筋混凝土桩

1.钢筋混凝土方桩的构造

钢筋混凝土方桩（包括矩形桩）的实心桩和空心桩。一般预制混凝土（包括钢筋混凝土与预应力混凝土）空心方桩的截面尺寸为 450 mm×450mm、500mm×500mm、550mm×550mm、600mm×600mm 等，空心直径为 240mm、270 mm、300 mm、3600 mm。桩身的纵向主钢筋直径一般为 14～22mm，桩钢筋截面占桩身横截面面积的 1%～3%。

2.钢筋混凝土方桩的制作

钢筋混凝土方桩制作要点如下。

（1）工地预制桩场地

选择场地时需考虑的因素有吊运设备的安装、拆卸和运输便道的布置，并应根据地基及气候条件做好排水设施，以免场地浸水沉陷，导致桩发生变形。地基应整平夯实，其上铺一层砾料，再铺 5cm 的素混凝土，压光抹平。工地预制时可以采用钢模板制作。

（2）浇筑方法

为节约场地面积和便于蒸汽养护，可以采用横向成排支模，以间隔法浇筑制桩，也可以采用竖向重叠浇筑法支模。

间隔浇筑法是每隔一桩位浇筑另一批桩的混凝土，待强度达到设计强度的30%以后，拆除其侧模。第二批桩利用已浇筑桩作为侧模，并在已浇筑桩表面铺贴油毡或塑料布等隔离层，待第二批浇筑的混凝土强度达到设计要求的起吊强度后，才可以起吊就位。

重叠浇筑法浇筑的层数，应根据地基的承载力和施工条件确定，一般不超过3层，支模方法有长木条支模和短木条支模两种。

（3）钢筋

桩的主筋宜采用一整根，如需接长时，宜采用对接头接触焊接，焊接处的强度应不低于钢筋本身的强度，同时相邻钢筋的接头位置应互相错开，其距离不小于钢筋直径的30倍，且不小于50 cm，在同一截面中的钢筋接头数不应超过主筋总数的25%。

（4）钢筋混凝土方桩缺陷的限制规定

①桩身裂缝

A.横向裂缝宽度不得大于0.2 mm深度不得大于10 mm；多边形桩裂缝长度不得大于其内切直径的1/2，方桩不得超过边长的1/2。

B.横向裂缝每米不得超过5处。

C.不允许有纵向裂纹。

②桩端附近混凝土不得有蜂窝、掉角及露筋。

③用小锤轻敲桩身，如声音沙哑时，应凿开检查，小洞可用同级水泥砂浆修补，大洞及断裂者不得使用。

（二）预应力混凝土桩

1.预应力混凝土方桩

（1）预应力混凝土方桩的构造

预应力混凝土桩包括实心和空心两类，其长度为10～38 m。预应力混凝土桩的预应力钢筋通常采用冷拉钢筋，其直径一般为16mm、20mm、22mm和25mm。预应力混凝土桩的主要优点是用钢量少，抗裂性好，桩身可加长，承载力也可提高。

（2）预应力混凝土方桩的制作

一般采用长线台座先张法制作预应力混凝土方桩，如墩式台座法它是利用土的抗力来承担台座的张拉反力；又如压柱式台座法，它是采用施工现场预制的混凝土桩等拼装成压柱式台座，利用压柱的抗力来承担台座的张拉力。

采用先张法预制桩，要注意下列事项：

①长线台座张拉好预应力钢筋而不能及时浇筑混凝土时，应将已张拉好的钢筋放松到张拉力的70%，待浇筑混凝土时，再张拉到100%的张拉力。应尽量减少钢筋张拉与混凝土浇筑两道工序间的温差，避免浇筑混凝土时由于气温升高而增加预应力损失，或由于气温降低使钢筋发生冷断事故。

②必须连续浇筑混凝土，不得中断，更不得留有施工缝。

③方桩的空心部位配制与直径相适应的特制胶囊，并采取有效措施防止浇筑混凝土时胶囊上浮及偏心。

预应力混凝土方桩制作不允许有如下缺陷。

①不得有裂缝。

②桩表面不得有超过5mm深的蜂窝、麻面、气孔，蜂窝、麻面、气孔在每个面上所占的面积总和不得超过该面积的0.5%，并不得过分集中。

③沿边缘棱角破坏深度不得超过5mm，每10m长边棱上只允许1处破损，桩身的边棱破坏总长不得超过500mm。

④空心方桩浇筑后表面不得有气孔，混凝土表面在终凝前应进行压实抹光。

2.预应力混凝土管桩

（1）预应力混凝土管桩的构造

预应力混凝土管桩国内已有定型生产，直径一般为400mm或550mm，管壁厚80～100mm，每节长8～10m不等。

（2）预应力混凝土管桩的制作

预应力混凝土管桩的预制，通常由工厂用离心旋转法制作。所用混凝土的强度一般为45MPa。

（三）钢桩

钢桩多数作为支承桩，其优点是易于按要求的长度截断，且易于拼接。沉入钢桩一般较容易，特别是在非黏性土中沉入钢桩比沉入混凝土桩容易。沉桩时，对土的扰动也比混凝土桩小得多。但在软黏土中沉入钢桩时，如果黏土里含有碎石和漂石，要保持细长钢桩的垂直度，常常较困难。

钢管桩的直径一般为250～1 200mm，管壁厚为8～20mm，长度可达46m，直径小于450mm者，可采用锥形桩鞋，较大者可采用开口桩鞋。

（四）预制桩的吊运和堆放

1.吊运

预制混凝土桩吊运时，桩身强度应达到设计强度的70%，达到设计强度100%后方可运输。如需提前吊运，应根据吊点布置，验算合格后方可起吊。预制混凝土桩吊点一般不设吊环，起吊前应标出起吊点的位置，用钢丝绳捆绑，捆绑处应加麻布、木块保护，防止损坏桩的表面和棱角。吊点位置偏差不应超过设计位置20mm。起吊时注意使各吊点同时受力，缓慢起吊。

搬运时，可采用平板拖车或前后托架拖车。搬运时其支点位置应与吊点位置一致，偏差不得大于20mm。

2.堆放

堆放场地应靠近沉桩地点，以减少二次搬运。堆放场地应平整坚实，做好必要的防水措施，防止湿陷和不均匀沉降。

不同类型和尺寸的桩应该考虑使用的先后顺序，分别堆放。堆放支点位置应与吊点位置相同，偏差不得超过 20mm。当桩需要长期堆放时，为避免桩身挠曲，可采用多支点堆放，各支点垫木应均匀放置，并且在相同的水平面上。多层堆放时每层垫木应位于同一垂直面上。混凝土管桩堆放层数应满足：对于直径 400mm 的管桩，最高可堆放 6 层，对于直径 550mm 的管桩不宜超过 4 层。钢管桩的堆放：直径 900mm 的钢管桩可放置 3 层，直径 600 mm 的钢管桩可放置 4 层，直径 400 mm 的钢管桩可放置 5 层。

三、沉桩机械设备

（一）桩锤

1. 桩锤的类型

桩锤可分为坠锤、单动气锤、双动气锤、柴油锤、振动锤和液压锤等。

2. 桩锤的选择

（1）坠锤、单动气锤、双动气锤和柴油锤的选择

①按锤的冲击能选择

根据单桩的设计荷载估算桩锤需要的冲击能，可按照下式计算：

$$E \geq 250P$$

式中 E——锤的一次冲击能（kN·m）；

P——单桩的设计荷载（kN）。

估算锤需要的冲击能 E 后，再用式下计算其适用系数是否符合要求：

$$K = \frac{Q+q}{E}$$

式中 K——适用系数（计算的适用系数 K 值，对于双动气锤及柴油机锤不宜大于 4.0；单动气锤不宜大于 3.5；对于坠锤不宜大于 2.0）；

Q——桩锤重力（kN）；

q——桩重，包括送桩、桩帽及桩垫的重力（kN）。

下沉钢板桩、I 型、H 型钢桩及配合射水下沉各种桩时，上述系数可提高 50%。凡是使用锤击法沉桩时，原则上都是重锤低击。为充分发挥锤击的效率，在选用单动气锤或坠锤时，其质量最好为桩质量的 1.5 ~ 2.0 倍。如果超过 2 倍时，可以调整落锤的高度。

②按锤质量与桩质量的比值选择根据桩的类型和锤质量与桩质量的比值选择桩锤。

（2）振动锤选择

振动锤的振动力 F_v 应能克服桩在振动下沉中土的摩擦力 F_R：

$$F_V > F_R$$

土的摩擦力 FR 可按下式计算：

$$F_R = fuL$$

式中 FR——土的摩擦力（kN）；

L——桩的入土深度（m）；

u——桩的周边长度（m）；

f——土单位面积的动摩擦力（kN/m²）。

振动锤的振动力 Fv 可按下式计算：

$$F_V = 0.0\ n^2 M$$

式中 Fv——振动锤的振动力（kN）；

n——振动锤转速（r/s）；

M——振动锤偏心力矩（N·m）。

但偏心矩 M 还应满足：

$$M = W$$

式中 A——振幅，在软土地基中 A≥0.007 m，在其他地基中 A≥0.011 m；

W——桩和锤的总重力（kN）。

（二）桩架及辅助设备

1. 桩架

桩架是沉桩的主要设备，可用钢、木结构组拼而成，其主要作用是装吊桩锤和桩，控制桩锤的运动方向。

桩架的主要组成有：

（1）导杆和导向架，其作用是控制锤的运动方向。

（2）起吊装置。

（3）撑架，用于支撑导杆和起吊装置。

（4）地盘，用于承托其上构件和移动装置。

桩架因施工对象和使用锤型的不同大致可分为两大类：自行移动式桩架和非自行移动式桩架等。自行移动式桩架又可分为履带式、导轨式和轮胎式等三种；非自行移动式又分为简易木桩架导杆木桩架和双面导杆木桩架、直立式桩架等。

使用桩架时应注意下列事项。

（1）拆拼桩架应按照安全规程操作，保护好杆件和零件，并按使用程序堆放；若长期不使用时，应在拆除后整修涂油，保管好备用。

（2）木桩架刚性较差，所有螺栓在沉桩过程中应经常检查，如有松动应及时拧紧；杆件如有损坏应立即修复或更新。

（3）凡使用圆楞在平台上移动桩架时，应注意控制桩顶缆风的松紧，并检查平台上有无障碍物。

（4）凡设在冰面上的桩架轨道或桩架的平台底座，其最下层的枕木或方木应浇水使之与冰面结成一体，以免滑动。

2. 桩帽

桩帽的主要作用是在沉桩时减少锤的冲击强度和偏心。

四、沉桩施工

（一）沉桩顺序

在一个基础沉入较多的桩时，会把基底以下的土挤密或土隆起，如果采用从基础四周向内沉桩的方法，则越往中间沉，基底以下的土越挤得密实，沉桩难度越大。因此沉桩顺序非常重要，必须慎重考虑。先沉入的桩入土较深，后沉入的桩入土较浅，且后沉入的桩附近土隆起最高。所以沉桩时必须根据现场地形条件、土质情况、桩距大小、桩架移动方向等因素综合决定沉桩的顺一般情况下，当基础不大、桩数不多时，可从中间开始分别向两边或从周边对称进行沉桩；当基础较大、桩数较多、桩距较小时，应将基础分为数段，而后在各段范围内分别进行沉桩。

（二）吊插桩

桩的吊点一般多采用两个，起吊前应检查桩上的配件是否齐全，并捆好吊索。起吊时桩身应平稳吊离小车或驳船。

插好桩后，应立即用锤压住桩头，检查锤、桩帽和桩的中心是否一致，并检查桩位有无移动及桩的倾斜度是否符合下列要求。

1. 桩位允许偏差不得超过 2 cm。

2. 插桩的倾斜度不得超过 1/400。

3. 在插四角桩时，允许有向内的偏差，但不得有向外的偏差。

（三）锤击沉桩

1. 施工要点

（1）沉桩前应对桩架、桩锤、动力机械、射水管路、蒸汽管路、电缆等主要设备进行检查。沉桩开始时，将锤提升到桩架项，再吊桩插入桩位。插好后将桩帽、桩锤轻落在桩顶。开锤前应再检查桩锤、桩帽及送桩与桩的中轴线是否一致，如有偏差应及时调整纠正。

（2）用柴油锤击沉直桩前，应将桩架导杆调成垂直。在第一节桩入土 3m 时应停锤复核桩架导杆的垂直度，如发现问题必须校正后方可继续沉桩。用单动气锤沉桩时，开始必须严格控制锤的动能，保持桩的均匀下沉。沉斜桩时，桩架应符合斜桩的坡度。插好桩后将锤压于桩上复测一次，若每米斜度误差大于 3mm 时，必须进行校正。

（3）一般开锤以后，坠锤或单动气锤的落锤高度不宜超过 0.5m；双动气锤应降低气压，减少每分钟的锤击次数；柴油锤应控制供油量，减少锤击能量。接着根据桩入土情况，逐渐加大冲击动能，直至桩的入土深度和贯入度都符合设计要求（"双控"）为止。

（4）若桩的入土深度和贯入度达到设计要求有困难时，必须进行相应的处理。

2.施工注意问题

（1）锤击时宜"重锤低击"。锤重、落距低可以延长锤击接触时间，进而降低锤的冲击应力，避免损坏桩头，而且比轻捶高速冲击效率高。

（2）桩帽与桩之间的垫层要仔细安放，要有适当的厚度。在锤击过程中要及时修理桩锤、更换桩垫，防止桩头引起过大的压应力。

（3）不得采用大能量的锤击施工，特别是桩尖进入硬层，贯入度变小时，容易造成桩头和桩身的损伤。

（4）锤击时应注意桩顶的压应力，避免损坏桩头。

（5）锤击时要注意桩的疲劳。当锤击次数越多，锤击频率越高时，桩的强度降低就越大，因此须控制单桩的锤击次数。

（6）当桩穿过软土层后突然进入硬土层，或穿过硬土层后进入软土层，沉桩应力会发生变化，前者会产生大的压应力，后者会产生拉应力。因此必须注意观察，严格操作，否则容易打坏桩。

（7）锤击时应严格控制桩的垂直度。桩身不垂直，除了桩顶会产生集中应力外，桩身还要受到压弯联合作用，使桩处于复杂受力状态。

3.锤击沉桩的停锤控制标准

（1）若设计桩尖标高处为硬塑黏性土、碎石土、中密以上的砂土或风化岩等土层时，应根据贯入度变化并对照地质资料，确保桩尖已沉入该土层，同时贯入度达到控制贯入度时方可停锤。

（2）当贯入度已达到控制贯入度，而桩尖标高未达到设计标高时，应继续锤入 0.10m 左右（或锤击 30～50 次），如无异常变化即可停锤；若桩尖标高比设计标高高很多时，应报有关部门研究确定。

（3）设计桩尖标高处为一般黏性土或其他松软土层时，应以标高控制，贯入度作为校核。当桩尖已达设计标高，而贯入度仍较大时，应继续锤击，使其接近控制贯入度。

（4）在同一桩基中，各桩的最终贯入度应大致接近，而沉入深度也不宜相差过大，避免基础产生不均匀沉降。若因土质变化太大，致使各桩贯入度或沉桩深度相差过大时，应报有关部门研究，另行制定停锤标准。对于特殊设计的桩，如桩尖设计标高有高有低时（如拱桥的桥台桩等），应按设计要求处理。

（四）振动沉桩

低频率的振动锤可以下沉重型的混凝土桩和大直径钢管桩。在软塑性黏性土或饱和的砂类土中，桩入土深度小于 15m 时，仅用振动锤即可下沉。振动配合射水下沉混凝土管桩的施工方法如下。

1. 沉桩开始时，可仅由桩的自重和射水沉桩。

2. 吊装振动锤和桩帽与桩顶法兰盘连接牢固。在射水下沉缓慢或不下沉时，可开动振动锤并同时射水使其下沉。振动持续一段时间后，当桩下沉趋于缓慢或桩顶大量涌水时，停止振动，只射水下沉。经过一定时间后再振动。如此交替下沉，沉至接桩高度时，拆去振动锤和输水管，先接长水管再接桩，重新装上振动锤，继续沉桩。

3. 沉桩至设计标高适当距离时，将射水管提升至桩内，停止射水，进行干振，将桩沉至设计标高。注意最后下沉速度不大于试桩的最后下沉速度。

4. 一个基础内的桩全部下沉完毕后，为了避免先沉入的桩周土被邻近桩下沉射水破坏，影响承载力，应将全部基桩再复振一次，使之达到合格要求。

5. 每根桩的下沉应一气呵成，不可中途停顿，以免桩围围的土恢复强度。为此要求接桩、接输水管和停水干振的间歇时间尽可能的短。

（五）射水沉桩

射水施工方法的选择应视土质情况而异，在砂夹卵石层或坚硬土层中，一般以射水为主，锤击或振动为辅；在亚黏土或黏土中，为避免降低承载力，一般以锤击或振动为主，以射水为辅，并应适当控制射水时间和水量。下沉空心桩时，通常用单管射水。当下沉较深或土层较密实时，可用锤击或振动，配合射水。下沉实心桩时，将射水管对称地装在桩的两侧，并能沿着桩身上下自由移动，以便在任何高度上都能射水冲土。必须注意，不论采取何种射水施工方法，在沉入最后阶段（至设计标高 1 ~ 1.5m）时，均应停止射水，单用锤击或振动沉入至设计深度。对湿陷性黄土地层，除设计有特殊规定外，不宜采用射水沉桩。预制的钢筋混凝土桩或预应力混凝土桩以射水配合沉桩时，宜用较低落距锤击，避免因射水后，桩尖支承力不足，桩身产生超过允许的拉应力。

（六）静力压桩

静力压桩，指采用静压力将桩压入土中，即以压桩机的自重克服沉桩过程中的阻力，该法适用于高压缩性黏土或砂性较轻的亚黏土层。沉桩速度视土质状况而异。

静力压桩的准备工作包括：根据地质钻探、静力触探或试桩资料估算压桩阻力；选用压桩设备，但应注意使设计承载力大于压桩阻力的 40%；对压桩施工用辅助设备及测量仪器进行检查校定等。压桩作业开始后，应尽可能连续施工，减少停顿次数和时间，以免产生过大的启动阻力。桩尖接近设计标高时，应严格控制压桩进程。当遇到插桩初压，桩尖即有较大走位和倾斜时，或沉桩过程中桩身倾斜或下沉速度加快，以及压桩阻力突然剧增或压桩设备倾斜等情况时，应暂停施压，分析原因，及时处理。

五、承台施工

承台底面埋设在有足够承载力的土层上，并能排干水时，可按照明挖基础施工方法进行施工。

承台底面埋设在软弱的土层上，在能排干水的情况下，可采用夯填 10 ~ 30cm 厚沙砾或碎石垫层，使之符合设计承台底面标高后，立即浇筑承台混凝土。

在浅水区修建承台时，可设围堰防水、排水，按明挖基础的围堰基础施工方法进行施工。承台底面设置在河床以上的水中时，可采用套箱模板、吊箱围堰等方法修建承台。

第三节　钻（挖）孔桩基础

一、概述

钻（挖）孔灌筑桩，指采用不同的钻（挖）孔方法，在地层中按要求形成一定形状（断面）的井孔，达到设计标高后，将钢筋骨架吊入井孔中，再灌筑混凝土（有地下水时灌筑水下混凝土），形成桩基础的一种施工工艺。

根据井孔中土（钻渣）的取出方法不同，钻孔分为：螺旋钻孔、正循环回转钻孔、反循环回转钻孔、潜水钻机钻孔、冲抓钻孔、钻斗钻成孔和挖孔等。

二、准备工作

钻孔的准备工作主要有桩位测量及放样、平整施工场地、布设道路、设置供水供电系统、制作和埋设护筒、制作钻架、泥浆备料和调制、沉淀出渣和钻孔机具的准备。

（一）场地准备

钻孔场地的平面尺寸要按桩基设计的平面尺寸、钻机数量和钻机底座平面尺寸、钻机移位要求施工方法以及其他配合施工机具设施的布置情况决定。

施工场地或工作平台的高度应考虑施工期间可能出现的最高水位或潮水位，并高出最高水位 0.5 ~ 1.0m。

施工场地应按不同情况进行整理：

1. 场地为旱地时，为避免产生不均匀沉陷，应平整场地，清除杂物，换除软土，夯打密实。钻机底座不宜直接置于不坚实的填土上。

2. 场地为陡坡时，可用枕木或木架搭设坚固稳定的工作平台。

3. 场地为浅水时，宜采用筑岛方法。当水不深，流速不大，依据技术经济比较采用截流或临时改河方案有利时，也可以改水中钻孔为旱地钻孔方案。

4. 场地为深水或淤泥层较厚时，可搭设水上工作平台。工作平台可用木桩、钢筋混凝土桩或钢管桩做基桩，用木料、型钢、万能杆件、贝雷桁架片或其他材料搭设顶面纵横梁和支撑架。平台应能支撑钻孔机械、护筒加压、钻孔操作以及灌筑水下混凝土时可能发生的全部重力，要有足够的刚度，保持稳定性，并考虑洪水季节能使钻机顺利进入和撤出场地。

5. 如场地为深水，但水流平稳，水位升降缓慢时，钻机可设在组合船舶或浮箱上，但必须锚固稳定，以免造成偏位、斜孔或其他事故。

6. 当场地为深水，流速较大，但河床平顺或可以整理平顺时，可采用钢丝网水泥薄壁浮运沉井。沉井就位后，灌水、下沉、落床，然后在其顶面搭设工作平台，在底部开孔，安设护筒。

7. 在采用钢板桩围堰时，平台的平面设计应考虑插打钢板桩和沉放导向架的实际需要。

（二）护筒

1. 护筒的种类

护筒是可重复使用的设备，故在构造上要求坚固耐用，便于安装、拆除，不漏水。根据所用材料，主要分为木护筒、钢筋混凝土护筒和钢护筒等三种。

2. 护筒的作用

护筒的作用是固定桩位，引导钻头（锥）方向，隔离地面水以免其流入井孔，保护孔口不坍塌，并确保孔内水位（泥浆）高出地下水或施工水位一定高度，形成静水压力（水头），以保护孔壁免于坍塌等。

3. 护筒的一般要求

（1）用钢板或钢筋混凝土制成的埋设护筒，应坚实不漏水；护筒入土较深时，宜以压重、振动、锤击并辅以筒内除土等方法沉入。

（2）护筒内径应比桩径稍大。护筒长度在 2 ~ 6m 范围时，有钻杆导向的正反循环回转护筒的内径宜比桩径大 20 ~ 30cm，无钻杆导向的正、反潜水电钻和冲抓、冲击钻的护筒内径宜比桩径大 30 ~ 40 cm；深水处的护筒内径应比桩径至少大 40 cm。

（3）护筒顶端高度

①当采用反循环回转方法钻孔时，护筒顶端应高出地下水位 2m 以上，使护筒内水头产生 20 kPa 以上的静水压力。

②采用正循环回转方法钻孔时，当地质良好、不宜塌孔时，护筒顶端的泥浆溢出口底边宜高出地下水位 1 ~ 1.5m 以上；当地质不良、容易塌孔时，应高出地下水位 1.5 ~ 2 m 以上。

③采用其他方法钻孔时，护筒顶端宜高出地下水位 1.5 ~ 2m。

④当护筒处于旱地时，除了满足①~③项外，护筒顶端还应高出地面 0.3m。

⑤孔内有承压水时，护筒顶端应高出稳定后的承压水位 2m 以上，若承压水位不稳定或稳定后承压水位高出地下水位很多时，应先作试桩，鉴定在承压水地区采用钻孔灌筑桩的可能性。

⑥处于潮水影响的地区时，护筒顶端应高于最高水位 1.5 ~ 2m 以上，且必须采用稳

定护筒内的水头措施。

（4）护筒的埋置深度

①旱地或浅水处，对于黏性土护筒埋置深度不小于 1 ~ 1.5m，砂类土应将护筒周围 0.5 ~ 1m 范围内的土挖除，夯填黏性土至护筒底 0.5m 以下。

②冰冻地区护筒应埋入冻层以下 0.5m。

③对于深水及河床软土、淤泥层较厚时，护筒埋置深度尽可能深入到不透水的黏性土内 1 ~ 1.5m ；河床下无黏性土时，应沉入到大砾石、卵石层内 0.5 ~ 1m ；河床为软土、淤泥、砂类土时，护筒底埋置深度要能防止护筒内水头降低产生涌砂现象。

④有冲刷影响的河床，护筒应埋入局部冲刷线以下 1 ~ 1.5m。

（5）护筒接头处要求耐拉压、不漏水且内部无突出物；灌筑桩完成后，钢护筒和钢筋混凝土护筒除设计另有规定外，通常应拆除。

（6）在干处或浅水筑岛时，护筒可按一般方法实测定位；在深水沉入护筒时应采用导向架等设备定位，并保持竖直，导向架要有足够的强度和稳定性。

（7）护筒平面位置的偏差一般不得大于 5 cm，护筒倾斜度的偏差不大于 1%。

（三）泥浆制备

1. 泥浆的作用

钻孔泥浆由水、黏土和添加剂组成。在钻孔中，因泥浆的密度大于水的密度，故护筒内同样高的水头，泥浆的静水压力要比水的大。鉴于静水压力的作用，泥浆在井孔壁形成一层泥皮，阻隔孔内外渗流，保护孔壁免于坍塌。另外，泥浆还有悬浮钻渣的作用，使钻进正常进行。在冲击和正循环回转钻进中，悬浮钻渣的作用更为重要。

2. 泥浆的性能要求

（1）密度。泥浆的密度增大时，在钻孔中对孔壁的侧压力也相应增大，孔壁也越趋稳定，悬浮携带钻渣的能力越强。但是密度过大，其孔壁上的泥皮也增厚，这就增加了泥浆原料的消耗，而且会给清孔和灌筑混凝土造成困难。另外，泥浆密度加大，意味着泥浆固体颗粒含量加大，会对钻具产生较大的磨损，同时降低钻进速度。

（2）黏度。指液体或混合液体运动时，各分子或颗粒之间产生的内摩擦力。黏度大的泥浆，产生的孔壁泥皮厚，对防止翻砂、阻隔渗漏有利，悬浮携带钻渣能力强，对正循环回转钻有利。但黏度过大，则容易"糊钻"，影响泥浆泵的正常工作，增加泥浆净化的困难，影响钻进速度。黏度过小，钻渣不宜悬浮，泥皮薄，对防止翻砂、渗漏不利。

（3）静切力。指静止的泥浆受外力作用开始流动所需要的最小力，又称滑动静应力，它表示泥浆结构的强度，以破坏 1cm² 面积上的泥浆颗粒结构所需的力表示。泥浆静切力要适当，太大则流动阻力大，沉淀池中的泥浆钻渣不易沉淀，影响净化速度，使泥浆相对密度过大，钻进速度降低；太小则悬浮钻渣效果不好，钻进速度也会降低，若因故停钻，钻渣容易下沉，造成积渣埋钻事故。

（4）含砂率。指泥浆内所含的砂和黏土颗粒的体积百分比。泥浆含砂率大时，会降低黏度，增加沉淀，容易磨损泥浆泵和水管摇头、钻锥等钻具；停钻时容易造成埋钻、卡钻事故。

（5）胶体率。指泥浆静止后，其中成悬浮状态的黏土颗粒与水分离的程度，以百分比表示。胶体率高的泥浆，黏土颗粒不易沉淀，悬浮钻渣能力高，否则反之。

（6）失水率。又叫失水量或渗透量，是指泥浆在钻孔内受内外水头压差的作用而在一定时间内渗入地层的水量，以 mL/30min 为单位。泥浆失水率越小，则它的胶体率越大。

3.泥浆制备

黏土以水化快、造浆能力强、黏度大的膨胀土或接近地表经过冻融的黏土为好，但应尽量就地取材。

泥浆调制前，需先把黏土尽量打碎，使在搅拌中易于成浆，缩短搅拌时间，提高泥浆质量。

搅拌可以采用机械搅拌、人工搅拌和钻锥搅拌。搅拌时，先将定量的清水加入搅拌鼓，然后慢慢加进与水量相应的黏土，并开动机器搅拌。

4.制备泥浆的水质和设备要求

（1）要求使用不纯物含量少的水，当不能用自来水时，需事先进行水质检查，以确保泥浆质量。

（2）当制备泥浆的水不能确保时，需另外准备 10 ~ 20m³ 的清水或泥浆储存设备。

（3）为清洗机械设备，宜准备管径 25mm、流量 50L/min 的给水设施。

（4）为使钻孔中的泥浆重复使用，应准备水泵和储存钻；为处理清洗机械设备的废水，需设置水沟和沉淀池。

（5）废泥浆应用罐车送到处理场进行处理，不得在施工现场就地排放。

三、施工工艺

钻孔灌筑桩的施工工序很多，因成孔方法不同和现场情况各异，施工工艺流程也不完全相同。

（一）成孔工艺

1.螺旋钻机成孔

（1）钻机就位。

（2）钻进。

（3）停止钻进，读取测绳读数，确定钻孔深度。

（4）提起钻杆。

（5）测孔径、孔深和桩孔水平与垂直偏差。

（6）成孔质量检查。

（7）盖好孔口盖板。

（8）钻机移位。

（9）复测孔深和虚土厚度，确认可否转入下一道工序。

2. 正循环回转法成孔

正循环回转法的工作特点是：电动机将动力经皮带传送至转盘旋转设备，带动中心的空心钻转动，将扭转动力传递到钻锥。另用泥浆泵将泥浆经空心钻杆压入孔底并使之在钻杆外上升，将钻渣悬浮出孔外，同时，泥浆也起护壁作用。

3. 反循环回转成孔

其工作特点正好与正循环相反，泥浆由储浆池流入或注入钻孔，在孔底同钻渣混合，再用真空泵或吸泥泵配合或在空气吸泥机、水力喷射泵的吸力作用下，混合物进入钻机的进渣口，由钻杆内腔吸上，再从出水控制阀经胶管排泄到沉淀池，净化后到储浆池循环使用。

4. 潜水钻机成孔

潜水钻机的种类较多，其成孔工艺大体相同。

（1）先将起吊潜水钻机的龙门吊机或吊车安装就位，并使主吊钩竖直对准桩位中心。

（2）安装潜水电钻、卷扬机、泥浆泵电缆。

（3）安装钻锥、潜水电钻和钻杆。

（4）将钻锥、电钻吊入护筒内，关好钻架底铁门，启动泥浆泵或吸浆泵，稍微吊起钻锥，使电钻空转。

（5）根据钻杆进尺放松电缆线，不可过多。

（6）接长钻杆时，先停止电钻转动，提升钻杆，泥浆继续循环，按照正循环或反循环方法接长一节钻杆，放下电钻，钻锥继续钻进。

钻进时应注意以下事项。

（1）为了防止潜水电钻杆折断或其他原因而掉入孔中，应在电钻上加焊吊环，系一保险钢丝绳。

（2）电缆和进浆胶管上应用油漆标明尺度，便于和钻杆上所标尺度相校核。

（3）在钻进时，电流一般控制在钻机设计的范围内，如果电流突然上升说明电钻超负荷，应将电钻上提，相应收回电缆线及进浆胶管，并应设自动跳闸装置，以便因钻进遇阻导致电流大大超过负荷时能自动停钻。

（4）应根据土质情况控制电钻进尺。

5. 冲抓钻机成孔

冲抓钻机成孔分无套管成孔法和有套管成孔法。下面简单介绍有套管冲抓钻机成孔步骤。

（1）埋设第一节套管。

（2）用锤式抓斗挖掘，同时边摇动套管边把套管压入土中。

（3）连接第二节套管，重复工序（2）。

（4）依次连接、摇动和压入其他节套管，直到套管下到桩端持力层为止。

（5）挖掘完毕后立即测量挖掘深度，确认桩端持力层，然后清除孔底虚土。

6. 冲击钻机成孔

（1）机具布置。随所用的钻机类型而异。

（2）开孔。开孔时应先在孔内灌筑泥浆。

（3）用正式钻机正常钻进时，需要注意以下事项。

①冲程应按照土层情况分别规定。

②在通过漂石或岩层时，如表面不平整，应先投入黏土、小片石，将表面垫平，再用十字形钻锥进行冲击钻进，避免发生斜孔、坍孔事故。

③要注意均匀地送放钢丝绳的长度。

（4）掏渣。破碎的钻渣，有一部分和泥浆一起被挤进孔壁，大部分靠掏渣筒清除孔外。

（5）分级钻进。为适应钻机负荷能力，在钻大孔时，可分级扩钻达到设计孔径。

（6）检孔。钻进中须用检孔器检孔。检孔器用钢筋笼做成，其外径等于设计孔径，长度为孔径的 4 ~ 6 倍。每钻进 4 ~ 6m，或接近、通过易缩孔土层或更换钻锥前，都必须检孔。

7. 钻斗钻机成孔

（1）安装钻头钻机。

（2）钻头着地，旋转，开孔。

（3）当钻头被旋转挤压充满泥沙后，将其提升上来，并监视井孔水位变化情况，随时灌浆（或补水）保持水头。

（4）旋转钻机，将钻头中的泥沙倾斜到翻斗车上。

（5）关闭钻头的活门。

（6）降落钻头。

（7）埋置导向护筒，灌入泥浆护壁。

（8）将侧面铰刀安装在钻头内侧，开始钻进。

（9）钻孔完毕后，进行第一次清孔，并测定深度。

（10）测定孔壁。

（11）插入钢筋笼和导管后，进行第二次清孔，排除孔底沉渣。

（二）成孔检查

钻孔灌筑桩在成孔过程中及终孔后以及灌筑混凝土前，均需对钻孔进行阶段性的成孔质量检查，检查的主要内容包括：孔径和孔形检测、孔深和孔底沉渣检测、桩孔垂直度检测、桩位检测等。

1. 孔径和孔形检测

孔径检测应在桩孔成孔后、下入钢筋笼前进行。孔径检测是利用根据设计桩径制作的脸孔器进行的。

2.孔深和孔底沉渣检测

孔深和孔底沉渣普遍采用标准锤检测。对于斜桩的孔深和孔底沉渣，使用测锤检测时误差较大且精度较低，可以采用超声波检查孔底沉渣厚度等。

3.桩孔垂直度检测

垂直度检测方法常见有以下几种。

（1）钻杆测斜法。将带有钻头的钻杆放入孔内到底，在孔口处的钻杆上装一个与孔径或护筒内径一致的导向环，使钻杆柱保持在桩孔中心线位置。然后将带有扶正圈的钻孔测斜仪下入钻杆内，分点测斜。

（2）圆球检测法。在孔口沿钻孔直径方向设一标尺，标出中点和桩孔中心，将圆球系于测绳上，量出滑轮到标尺中心点距离 H。将圆球慢慢放入孔底，待测绳静止不动后，读出测绳在标尺上的偏距 e，计算出桩孔垂直度。

4.桩位检测

钻孔桩的实际桩位因受施工中各种因素的影响，可能会偏离原设计桩位，所以要对全部桩进行复测，并在复测平面图上标明实际桩位坐标。

（三）清孔

1.清孔目的

清孔的目的是抽、换原钻孔内的泥浆，降低泥浆的密度、黏度、含砂率等指标，清除钻渣，减少孔底沉淀厚度，防止桩底沉淀土过厚而降低桩的承载力。特别是采用大直径钻孔桩时，在施工中彻底清除孔底沉淀土对充分发挥桩底原土层的支撑力，提高大直径钻孔桩竖直承载力尤为重要。

清孔还为灌筑水下混凝土创造良好条件，使测深正确、灌筑顺利，确保混凝土质量，避免出现断桩之类的重大工程质量事故。

2.清孔方法

清孔方法应根据设计要求、钻孔方法、机械设备和土质情况决定。常见的清孔方法有：抽浆法清孔、换浆法清孔、掏渣法清孔、喷射法清孔、用砂浆置换钻渣法清孔等。

抽浆清孔法比较彻底，适用于各种钻孔方法的摩擦桩、支撑桩和嵌岩桩。但是孔壁易坍塌的钻孔使用抽浆法清孔时，需注意防止坍塌。

对于正循环回转钻进来说，换浆法不需要另加机具，且孔内仍为泥浆护壁，故不易坍孔。缺点是清孔不彻底，混凝土质量较难确保，而且清孔时间长。而采用其他方法钻孔时，不易采用换浆法清孔。

喷射法清孔是在灌筑混凝土前，对孔底进行高压射水或射风数分钟，使沉淀物漂浮后，立即灌筑水下混凝土。该方法常在其他方法清孔或清孔过程中配合使用。钻孔工作完毕后，由于有拆卸钻杆、钻头、下钢筋骨架及导管等工序，沉淀厚度可能会增加，导致导管无法插到底，故常用喷射法，将沉淀冲起漂浮。

3.清孔的质量要求和检查方法

（1）清孔的质量要求

对于摩擦桩，应满足：

①孔底沉淀土的厚度不得大于设计规定值。

②清孔后的泥浆性能指标：含砂率不大于2%，相对密度为1.03 ~ 1.10，黏度为17 ~ 20s，胶体率大于等于98%。

对于支承桩，易采用抽浆法清孔，并清理至吸泥管出清水为止。灌筑混凝土前，孔底沉淀厚度不大于设计规定。

（2）沉淀土厚度的检测方法

沉淀土厚度的测算基准面：用平底钻锥和冲击、冲抓锥时，沉淀土厚度从锥头或抓锥底部所到达的孔底平面算起；用底部带圆锥的笼式锥头时，沉淀土厚度从锥头下端的圆锥体高度的中点标高算起。

检测方法有取样盒检测方法、测锤法、电阻率法、电容法和声呐法等。

（四）钢筋骨架

1.钢筋骨架制作

钢筋骨架的制作方法有卡板成型法、支架成型法、胎具成型法、箍筋成型法和加劲筋成型法等。

（1）卡板成型法

用2 ~ 3 cm厚的木板（或薄钢板）制成两块半圆卡板。根据主筋位置，在卡板边缘凿出支托主筋的凹槽，槽深等于主筋直径的一半。制作骨架时，每隔3m左右放一块卡板，把主筋纳入凹槽，用绳扎好；再将螺旋筋或箍筋套入，并用钢丝将其与主钢筋绑扎牢固。然后松开卡板与主筋的绑绳，卸去卡板，随即将主筋同螺旋筋或箍筋点焊。

（2）支架成型法

支架由固定和活动支架两部分组成。用3 ~ 4cm厚的木板，按骨架的设计尺寸，做成半圆的固定支架。在支架的周围边缘，根据主筋位置凿出支托主筋的凹槽。固定支架用两根4cm×10cm的支柱固定支架。制作时，把主筋逐根放入凹槽，然后将箍筋按设计位置放在骨架外围，弯绕成圆箍，并与主筋点焊连接。焊接好箍筋后，把活动支架和固定支架的连接螺栓拆除，从骨架两端抽出活动支架，最后将骨架从固定支架上吊走。

（3）胎具成型法

该方法用槽钢和钢板焊成组合胎具，每组胎具由上横梁、立梁和地梁三部分组成。将加劲箍筋就位于每道胎具同侧，按胎膜的凹槽摆焊主筋和箍筋。全部焊接完成后，拆下，上横梁、立梁，滚出钢筋骨架，接着继续下一节骨架的焊接。

（4）箍筋成型法

按照钢筋骨架的外径制作一块样板，将箍筋围绕样板弯制成箍筋圈。在箍筋圈上标出主筋位置，同时在主筋上标出箍筋位置。然后在水平的工作平台上，在主筋长度范围内，放好全部箍筋圈，将两根主筋伸入箍筋圈内，按钢筋上标注位置的记号互相对准，依次扶正箍筋并一一焊好，再将其余的主筋穿进箍筋圈内焊接成骨架。

（5）加劲筋成型法

按照设计尺寸做好加劲筋圈，标出主筋位置。把主筋摆在平整的工作台上，并标出箍筋的位置。焊接时，使加劲筋上任一主筋的标记对准主筋中部地加劲筋标记，扶正加劲筋，用木制直角板校正加劲筋与主筋的垂直度后点焊。在一根主筋上焊接好全部加劲筋后，用机具或人工转动骨架，将其余主筋逐根焊好，然后吊起骨架放在支架上，套入盘筋，按设计位置布好螺旋筋，并绑扎于主筋上，点焊牢固。

钢筋骨架保护层厚度一般为 6 ~ 8 cm，设计有规定时，要以设计为准。可用下列方法设置保护层。

（1）绑扎混凝土预制块

混凝土预制垫块为 15cm × 20cm × 8cm，靠钻孔壁的方向制成弧面，靠骨架的一面制成平面，并有十字槽。纵向为直槽，横向为曲槽，其曲率同箍筋曲率。槽的深度和宽度，以能容纳箍筋和主筋为度。垫块在钢筋骨架上的布置依据钻孔土层变化而定，通常沿钻孔竖向每隔 2m 左右设置一道，每道沿圆周对称地设置 4 块。

该方法的优点是预制块同孔壁的接触面积大，制作简单，设置方便；缺点是预制块用钢丝绑扎在骨架上，容易碎落。

（2）焊接钢筋混凝土预制垫块

钢筋混凝土预制块形状同上，不同的是在十字槽底部埋设一根直径为 6 ~ 8mm 的钢筋，以便能分别焊接在主筋和箍筋上。其布置同上，该法的特点是混凝土预制块较牢固。

（3）焊接钢筋"耳朵"

钢筋"耳朵"用断头钢筋（直径不小于 10mm）弯制而成，长度不小于 15cm，高度不小于 8 cm，焊接在骨架主筋外侧。其布置间距同上，该方法克服了上述两方法的缺点，但是与孔壁接触面小，容易陷入孔壁中，因而需要加密一些。

（4）钢垫环

钢垫环是用短钢板或扁钢筋制成（厚度 5mm 以上、宽约 10 cm），直接焊接在主筋上，也可以用其他废料加工而成。每个长度一般在 40cm 左右，在骨架上每隔一定距离焊接一个，每个断面可对称焊接 4 个，钻孔土层松软时也可增加。这种钢垫环使用效果较好，但是不宜采用钢筋或较窄的钢带制作钢垫环。

（5）用导向钢管控制保护层厚度

该方法借助于骨架就位时用的导向钢管来设置保护层。钢管在平面上的布置视钻孔大小而定，一般不少于 4 根。

2. 钢筋骨架的运输和起吊就位

（1）骨架的存放和运输

骨架在制作完成以后，必须存放在平整、干燥的场地上。存放时，每个加劲筋与地面接触处都应垫上等高的木方，以免粘上泥土。存放时按照各节段排好次序，便于使用时按顺序装运。在骨架每个节段上都要挂上标志牌，写明墩号、桩号和节号。骨架存放还要注意防雨、防潮。

骨架的运输要求是：无论采用什么方法运输，都不得使骨架变形。骨架运输分两种情况：一种是有围堰平台的，以平车直接运入；另一种是有水上平台的，从平台上船，再运至施工现场。运输工具一般为带托架的平车或胶轮车。在场内运输时，若受地形或运输工具的限制，也可用人工抬运。

（2）骨架的起吊和就位

钢筋骨架可利用钻机塔架、汽车吊、龙门吊、人字扒杆、独脚扒杆或缆索起吊。为确保起吊时不变形，宜采用两点吊，第一点设在骨架的下部，第二点设在骨架长度的中点到上三分点之间。

（五）灌筑水下混凝土

水下混凝土工程施工可采用直升导管法、箱袋法、铺石灌浆法和混凝土泵输送法等。直升导管法在实际施工中采用得比较多，下面简单进行介绍。

1. 灌筑机具的准备

导管是灌筑水下混凝土的重要工具，可用钢板卷制焊成或采用无缝钢管制成。其直径按桩长、桩径和每小时需要通过的混凝土数量决定。

导管使用前和使用一个时期后，除应对其规格、质量和拼接构造进行认真的检查外，还需做拼接、过球和水密、承压、接头、抗拉等试验。

导管顶部应设置漏斗，其上设溜槽、储料斗和工作平台。储料斗和漏斗高度除应满足导管拆卸等操作需要外，并应在灌筑到最后阶段时，不影响导管内混凝土桩的灌筑高度。在钻孔桩桩底低于钻孔中水面时，漏斗底口应比水面至少高出 4 ~ 6m。在桩顶高于钻孔中水面时，漏斗底口应比桩顶至少高出 4 ~ 6m。

储料斗的作用是储放首批浇筑的混凝土，或是将运输来的可能离析了的混凝土倒入其中，在拌匀后经溜槽送入漏斗。

混凝土的运输时间和距离应尽量缩短，以迅速、不间断为原则，防止在运输中产生离析。（详细要求见混凝土工程中的相关规定。）

2. 水下混凝土的灌筑

（1）灌筑水下混凝土是钻孔桩施工的重要工序，应特别注意。钻孔应经成孔质量检验合格后，方可开始灌筑工作。

（2）灌筑前，对孔底沉淀厚度应再进行一次测定。如厚度超过规定，可用前述喷射法向孔底喷射 3 ~ 5min 水或气，使沉渣悬浮，然后立即灌筑首批水下混凝土。

（3）剪球、拔栓或开阀，将首批混凝土灌筑入孔底后，立即测探孔内混凝土面高度，计算出导管埋置深度，如符合要求，即可正常灌筑。如发现导管内大量进水，表明出现灌筑事故，应按事故处理方法进行处理。

（4）灌筑应连续进行，严禁中途停工。在灌筑过程中，要防止新拌混凝土从漏斗顶溢出或从漏斗外掉入孔中，使孔内泥浆因含有水泥而变稠，致使测探沉淀物厚度不准确。灌筑过程中，要注意观察管内混凝土下降和孔内水位上升情况，及时测量孔内混凝土面高度，正确指挥导管的提升和拆除。导管提升时要保持轴线竖直和位置居中，逐步提升。

（5）在灌筑过程中，当导管内混凝土不满、含有空气时，后续混凝土要徐徐灌入，以免在导管内形成高压气囊，挤出管节间的橡皮垫，导致导管漏水。

（6）当混凝土面升到钢筋骨架下端时，为防止钢筋骨架被混凝土顶托上升，可采用以下措施。

①尽量缩短混凝土的灌筑时间，防止混凝土顶面上升进入钢筋骨架时混凝土的流动性过小，也可以采用缓凝剂、粉煤灰等增大其流动性。

②当混凝土面接近和初进入钢筋骨架时，应使导管底口处于钢筋笼底口 3m 以下和 1m 以上处，并徐徐灌筑混凝土，以减少混凝土从导管底口出来后向上的冲击力。

③当孔内混凝土进入钢筋骨架 4 ~ 5m 以后，适当提升导管，减小导管埋置长度，以增加骨架在导管口以下的埋置深度，进而增加混凝土对钢筋的握裹力。

（7）为确保桩顶质量，在桩顶设计标高以上应加灌一定高度，以便灌筑结束后将此段混凝土清除。增加的高度，可按孔深、成孔方法和清孔方法确定，般不宜小于 0.5m，长桩不宜小于 1m。

（8）在灌筑混凝土时，每根桩应该至少留取 2 组试件，桩长 20m 以上者至少 3 组；桩径大、浇筑时间长得不少于 4 组。比如换工作班时，每个工作班都应制取试件。试件进行标准养护，强度测试后填写试验报告，强度不合要求时，应及时提出报告，采取补救措施。

第六章　桥梁工程项目管理研究

第一节　桥梁工程施工全面质量安全管理研究

一、桥梁工程施工绪论

（一）中国交通基础设施建设的发展历程

1.改革开放前的恢复式发展

1978 年年底中国交通线路基础设施规模总量比 1949 年增长了近 6 倍，公路里程达到 890000km，平均每年增加约 3000000km，公路密度达到 9.3km/102 km²。但是这一时期的交通基础设施的结构等级和功能布局并没有得到充分发展，表现为：（1）以铁路建设为主，公路、港口等建设相对滞后的交通网络结构性差异；（2）以长江以北、兰州和包头以东的干线恢复与建设为主，其他地区交通基础建设相对落后的区域差异性；（3）以满足经济、社会交流及国防等方面的基本要求的低标准干线公路建设为主，缺乏高等级路网的等级化差异。

2.改革开放后的跨越式发展

20 世纪 80 年代末，随着中央明确"将加快交通运输发展作为事关国民经济全局的战略性和紧迫性任务"，公路工程建设便迎来了大发展的历史机遇。

进入 21 世纪以来，中国公路工程建设进入发展速度快、建设规模大、科技含量不断提高的新阶段，年均新增通车里程从最初的几百千米增加到几千千米，《2010 年公路水路交通运输行业发展统计公报》显示，至 2010 年年底，中国公路总里程突破 4 00000km，达到 4008200 万 km，公路密度为 41.75 km/102km。与此同时，中国高速公路建设也经历了从无到有的迅速发展的历史阶段。1988 年 10 月 31 日，上海至嘉定高速公路的竣工通车，使中国内地高速公路实现了零的突破；1990 年，全长 375km、被誉为"神州第一路"的沈大高速公路的建成通车，拉开了中国修建高标准、长距离高速公路的序幕；1993 年京津唐高速公路的建成，使中国拥有了第一条利用世界银行贷款建设的、跨省市的高速公路。随后的几年间，京右、沪宁、广深、成渝等数条高速公路相继建成投入运营，不仅突破了高速公路建设的多项重大技术瓶颈，也积累了设计、施工、建立和运营等建设管理全过程的经验。在高速公路快速发展的同时，中国还修建了一批跨越海湾和长江、黄河的特大跨径桥梁及长大隧道，标志着中国桥梁建设水平和山地隧道修筑技术进入世界先进行列。

1998年，为应对亚洲金融危机，中国开始实施积极的财政政策，加快了基础设施建设步伐。依据"统筹规划、条块结合、分层负责、联合建设"的方针，中国逐步实现了"国家投资、地方筹资、社会集资、利用外资"和"贷款修路、收费还贷、滚动发展"的投资政策，高速公路总体上实现了持续、快捷和有序发展，年均通车里程超过了4 000 km，年均完成投资1 400亿元。截至2011年年底，中国高速公路达85 000万km，居世界第二位。中国高铁投入运营里程达8358km，高速铁路运营里程高居世界第一。中国公路网总里程达到3984000万km，5年增加639000km；国省干线公路里程达到462200万km，其中国道163900万km、省道298300万km交通基础设施的建设，极大地提高了中国交通网络的整体技术水平，优化了交通运输结构，对缓解交通运输的"瓶颈"制约发挥了重要作用，有力地促进了中国经济发展和社会进步。此时，与社会经济的需求相比，中国交通基础设施的发展仍存在一定的滞后。相关研究表明，要适应未来20年全面建成小康社会和21世纪中叶基本实现现代化的需要，中国高速公路网的总规模大体应该在100 000～200 000 km。因此，在未来很长一段时间内，以支撑国民经济发展为基点，交通基础设施将保持较快的建设步伐，以促进国民经济顺利实现新的历史性跨越。

（二）中国桥梁工程建设成就与局限

1. 桥梁建设成就

中华人民共和国成立后，随着交通基础设施建设的兴起，桥梁建设也得到蓬勃发展。1957年，9孔128m、全长1 155.5 m的武汉长江大桥的建成为中国现代大跨度钢桥和深水基础工程的发展奠定了基础。1968年年底建成的南京长江大桥是由中国工程师独立主持设计和施工的第二座长江大桥，与武汉长江大桥相比，跨度增加为160m。同时，由于钢材的匮乏，这一时期石拱桥成为公路桥梁的主要桥型。1961年，云南长虹石拱桥突破了100 m跨度；1968年建成的主跨150m的河南前河桥，达到了双曲拱桥的最大跨度。随着预应力混凝土的推广和应用，钢筋混凝土箱形拱桥开始兴起，如1973年建成的主跨100 m的四川宜宾岷江大桥、1974年建成的主跨为116 m的云南红旗桥等都是这一桥型的具体应用。

20世纪60年代末，斜拉桥技术传入中国，在接受、吸纳斜拉桥技术后，中国于1975年分别建成了主跨为54m的上海新五桥和主跨为75.8m的四川云阳汤溪河桥，为后期斜拉桥的大量发展奠定了基础。

20世纪90年代以来，中国桥梁建设开始进入黄金时代。从南浦大桥到苏通大桥，从汕头海湾大桥到润扬大桥，中国以令世人惊叹的桥梁建设规模和发展速度以及位居各种桥型跨度排行榜前列的突出成就进入世界桥梁大国之列。在交通基础设施建设规模不断扩大、建设速度不断加快的同时，工程质量水平和技术含量也在不断稳步提高，先后建成了一批高质量、高技术含量的交通工程项目，南京长江二桥、江阴大桥先后荣获"鲁班奖"，江阴大桥还荣获国际桥梁协会首届尤金·菲格奖。在技术方面，1991 年建成通车的上海南浦大桥实现了中国从建造 200 多米跨度的斜拉桥向建造主跨为 423m 的结合梁桥面斜拉桥的跃进，并与 1993 年建成的另一座主跨为 602 m 纪录跨度的斜拉桥——上海杨浦大桥一起填补了中国在大跨度斜拉桥建设上的空白。建于 1994 年的汕头海湾大桥主跨为 452 m，为更大跨度的悬索桥建设提供了成功的经验，而 1997 年香港回归前夕建成的虎门珠江大桥主桥为主跨 888 m 的悬索桥，辅航道桥为主跨 270 m 的预应力混凝土连续刚架桥，是中国桥梁史上悬索桥建设的又一里程碑。在拱桥的建设方面，通过引入钢管混凝土拱桥这种复合结构，拱桥的跨度不断被刷新。

至 2010 年年底，中国拥有主跨 400m、600m、800 m、1000 m 以上的桥梁分别为 93 座、37 座、20 座、11 座（该数据不包括港、澳、台地区），建成的梁、拱、斜拉桥和悬索桥的跨越能力分别达到 330m、552m、1088m 和 1650m，这四类桥梁的世界跨径前十位工程中，中国建造的桥梁分别占 5 座、6 座、7 座和 5 座。

2. 桥梁建设的局限

随着中国社会经济的不断发展，人民生活水平的不断提高，对交通基础设施建设也将不断提出更新的要求。根据《公路、水路交通"十五"发展计划》和《公路、水路交通基础设施发展的三阶段战略目标》，到 2010 年，中国公路总里程达到 1 800 000 km（这一目标已提前 7 年实现了），高速公路达到 35 000 万 km；到 2040 年，公路总里程将超过3000000km，高速公路总里程将达到 80000m。大型桥梁建设也将迎来更大规模的建设高潮，国家发展和改革委员会目前在"长江干流桥梁建设规划方案座谈会"上透露，今后长江上还需要建造 70 座桥梁，同时，跨海大桥工程也在紧锣密鼓的规划之中。可以说，今后的10～20 年仍将是中国交通基础设施建设发展的重要机遇期和高速增长期，交通基础设施建设的任务依然十分艰巨。在桥梁高速发展的同时，桥梁建设中存在的局限正在制约中国向桥梁强国的行进，不容忽视。

（1）桥梁美学问题。改革开放以来，中国的桥梁建设以空前的规模和发展速度令世界惊叹，然而匆忙建成的大桥是否给人以美感是一个值得反思的问题。大桥不仅是交通系统的重要组成部分，还是一座标志性建筑物。所以，桥梁设计与施工过程中，应重视桥梁的美学价值和景观功能，满足人们的观赏愿望。

（2）设计创新问题。设计是工程的灵魂，它在很大程度上决定了工程的质量、造价、施工难易程度和工期，而创新则是设计的灵魂。虽然每个时代都有其优秀的桥梁设计代表作，但多数桥梁设计缺乏创新，追求结构上的安全性，却对经济指标、设计创新、合理性等较为忽视。

（3）桥梁施工质量和安全问题。在桥梁高速发展的同时，桥梁工程的施工质量问题逐渐成为影响桥梁健康使用的一个重要因素。由于设计周期与施工周期过于匆忙、承包价格过低、管理效率不高等原因，桥梁建设留下不少质量隐患，威胁到桥梁正常使用的安全性。

同时，桥梁施工涉及大量高处作业、野外作业等危险性工作，施工作业安全问题较为突出。

（三）桥梁工程施工全面质量、安全管理的必要性

建设项目管理（Project Management，PM），是指运用系统思想和科学的理论方法，对建设项目全过程进行的计划、组织、控制、协调等管理，在规定的质量和工期要求下，提高投资效益。作为基础设施建设项目，桥梁工程具有涉及面广、施工工艺复杂、工程量大、标准高、专业性强、人员分散等特点，其建设管理的成功与否不仅关系到项目投资效益的高低，更直接影响到当地及沿线经济的发展，影响到社会资源的有效配置。随着桥梁工程建设规模不断扩大，社会期望目标日益提高，对桥梁工程管理的要求也越来越高。

桥梁工程建设管理与一般的建设项目管理相比，具有长期性、复杂性、多方协调性、社会性和目标多重性等特点。

1. 长期性

桥梁工程尤其是大型、复杂结构桥梁项目的管理期较长，从立项、预可行性研究、工程可行性研究、图纸设计、招标确定施工及监理单位、工程施工、交工验收、试运行到最后竣工验收，一般要跨越多个年份。

2. 复杂性

桥梁工程建设施工需要多种专业性很强的施工队伍和施工人员的参与，技术难度大，交叉作业点多。由于参建单位的不同、人员组成复杂、变动大，项目参建各方在技术水平和管理能力的强弱，直接关系到桥梁建设项目的建设质量、工程进度和管理效率。

3. 多方协调性

桥梁工程建设项目的涉及面很广，在一个完整的建设周期内，涉及交通主管部门、业主单位、设计单位、承包商、监理单位等诸多直接相关单位；另外，沿途还涉及各级政府、电力电信、材料供应厂家等多个部门。因而，桥梁工程建设管理不仅要解决好项目组织内部的协调问题，还应该处理好项目的外部协调，包括与政府部门、金融组织、社会团体、服务单位、新闻媒体及周边群众等的协调。

4. 社会性

桥梁工程建设项目投资额度大，建设完工以后将长期发挥作用，这就决定了它的社会性，即项目实施过程中和投入使用后，会给当地经济、社会和环境带来影响。同时，桥梁工程质量、安全直接关系到国计民生，影响到人民群众生命财产安全和社会的稳定。因此，在桥梁工程建设管理过程中必须考虑到其社会性的特点，将促进所在地区经济与社会发展作为项目建设目标之一，对社会效益和环境效益加以重点考虑。

5. 目标多重性

由于项目各参建单位的利益出发点不同，其目标体系具有不一致性和一致性的矛盾。一方面，各个单位的具体目标与总体目标之间存在不一致性。比如，对于桥梁工程建设项目的业主来说，目标是建设项目早日建成投入使用，同时实现投资最小、工期最短、质量

最佳，以及项目建成投入使用以后带来的社会效益与环境效益等最大化；而承包商追求的是从事该项工作可给本单位带来的利润，对于建设项目本身的效益并不关心。另一方面，因各个参建单位能够确保其目标实现的前提是建设项目的完成，即按照业主的要求在确保总目标实现的前提下才能实现具体单位的分目标，故又具有目标的一致性。桥梁工程建设管理的过程本身就是目标不一致性与一致性的矛盾和统一，具有管理的难度，需要建立以业主为主体的激励和约束机制来实现其管理。

（四）桥梁质量、安全管理的局限与趋势

桥梁质量、安全管理的目的是通过加强施工过程中的管理消除影响质量、安全的不利因素，以保障桥梁实体质量和作业人员的人身安全。然而，传统的管理方式由于自身的局限性，难以完全有效地达到预期目的。传统的管理方式的缺点主要体现在以下几点：一是管理不系统。无论是质量管理还是安全管理，强调的都是独立管理主体的责任和义务，难以形成多主体共同参与的系统性管理，形成较多的管理界面搭接处的模糊地带，影响管理执行的效率。二是忽视管理环境。重视对人的责任追究，忽视整体管理环境对个体行为选择的影响，没有深入探究人与环境之间的内在关系，对目标的管理偏重于控制而缺乏对个体主动性的调动。三是管理手段较为单一。桥梁工程的技术含量较高，施工难度较大，在管理过程中单纯依靠现场的监督和控制，不一定能够确保桥梁的实体质量。此外，安全工作的重点往往放在事故的追查与处理上，缺乏事前的整体布控，难以实现对施工安全的主动控制。

针对传统管理模式的弊端，结合中国桥梁工程建设的特点，先进的管理理论和管理方法正逐步引入或提出。宏观层面，桥梁工程建设管理体制深入改革，如投融资体制不断改革与完善，建设项目法人责任制、招标投标制、合同管理制和建设监理制的积极推行，这些措施对桥梁工程建设事业的发展起到了有效的促进作用。在项目管理层面，传统的各自为政的管理方式也在逐渐发生变化，针对独立的考虑自身的利益而忽略了项目整体以及其他参与方的利益要求，导致项目内部的冲突对抗状况严重，消耗项目整体的收益的问题，项目管理者开始探索整体利益最大化的管理方式，通过协同各参与方的利益与管理行为，实现项目整体系统化的管理，以降低管理过程中的内部消耗。

因此，建设项目质量、安全管理逐渐趋向于系统化管理的阶段，将质量管理、安全管理视为项目管理中的一个子系统，将质量、安全目标与其形成过程、影响因素等结合起来进行管理，以体系化管理的方式确保系统目标的实现。

（五）桥梁工程施工全面质量、安全管理的意义

桥梁是铁路、公路等基础设施跨越河流、山谷等地质环境的主要方式，其质量和安全事关人民群众生命财产安全，事关国民经济安全稳定运行，事关党和政府的公众形象。经济社会的发展对工程质量和安全施工要求不断提高，人民群众对桥梁工程质量和安全的关注程度不断增强，社会舆论对工程质量和安全的监督力度不断加大，所以桥梁工程建设项

目的质量和安全监管任务将更加艰巨。

桥梁工程质量安全不仅关系到工程的适用性和项目的成本效果，而且关系到人民群众的生命财产安全。在新的管理理念和管理方法的引导下，构建施工全面质量、安全管理体系的意义体现在以下几方面。

1. 有助于确保建设工程质量

建设工程质量具有形成过程复杂、质量责任关系复杂和施工工序交叉复杂等特性。建设工程是通过从项目可行性研究到工程竣工交付使用的全过程形成的最终产品，其各个阶段的质量决定其最终质量；建设工程质量形成涉及的建设主体和部门较多，合同关系、质量责任关系复杂；建设工程往往工作量大，涉及工种多，交叉作业多，施工过程协调难，具有工序质量交错的复杂性。因此，建设工程产品质量管理是一个全方位、全过程、全面管理的过程，需要建设单位的质量管理，需要建设单位及其委托的中介组织进行质量监督，也需要分包单位和材料、构配件、设备供应单位的质量管理，特别是需要独立于各参建主体以外的建设工程质量政府监督机构对其进行全方位、全过程，全面的监督管理，以通过各个阶段、各个方面的建设工程质量管理，确保建设工程产品的最终质量。

2. 有助于确保施工安全

在以人为本的社会大环境中，安全作为人类生活的基本保障，是构建和谐社会的必然要求。一方面，安全管理的重视得到强化；另一方面，传统的事后追究责任的安全管理模式已无法适应安全管理的需求，也不利于中国融入世界先进的市场竞争。桥梁安全的体系化管理，是在新的管理理念下构建的系统化管理方式，既是对安全管理的一种探索，也是全面管理思想在安全管理中的具体运用，能够从事前、事中、事后三个层面对安全进行全方位的控制，并通过对突发事件的应急管理，实现安全的全面管理。

3. 有助于推动管理实践的发展

对工程施工全面质量管理和安全管理研究的根本目的在于探索适用于桥梁工程施工阶段的目标管理方式，以指导桥梁施工实践。目前，中国已进入桥梁建设的大发展时期，而桥梁工程技术含量高、野外作业、参与方多等特征决定了桥梁工程质量、安全管理任务的艰巨性。所以，探究桥梁工程施工质量、安全管理的理论并以此指导工程实践具有现实意义。

二、桥梁工程质量形成过程

桥梁工程项目的建设过程，也是桥梁工程项目质量的形成过程，是一个系统过程。在这个过程中，各阶段、各个环节的工作彼此相互联系、承前启后，并且有其内在的规律性。实践证明，遵循这一规律，项目的建设活动就符合客观实际，工作就顺利，项目的建设质量就好。反之，违背这一规律，往往欲速则不达，甚至要受到客观规律的惩罚，极大地影响项目的建设质量。

因此，人们要从实际出发，根据项目的特点和建设条件，严格把好建设过程中各个阶段的质量关。桥梁工程项目质量只有在坚持合理的建设程序，以及依次进行决策、设计、施工、交（竣）工验收四大环节的基础上，才能实现其质量目标。

通过桥梁工程项目质量的系统分析，桥梁工程项目建设质量不应仅仅指桥梁工程项目建设的最终结果，还应包括建设过程本身的工作质量。也就是说，桥梁工程项目应当包括桥梁工程项目决策质量、桥梁工程项目设计质量、桥梁工程项目施工质量、桥梁工程项目回访保修质量。

在桥梁工程中，施工现场是桥梁最终形成的场所，在整个桥梁质量形成过程中，施工阶段质量管理是核心。桥梁施工质量控制的重点决不能放在施工完毕后的验收，而必须放在桥梁施工过程中，故桥梁工程质量管理的核心内容是施工过程质量控制。

三、桥梁工程质量管理主体结构

《中华人民共和国建筑法》《建设工程质量管理条例》中明确规定，桥梁工程施工质量管理是一个各方参与、相互制约、互相协调的过程，参与各方在施工过程中扮演不同的角色，承担不同的职责，管理主体包括建设工程的政府主管部门、建设单位、施工单位、勘察设计单位、工程监理及咨询单位、施工监控单位、材料供应单位、构配件供应单位、设备供应单位等，这些主体在建设工程质量监管中发挥各自的质量控制职能和作用，在这些质量管理主体中，建设工程的政府主管部门、建设单位侧重于从建设工程质量外部进行管理，而建设主体侧重于从建设工程质量内部进行管理。

按照各参与主体在质量管理中的责任，可将其划分为四个层次：第一层次为政府行政主管部门及受其委托的建设工程质量监督机构，形成监督层；第二层次为建设单位及其代表监理单位，形成质量管理层；第三层次为施工方，包括承包商和分包商，形成工程质量的执行层；第四层次为作业方，即指具体的操作人员，形成作业层。另外，桥梁施工过程中的监控方形成第三方技术监控，从技术层面检查桥梁施工过程中的质量。

对质量管理主体进行层次划分，有利于明确各建设责任主体的身份和职责，从而理顺相关单位在工程质量监督中的相互关系，达到工程建设事件中不断完善和发展工程质量监管，以及提高工程质量的目的。其中，政府主管部门是第一层次，负责宏观政策的制定以及对市场行为主体的质量行为监督；建设单位及监理单位是第二层次，负责组织项目各参与方制定符合工程项目质量要求，并为各参与方所接受和执行的相关制度、组织架构等；作为执行层的施工方为第三层次，负责制定具体的作业流程和作业质量控制、检查方案等；第四层的作业方应严格遵循每道施工工序，按照施工工艺流程和规范进行操作。这四个层次相互独立、相互联系、相互影响，同时与施工监控方形成质量管理多维层次结构。

（一）政府主管部门

政府行政主管部门及其委托的质量监督机构不是建筑市场主体，不承担工程质量责任，但承担监管责任，并且从宏观和微观两个方面对工程项目质量实施监督管理。宏观层面上，通过建立和健全法律法规体系，规范和约束责任主体的质量行为，掌握和运用市场经济规律，规范和约束责任主体的质量行为，从根本上把握和加强工程质量控制。微观层面上，通过准入制度、许可制度、资格认证，对参与各方进行监督检查，抽查施工过程中的质量安全，确保工程质量与安全。

（二）业主方及监理方

业主作为投资者，依照业主负责制、工程监理制、合同管理制和招标投标制等法律法规，依法行使工程监管权力。业主委托专业的社会监理、咨询服务机构代为履行监管职责，将更多的精力用于项目开发、可行性研究、资金筹划及办理基建程序有关手续等方面。监理受业主的委托，在合同规定的范围内对工程建设的投资、质量、进度进行全过程控制，对有关合同和信息进行管理。道道工序检查，层层把关签字，代表业主监管施工、设计（如有委托）的质量，使工程投资、建设、质量监管进入良性循环。

（三）设计方及施工方

虽然设计单位不是参与工程建设的主体，但是工程建设的责任主体之一。设计不但与业主有直接关系，而且通过业主与施工、监理、社会公众有间接关系。设计质量不但直接影响业主工程的建设成本，还直接关系着建筑产品的质量和人民的生命、财产安全。故加大审图单位对设计质量的监管和设计监理的力度刻不容缓。施工单位既是工程建设的主体，又是工程建设的责任主体，也是施工质量的兑现者。因而，法律法规对勘察设计、施工单位质量行为责任做了明确界定，明确了设计单位是设计质量的兑现者，施工单位是施工质量的兑现者，均属被监管的层次。这就坚持了"谁设计谁负责""谁施工谁负责"这一质量责任国际惯例的关系原则。

（四）监控方

在桥梁工程质量控制中，需要注意的是作为独立第三方的咨询单位，即桥梁施工监控方。桥梁监控是桥梁施工过程中，按照实际施工工况对桥梁结构的内力和线型进行量测，经过误差分析，继而修正调整以尽可能达到设计目标。因建桥材料的特性、施工误差等是随机变化的，所以施工条件不可能是理想状态。通过桥梁施工监控对桥梁的施工进行量测、识别、修正、预告，然后进行下一步施工的循环指导过程，能够实现确保施工中结构的安全，确保结构的外形和内力在规定的误差范围之内符合设计要求的目的，从整体上确保桥梁的施工质量。

目前，根据桥梁施工监控的实际情况，可将桥梁施工监控分为由业主方聘请施工监控和由施工方聘请施工监控两大类。由于业主方聘请施工监控与施工方聘请施工监控在服务对象和服务性质上的差异，故施工监控方在项目组织中的地位以及责任与权力有较大差别。

四、桥梁工程全面安全管理概述

（一）中国安全管理的发展历程

中华人民共和国成立以后，伴随经济社会的发展，中国安全管理水平得到了长足的进步，总结而言，中国安全生产管理的发展经历了以下几个时期。

1.20 世纪 50 年代至 60 年代建立了劳动保护管理体系，总结出了一套以"三大规程"（即《工厂安全卫生规程》《建筑安装工程安全技术规程》《工人职员伤亡事故报告规程》）和"五项规定"（即安全生产责任制、安全技术措施计划、安全教育、安全检查、伤亡事故的调查和处理）为核心的、具有中国特色的、行之有效的安全管理经验，这对维护劳动者安全与健康的权益，以及控制生产过程中伤亡事故的发生起到了极其重要的作用。

2.20 世纪 70 年代，在劳动保护管理体制下，强调了事故管理系统，提出了事故处理"三不放过"原则。"三不放过"是指在调查处理工伤事故时、必须坚持事故原因分析不清不放过，事故责任者和群众没有受到教育不放过、没有采取切实可行的防范措施不放过的原则。

3.20 世纪 80 年代，出现了职业安全卫生管理和安全生产管理模式，引进了先进的安全管理方法，最主要的是系统安全工程，开创了安全工作新局面，同时颁布了相关法规，并正式确定将"安全第一、预防为主"作为中国安全生产的指导方针；开始实行"国家监察、行政管理、群众监督"这一新的安全管理体制，使中国安全管理工作由行政管理转了法治管理的轨道。

4. 进入 20 世纪 90 年代，在"安全第一、预防为主"的方针和"管生产必须管安全"的安全生产原则的指导下，现代安全科学管理的理论和方法体系逐步发展与完善，如系统安全工程、安全人机工程、安全行为科学、安全法学、安全经济学、风险分析与安全评价等，系统安全管理的理念和方法逐渐被认识，并开始进行理论和实践的研究。同时，中国的建筑安全法律、规范逐渐完善，在完善建筑安全生产管理体系和运行机制方面取得了一定的成效。

5.20 世纪后期，中国推行的是"企业负责、国家监察、行业管理、群众监督"的安全生产管理体制。随着国家经济体制转变和政府管理职能的转变，中国的国家安全生产管理机制向着如下模式发展：建立国家—企业—职工三方原则的安全生产管理机制，构建国家监察—行业协调—企业自律—工会监督的职业安全卫生管理体制，充分利用政府、企业和劳动者三方协调机制，促进安全生产工作。企业和劳动者都认真履行各自在安全生产方面的权利和义务是三方协调一致的基础，在这方面，各级工会组织发挥了重要作用；政府依法监督检查，客观、公正是三方协调一致的关键。三方协调一致，建立稳定和谐的劳动关系，促进社会的安全、稳定和社会经济的全面发展。

5. 进入 21 世纪，中国安全生产管理取得了长足的进步，开创了崭新的局面，组建了国家安全生产监督管理局，颁布了《中华人民共和国安全生产法》《建筑工程安全生产管理条例》，出台了《国务院关于特大安全事故行政责任追究的规定》。随着全国建设系统不断强化安全生产监督管理，逐步完善建筑安全法律法规体系，大力开展专项治理活动，着力提高监督执法和从业人员素质，中国建筑安全生产工作取得了明显成效。

虽然中国建筑安全生产工作取得了一定的成绩，安全生产形势总体比较平稳，但是建筑施工事故伤亡总数和事故发生频度都没有明显下降，部分地区安全生产形势严峻的局面没有得到根本扭转，当前建筑安全生产形势仍然比较严峻，主要表现在：一是建筑施工事故起数和死亡人数居高不下；二是一些经济大省（直辖市）事故伤亡人数随着建设规模的增大呈上升趋势；三是建筑施工事故还是集中发生在专项治理的项目上。

（二）桥梁工程施工全面安全管理概述

1.桥梁工程施工安全管理

安全是指不受威胁，没有危险、危害、损失，互相不伤害，不存在危险的危害的隐患，是免除了不可接受的损害风险的状态。安全是在人类生产过程中，将系统的运行状态对人类的生命、财产、环境可能产生的损害控制在人类能接受水平以下的状态。

广义的桥梁工程施工安全，包括工程安全和施工过程的工作安全。工程安全与桥梁工程实体的质量密切相关，工作安全则是指工程实体形成过程中安全管理对象或要素的安全，工作安全直接影响工程安全的形成。安全管理可以定义为管理者为保护员工在生产过程中的安全与健康，对生产活动进行的计划、组织、指挥、协调和控制的一系列活动。桥梁工程施工安全管理是安全管理原理和方法在桥梁工程的具体应用，包括宏观的安全管理和微观的安全管理两个方面。宏观的安全管理，主要是指国家安全生产管理机构以及相关行政主管部门从组织、法律法规、执法监察等方面对桥梁项目的安全生产进行管理。它既是一种间接的管理，也是微观管理的行动指南。微观的安全管理，主要是指直接参与对项目的安全管理，包括业主或业主委托的监理机构、中介组织、施工方等对项安全生产的计划、实施、控制、协调、监督和管理。微观管理是直接的、具体的，它是安全管理思想、安全管理法律法规及标准指南的体现。

2.桥梁工程施工全面安全管理的内涵

（1）桥梁工程施工全面安全管理的概念，桥梁工程施工全面安全管理是指在现行安全生产法律、法规和项目安全目标指导下，各参与方各司其职、协同配合，构建系统的安全管理保障体系，运用行政、经济、法律、技术等一系列手段，对桥梁工程实体形成过程中影响桥梁工程施工安全的要素进行全面控制和监管，并做好事故预防和实施工程中的安全状态动态评价，及时排除不安全因素，将项目实施过程中可能出现的生命、财产损失控制在人们所能接受水平以下的状态。

（2）桥梁工程施工全面安全管理的范畴，全面安全管理不同于传统的安全管理，是全员、全要素、全过程的安全管理，管理主体涉及桥梁工程项目的各参与方，管理对象的范围更广，更强调参与方协调配合的整体效应，反映了动态控制、趋势分析的安全管理思路。其范畴主要包括以下几方面：体系化的安全管理，全面安全管理倡导体系化的安全管理理念，即强调参与方协调配合的整体效应，站在项目整体视角，构建政府主管部门、业主、施工方、监理、设计单位全员参与和协同管理的安全管理体系，在此基础上设计系统、兼容的安全保障机制，各参与方依据项安全管理的流程，对影响桥梁工程项目安全的要素实施全面管理。全面安全管理要素涵盖的内容更广泛，不同于传统安全生产管理的针对人、物的管理，提出了施工过程影响桥梁工程安全的人、机械设备、结构与构件、施工工艺、环境等五要素，将针对五要素的安全控制及其监管作为安全管理的核心内容。安全管理的主要对象涵盖了工程结构、构件安全，比如将实体结构或构件的位移、挠度、应力、裂缝等带来的安全性列入安全管理的对象范畴。同时，将桥梁施工安全事故预案的编制及应急管理纳入安全管理的范围。

（3）动态的安全管理，全面安全管理强调基于过程的、动态的安全管理，即以危险源的识别、安全施工方案的编制、基于要素和细节的安全控制及监管、动态安全评价、循环为主要内容，按照计划、实施、检查和处置四个步骤循环进行，并在循环过程中不断进行自我完善，以提高安全管理水平；安全管理定义中更包含了"施工过程中某一时刻的安全状态与变化趋势"的含义，相比以前的安全更增加了对施工过程的安全监控内容，据此及安全管理相关要素的状态建立评价指标体系，构建动态评价模型，通过动态评价能够更加全面地反映桥梁在施工过程中某一时刻的安全状态及其发展趋势，以便及时做出安全预警，调整安全管理方案。

（三）桥梁工程施工全面安全管理体系的维度

桥梁工程施工全面安全管理的实施，需要各参与方的协调配合，在组织、制度、文化、信息的安全保障下，对桥梁工程施工中的要素、环节进行全面管理，实现全面安全管理的目标。桥梁工程施工全面安全管理体系包含三个维度，即主体、保障体系、过程。

1. 安全管理的主体

安全管理的主体是工程项目的参与者、实施者，桥梁工程施工安全管理的主体主要包括建设行政主管部门、业主单位、施工单位、监理单位勘察设计单位。建设行政主管部门既是工程项目安全管理相关制度的制定者，也是施工安全监督者、保障者。主管部门依据国家的法律法规和技术标准规范，对工程项目进行监督和管理。

业主单位既是工程项目的投资方，也是连接项目各参与方的纽带。业主要加强安全管理的意识，协调、监督各参与方行为，共同实施项目全面安全管理。施工单位是工程项目的实施者，是项目安全主要责任人，是安全管理的主要参与方。施工方要依据国家有关安全施工的法律法规、安全技术标准与规范等，对施工全过程进行安全管理。

监理单位是工程项目的监督者。监理单位不仅要对业主负责，而且应当承担国家法律、法规规定的和建设工程监理规范所要求的责任，积极贯彻落实安全生产方针政策，督促施工单位按照有关安全法律法规，落实各项安全技术措施，有效杜绝各类安全隐患，杜绝、控制和减少各类伤亡事故，进行安全生产。勘察设计单位对工程项目的安全管理也有重要责任。在正式施工开始前，勘察设计单位要和施工单位进行技术交底，参与安全施工方案及专项安全方案的编制和审核，并参与重大安全事故救援等。

2. 桥梁工程施工全面安全管理的保障体系

安全管理的基本保障有组织保障、制度保障、文化保障、信息保障。

（1）组织保障。桥梁施工全面安全管理工作的实施需要项目的各个参与方共同协调配合才能完成。各参与方了解相互间的联系，明确各自的主要职责和内部的岗位职责，建立起全面安全管理的组织结构，保障全面安全管理的顺利实施。

（2）制度保障。安全生产管理制度是工程施工能够顺利进行的重要保障。制定规范的安全生产管理制度能促使每个行为个体都按照制度行事，使其"一言一行"都有章可循。安全生产管理制度既规范了个人的行为，又可以使工程有组织、有计划地进行。

（3）文化保障。多年来的安全生产实践说明，造成安全事故发生的原因中，人的因素是主要问题之一，主要表现为安全意识淡薄、安全知识贫乏、安全技能不足、安全行为不规范，其中安全意识和安全行为问题尤为突出。因而，建设安全文化对于安全管理有重要的现实意义。全员进行安全文化建设教育，树立大安全观的思想，自觉遵章守纪，自律行为和规范，形成良好的安全行为习惯，有利于实现全面安全管理的目标。

（4）信息保障。安全信息是安全活动所依赖的资源，安全管理就是借助大量的安全信息进行管理。只有充分发挥和利用信息科学技术，才能使安全管理工作在社会生产现代化的进程中发挥积极的指导作用。在工程项目中，各种安全标志、安全信号就是信息，各种伤亡事故的统计分析也是信息。掌握了准确的信息，就能进行正确决策，就能更好地实施工程全面安全管理。

3. 桥梁工程施工全面安全管理的过程

桥梁工程施工全面安全管理的过程，是参与方协同配合，依照一定的安全管理流程，确保项目的顺利实施和安全目标实现的过程。安全管理的核心工作包括危险源的识别、安全施工方案及应急预案的编制与审核、施工过程的全员全要素安全管理、安全状态的动态评价、竣工验收过程的安全管理、突发事故应急管理。

（1）危险源的识别。根据桥梁的特点及其他类似工程的经验，对施工工程中的危险源进行识别，并建立危险源清单，尽量避免或减少施工工程中可能出现的安全事故。

（2）安全施工方案及应急预案的编制与审核。在项目开工前，施工单位应编制安全施工组织设计、安全专项施工方案和应急预案。同时，监理单位要做好审核工作。

（3）施工过程的全员全要素安全管理。在施工过程中，施工方、业主（监理方）、勘察设计方、主管部门都要参与到安全管理中，共同配合、管理和控制，有效实现全面安全管理的目标。

（4）安全状态的动态评价。从全面安全管理的不确定性因素处理和动态评价考虑，对桥梁工程安全状态进行动态评价，并对安全状态的趋势进行预测，以便及时发现问题，规避风险。

（5）竣工验收过程的安全管理。在竣工验收过程中，业主（监理）应把握验收环节，加强验收的安全监管，认真审核施工方提交的竣工验收报告等相关资料，特别是安全措施和设施施工情况的相关资料，必要时进行现场抽查、测试相关项目。

（6）突发事故应急管理。对突发事故进行应急管理，以确保事故发生后能够及时得到处理，使事故引发的人员伤亡和财产损失降到最低标准。

第二节　桥梁安全运行管理研究——以城市桥梁运行管理为例

一、桥梁安全运行管理及桥梁安全风险对策

桥梁运行阶段的风险（Risk）主要来自意外事故、自然灾害等。其定义为：在桥梁运行与结构相关的各个过程中出现的，对某种既定目标造成影响的不确定的事态，可称为桥梁运行的风险事态，简称为桥梁运行风险。其中，风险是指损失的概率，损失是指没有代价的消耗或失去。风险评价亦即对损失进行概率评定和价值估定。

（一）风险"超前防范"

国际著名桥梁建筑大师邓文中曾认为，"对于桥梁安全度和桥梁风险评价的问题，工程师应该考虑如何在桥梁设计寿命中确保其健康，如何以最大的成本效率来建造并在长时间内保持桥梁安全，一个成功的设计必须预计在桥梁服务寿命期内将来可能会发生的情况。"另有国外专家提出："规范设定的超载系数，绝不可能达到足以防备设计时可能产生的大错误，但是许许多多的中小错误都可以用规范的超载系数来防备。"又提出："规范是分析、设计和偏于安全的思路的结合。"实际上，国际上对桥梁风险评估的研究和分析也有很成功的经验，常用于对桥梁结构承载能力的评估和对桥梁结构损伤（缺陷）的预测。

城市桥梁工程在规划、设计、施工和运行过程中面临诸多不确定性，这种不确定性是客观存在的，不以人的意志为转移。例如，因设计或施工缺陷、管理失误、运行环境恶化或其他自然灾害等，工程在运行过程中会面临许多不确定的因素，这些因素的影响使得实际情况和工程期望的目标产生了一定的差异，也由此带来了经济、人员安全、环境、运行时间等方面不同程度的损失。尤其是特大型桥梁，结构复杂庞大、涉及面广、生命周期长，很多高新技术应用其中，又在使用过程中面临诸多环境侵蚀，材料老化，荷载的长期效应、疲劳效应，以及突发灾害等风险效应因素的耦合作用，常常因此导致桥梁运行阶段桥梁结

构损伤的积累和抗力衰减。一旦事故发生，生命及财产就会遭受巨大损失，同时事故所衍生的社会损失更是难以估计，故需要针对与桥梁关系密切的特定风险关注点，结合运行期结构健康监测技术及养护管理，形成有效的风险应对策略，从而控制和降低风险水平，减少事故发生。

因此，风险"超前防范"就是通过风险识别、风险分析、风险评估、风险决策等方式，对风险实施有效控制，妥善处理损失是典型的风险管理"关口前移"的做法。风险管理的对象是"风险"，是对风险的不确定性和可能性进行管理，它最主要的作用是"超前预防"，即在风险事故发生前防患于未然，预见将来可能发生的损失，或者在风险事故发生后，采取一些消除事故隐患和减少损失的措施，避免损失扩大化。也有研究者称，"风险管理工作的终点就是应急管理工作的起点。"

（二）风险源的识别

桥梁风险源的识别是以这座桥梁为对象确定的，研究和发现潜在的风险事态。其风险源的识别常常可以基于经验进行判断，如进行某桥撞船风险评估，风险源的识别比较明确，即船只和桥梁结构的相互作用。但对于事件跨度比较大或比较复杂的问题，则需要借助许多其他方法完成风险源的识别工作，如灾害调查、专家咨询、系统分析等。

1. 斜拉桥的风险源。斜拉桥在运行阶段的主要风险包括钢结构损坏、斜拉索腐蚀、斜拉索振动疲劳、桥面铺装破坏、桥梁附属设施风险、冰凌灾害、台风灾害、地震灾害、基础冲刷、船撞、火灾等，如桥梁钢结构的最大风险主要表现为腐蚀失效。当大桥处于海洋氧化物环境或北方地区除冰盐环境中时，包括钢箱梁等在内的钢结构将会遭受较强的腐蚀，影响大桥的安全性和使用寿命。所以，对处于不同氯盐环境的桥梁钢构件的腐蚀失效风险都应该高度重视，尤其是像跨海大桥这类钢结构数量庞大、规模效应明显的集群工程。有些看似影响不大的问题，在特定的环境中均有可能进一步放大腐蚀效应。所以，养护单位应及时进行养护维修，确保大桥钢结构满足使用性能和耐久性。氯盐环境对混凝土耐久性的不利影响主要表现为混凝土碳化、钢筋锈胀。当大桥桥位区相对湿度大，季节变化明显，空气中存在一定浓度的 CO_2 时，也就具备了钢筋混凝土碳化发生的条件；海洋环境或北方地区除冰盐环境中的氯离子含量过多，也会使氯离子渗透到钢筋，从而破坏钢筋表的面氧化膜并造成钢筋锈胀。

2. 悬索桥的风险源。悬索桥在运行阶段的主要风险包括氯盐环境下的结构耐久性、钢结构损坏、吊索振动疲劳、锚碇耐久性、桥面铺装破坏、桥梁附属设施风险、冰凌灾害、台风灾害、地震灾害、基础冲刷、船撞、火灾等。悬索桥的主要风险是其缆索系统处于大气区的干湿交替环境中，氧化、水、电化电位的作用常常引起缆索钢丝锈蚀。大桥运行过程中持续作用于钢丝的高应力状态，往往容易产生应力腐蚀而导致钢丝产生裂缝或断裂。另外，缆索在风荷载或车辆荷载等作用的振动下，极易与锚固装置产生空隙，从而使得水和腐蚀性物质侵入缆索锚固装置，导致内部拉索的电化学腐蚀破坏。

3.拱桥的风险源。对大跨径钢管混凝土拱桥来说，混凝土脱空是此类桥梁运行期常见病害。由于钢管和混凝土两种材料的性能存在差异，在昼夜温差大、气温变化大的气候条件下，钢管和混凝土往往产生一定的脱离，尤其在拱顶上边缘比较明显。虽然有不少学者研究脱空程度对钢管混凝土极限承载力的影响，指出正常使用时的少量脱空并不影响极限承载能力，并给出容许脱空限值，但这些研究目前都是针对小型构件的，对大跨径钢管混凝土拱桥来说，这些理论仍存在一定的局限性。同时，因管内混凝土处于密封状态，无法直观地见到脱空、麻面等缺陷，也就进一步加大了维护的难度。

4.梁桥的风险源。现代大跨径梁式桥从上部结构的材料划分，一般分为钢梁桥、钢筋混凝土梁桥、预应力混凝土梁桥及组合梁桥等。此类桥型具有施工方便、跨越能力强、造价经济、养护方便等优点，在中国城市桥梁建设中得到越来越广泛的应用。然而，近年来这种类型的桥梁在运行中普遍出现主跨持续下挠、腹板斜裂缝、底板裂缝等病害，此类病害也就成为困扰国内外同类桥型设计、施工及养护的主要问题。因此，此类病害也就属于运行期风险的主要关注点。大跨径梁式桥的运行风险关注点包括氯盐环境下的结构耐久性、预应力混凝土箱梁开裂下挠、钢箱梁结构损坏、桥梁附属设施风险、冰凌灾害、台风灾害、地震灾害、基础冲刷、船撞、火灾等多个方面。

（三）安全风险评估

桥梁运行风险评估是对桥梁安全工作状态的评估。桥梁运行安全最重要的是在事故出现之前预测到伤亡事故的危险性，若不能根除桥梁设计阶段的危险因素，则可以对桥梁运行状态的风险进行评估，进而使人们识别危险程度，先行采取措施使其风险降至最低。高危行业的生产经营单位通过危险分析和风险评估，可以有针对性地采取切实可行的、有效的防范措施，并运用科学的安全评价方法，建立重特大事故模型，可以根据事故发生、发展的各个阶段，确定应采取什么样的应急措施，才有可能控制事故的发展，减少人员伤亡和财产损失。所以，对于可能发生的重特大事故中各种紧急情况所制订的应急预案，需要进一步明确应急救援体系应具备的基本条件，包括组织机构、职责、人员物资储备、培训和演习、应急行动方案等各种程序与工作要求。

依照以上风险评估的要求，城市桥梁在使用阶段的风险主要来自意外事故、自然灾害、人为破坏等情况。当然，很多在规划、设计、施工阶段埋下的风险隐患也将在使用阶段暴露出来并造成损失。在以往的体制下，使用阶段的风险损失往往都直接由桥梁业主承担，在当前桥梁管理方式由政府向资本管理体制转换的背景下，这种模式给桥梁业主带来了极大的运行风险，如何通过合理的风险评估和管理体制，降低桥梁运行期间的风险和总体运行成本，也是目前桥梁风险评估研究悄然兴起的重要原因。

近年来发生的诸多桥梁安全事故，不但造成了严重的人员伤亡和经济损失，也给社会带来了非常恶劣的影响。因此，桥梁运行所面临的安全问题逐渐引起社会关注。尤其是2010年交通运输部发布《关于在初步设计阶段实行公路桥梁和隧道工程安全风险评估制度的通知》、2011 年发布《开展公路桥梁和隧道工程施工安全风险评估试行工作的通知》及住房和城乡建设部发布《关于加快城市道路桥梁建设改造》等文件之后，这项风险评估技术已成为城市桥梁工程建设、运行过程中安全管理的重要组成部分，也成为在设计使用寿命中处理小概率损失事件或是具有高度不确定性事件最有效的预测工具。

（四）桥梁风险控制对策

风险控制是根据风险评价的结果对风险事态进行事前处理及过程控制的过程，其中包括风险决策和风险监控两部分。风险决策是根据风险评价的结果，从风险对策集合中选定合适的对策处理风险；而风险监控是指对潜在风险事态进行检测；并适时启动有关风险控制措施的过程。风险控制对策通常有以下四类。

一是风险规避。风险规避是通过方案改变、参数改变消除风险的，或者是降低风险发生后可能产生的损失。从风险管理的角度看，风险规避是一种最彻底消除风险影响的方法，但可能在某种程度上会降低收益，阻碍创新。

二是风险转移。风险转移是以一定的代价将某风险的结果连同对风险应对的权利和责任转移给他人，风险转移并不能消除风险，但通过第三方的介入降低了自身风险。风险转移是风险隶属性在风险决策中的体现，对某方是风险事态，但对其他风险承受者可能并不是不可接受的。保险是风险转移最为常见的形式。

三是风险缓解。风险缓解是通过某种手段将风险降低到可接受的程度，是风险管理中常用的对策。风险缓解既不是消除风险，也不是避免风险，而是减轻风险的影响，包括降低风险发生的概率或控制风险的损失。

四是风险自留。风险自留是一种由项目主体自行承担风险后果的一种风险应对策略。风险自留要求对风险损失有充分的估计。

二、桥梁现场安全管理

通常所说的"安全生产"，与桥梁"安全运行"的含义是一样的，都是指生产或运行安全。广义地说，桥梁安全生产范围不仅是指生产安全，还包括消防安全、特种设备安全、道路交通安全、水上交通安全和社会公共安全等。桥梁安全运行管理就是由一系列活动构成的动态过程，每一个进程都包含不同的内容，这些内容可通过采取不同的方法来实现。因此，在桥梁安全运行管理中，首先必须明确安全管理的目标，确定工作的内容，选用正确的方法，使这一过程顺利进行，最终实现桥梁安全运行的目的。

（一）安全思想的概念

安全，顾名思义，"无危则安，无缺则全"，安全意味着不危险，这是人们长期以来总结出的一种传统认识。系统安全工程的观点认为，安全是指生产系统中人员免遭不可承受危险的伤害。安全与危险是相对的，它们是人们对生产、生活中是否可能遭受人身伤害的综合认识，系统安全工程认识论的观点认为，"安全"和"危险"都是相对的。桥梁安全运行将其作为桥梁运行管理单位的一种行为，也可以认为是在组织桥梁正常运行及养护维修的过程中，为避免发生桥梁与车船损毁、人员伤害等事故而采取相应的事故预防和控制措施，以确保车辆通行和人员的安全，确保桥梁运行管理活动得以顺利进行的相关活动。危害人的安全与健康的因素有很多，包括物的因素和人为因素。对于人来说，安全的确是一个极其重要的课题。

因此，国际劳工组织每年都要召开雇员、雇主、政府三方代表参加的国际性会议，重点研究减少事故、预防灾难的对策。美国的著名学者马斯洛曾说过，"人有五个层次的需要，即生理需要、安全需要、社交需要、尊重需要和自我需要。"这就是说，人类在求得生存的基础上，接下来就是谋求安全的需要，可见"安全"对于人来说是何等重要。然而危害人的安全与健康的因素有很多，这些因素归纳起来大体可以分为物的因素和人为因素两大类。一类是物的因素，主要包括机（工具）的因素和环境因素两个方面。比如，机械加工作业可能会发生绞碾或物体打击事故；化学品生产过程中往往会发生火灾爆炸或化学性灼伤事故；建筑施工作业会发生落水淹溺或船舶相撞事故；矿山井下作业可能会发生瓦斯爆炸、冒顶透水事故；等等。另一类是人为因素。管理者的失职或失误造成违章指挥，强令冒险作业或决策错误等造成事故，或者对从业人员教育培训不到位，导致误操作而发生事故。

为确保桥梁运行安全，确保桥梁正常通行，就必须加强安全管理，消除各种危险、危害因素，确保桥梁安全运行。重要的是，从系统观点抓好安全生产，提高桥梁运行各相关单位本质安全的程度。从开展桥梁安全运行管理的活动来讲，本质安全主要是指桥梁及设施、安全区域、桥下水域，以及养护维修等作业过程，含有内在的能够从根本上防止事故发生的功能，即安全功能。本质安全是桥梁安全运行管理以预防为主的根本体现，也是桥梁安全运行管理的最高境界。实际上，由于技术、资金投入和人们对事故的认识等原因，在某些方面，目前还很难做到本质安全，但它必须是人们努力的目标。

系统安全化的提出始于 20 世纪 60 年代，其要旨是，在一定的生产水平状况下，通过各种可承受的经济投入与成熟的安全技术，使人—机—环境系统具有较完善的安全设计和相当可靠的管理技术从而实现它的安全可靠运行。桥梁运行相关单位的系统安全化，应包括人员、桥梁及设施、环境、运行管理等方面的安全内容。一是提高人员、队伍整体素质。以人为本，是安全管理的重要原则。这不仅是对直接从事操作的从业人员的安全要求，也是对桥梁运行相关单位的管理者、经营者和安全生产管理人员的要求。在科学技术飞速发展的今天，必须加强安全技术培训教育，迅速提高各类从业人员的安全操作水平和安全意识，使他们能严格、娴熟地掌握安全操作技能，做到不违章操作，不冒险作业。对桥梁运行相关单位的管理者、经营者和安全生产管理人员，也要加强安全生产管理知识的培训教育，使他们明确自己肩负的安全生产责任，掌握安全管理知识，做到恪尽职守，不违章指挥。通过这些工作，迅速建立起一支文化素质高、安全管理能力强的从业人员队伍。二是采取各种技术措施、管理措施，消除危险危害因素。采取各种技术措施、管理措施，切实改善劳动条件，使桥梁设施、车船通行和作业环境达到安全生产的要求，消除各种危险危害因素。特别是通过桥梁管理信息化，桥面行车及桥下水域监控，对桥梁实施检测与健康监测，保护区域施工限制等，及时消除各种危险危害因素，为从业人员提供安全操作的条件和桥梁运行安全的环境。三是采取各种组织措施，加强安全管理。采取各种组织措施，加强桥梁安全运行管理工作，努力减少、控制不安全因素，使事故不易发生。例如，制定各项安全生产规章制度和安全操作规程，建立合理的劳动组织和有序的车辆交通，使桥梁安全运行管理及养护维修等作业始终处于受控状态之下。

桥梁运行安全管理必须将人的因素放在首位，体现"以人为本"的指导思想。以人为本，其有两层含义：一是安全生产管理活动都是以人为本展开的，人既是管理的主体又是管理的客体，每个人都处在一定的管理层面上，离开人就无所谓管理；二是安全生产管理活动中，作为管理对象的要素和管理系统各环节，都需要人掌管、运作、推动和实施。桥梁运行安全管理的目标就是安全第一，民生优先。桥梁运行安全管理的各项工作都要围绕这个目标进行，不断强化红线意识，坚守底线思维，始终将人民群众的生命财产安全放在首位，不断提升桥梁运行安全管理水平，为人民群众提供安全、可靠、便捷的出行服务。人的生命是最宝贵的，中国是社会主义国家，社会的发展不能以牺牲精神文明为代价，不能以牺牲生态环境为代价，更不能以牺牲人的生命为代价。因而，我们要坚持"以人为本"，牢固树立安全发展的理念，坚持"安全第一，预防为主，综合治理"的安全生产方针，切实保障人民的生命和财产安全。

（二）桥梁安全运行重在管理到位

桥梁运行安全管理应当立足当前，着眼长远，完善体制机制，强化制度设计，建立健全法律法规制度，科学制定安全管理规范体系，构建覆盖全领域、贯穿全过程的桥梁运行安全管理长效机制，为桥梁安全运行奠定坚实的制度基础。按照制定的安全管理科学规划方案，明确责任分工，注重标本兼治，切实发挥现有法规、标准、制度在城市桥梁运行安全管理中的引领、推动和促进作用，确保各项工作扎实开展，落实到位。要以问题为导向，抓住关键环节，从桥梁设施运行的质量、从业人员职业素质等影响城市桥梁运行安全的突出问题着手，建立健全安全管理制度。要以提升桥梁运行安全水平为主线，围绕运行安全管理的关键环节，积极推进法律法规建设、强化标准规范、提高队伍素质、提升应急能力、筑牢城市桥梁运行的安全基础，为推进城镇化建设和城市化进程提供强有力的城市交通保障。

桥梁安全运行管理系统是一个人造系统，这种客观实际给预防事故提供了基本的前提，即安全事故应该从源头开始预防，一直到整个过程始终都要预防事故的发生，若每个环节都能科学、理性、细致入微地处理，事故就可以预防。因此，任何事故从理论和客观上讲，都是可以预防的。认识这一特性，对坚定信念，防止事故发生有促进作用。因此，人们应该通过各种合理的对策，努力从根本上消除事故发生的隐患，将桥梁运行事故的发生概率降到最小。与此同时，只有将"事故是可以预防的"这一理念作为武器，人们才能超越事后的、被动的传统"事故追究型"管理，进入超前的、系统的"事故预防型"管理阶段。

将安全管理挂在嘴上、写在纸上、贴在墙上是远远不够的，关键是要以实际行动抓好落实，将桥梁安全运行管理体现在具体工作中。管理不到位，再完善的系统、再先进的装备也难以发挥应有的作用。管理到位的基本要求是责任明确、制度完善、执行有力、监管严格。责任明确，就是将桥梁安全运行的责任细化，分解落实到各个层级、各个环节和各个岗位，每个人都要明确自己的具体职责。制度完善，就是要建立健全各项规章制度，将对各个环节、各个岗位的工作要求全部纳入规范化、制度化的轨道，做到有章可循。依据条件的变化和随时出现的新情况、新问题，不断修改、充实、完善规章制度，不断改进各项措施，使管理工作常抓常新，科学有效。执行有力，就是要加大贯彻执行力度，在抓落实上狠下功夫。坚持从严要求、一丝不苟，严格执行规章制度，严厉惩处违章指挥、违章作业、违反劳动纪律等行为。监管严格，就是要建立强有力的监督机制，加强监督检查。

随着科学技术的发展，新型桥梁、大型桥梁不断增多，桥梁的运行维护变得越来越复杂，桥梁安全运行管理也变得越来越重要。不断学习桥梁安全运行管理技术，有助于加深对安全管理的认识，更好地掌握安全管理理论、技术和方法，提高安全管理水平，切实做好安全管理工作。首先，要通过安全生产理论、法律法规、规范、标准的学习获得专业的安全管理知识；其次，要学习国内外先进的桥梁安全运行管理经验，更新桥梁运行维护知识，开阔视野，提高安全管理能力；最后，要从桥梁坍塌、船舶撞击等事故中去学习，吸取经验和教训，因为事故是人们违背客观规律受到的惩罚，是对各项工作进行的最公正的检查，是强迫人们接受的最真实的科学实践，避免自己重蹈覆辙。

（三）现场安全管理的五种方法

桥梁现场安全管理，就是针对桥梁运行过程中出现的安全问题，运用有效的资源，通过人们的努力，进行有关决策、计划、组织和控制等活动，实现桥梁运行过程中人与桥梁设施、环境的和谐，达到桥梁安全运行的目标。当前，城市桥梁的数量比以前有了较大的增长，相应地，安全管理工作任务也显得十分繁重，按照桥梁运行安全、科学、有序发展的要求，桥梁现场的养管、监理及监测等单位应采取切实有效的管理措施，完善安全管理体制机制，着力提升桥梁运行安全管理水平。

现场这个说法，有广义和狭义两种。广义上，凡是企业用于从事生产经营的场所都称为现场，比如厂区、车间、仓库、运输线路、办公室及营销场所等。狭义上，现场是指企业内部直接从事基本或辅助生产过程的场所，是生产系统布置的具体体现，是企业实现生产经营目标的基本要素之一。桥梁运行安全管理的场所主要是指桥梁及相应管辖范围。桥梁运行管理的现场就是指运用科学的管理制度、标准和方法对现场各生产作业要素，包括人（作业及管理人员）、机（设备、主体构件、工具）料（原材料）、法（操作、检测方法）、环（环境）、信（信息）等进行合理有效的计划、组织、协调、控制和检测，使其处于良好的结合状态，实现安全、文明生产作业的目的。现场管理是一项综合管理，是桥梁运行管理的重要内容。现场管理以问题发生现场作为管理的对象和背景，强调对现场进行现实的检查、检测及分析，继而采取切实有效的措施解决现场的问题。现场管理又是一个企业的形象、管理水平、服务质量控制和精神面貌的综合反映，是衡量企业综合素质及管理水平的重要标志。据有关资料统计，全国各类安全事故90%以上发生在生产现场。因此，安全工作应以现场管理为重点，而安全制度则应围绕现场管理制定，使安全贯穿于现场管理的每个环节、每个部位。

（四）安全目标管理

安全目标管理是目标管理在安全管理方面的应用，它是桥梁运行管理过程中各相关单位乃至内部每个部门、每个职工，从上到下围绕企业安全生产的总目标，层层展开各自的目标，确定行动方针，安排安全工作进度，制定和实施有效的组织措施，并对安全成果严格考核的一种管理制度。安全目标管理是根据企业安全工作目标控制企业安全生产的一种民主的科学有效的管理方法，是桥梁运行及养护维修企业实行安全管理的一项重要内容。安全目标的内容包括安全管理水平提高目标、安全教育达到程度目标、伤亡事故控制目标、作业环境达标率提高目标、现代化科学管理方法应用目标、安全标准化达标率目标、安全性评价目标等各项安全工作目标。安全目标管理的实施过程可分为四个阶段，即安全管理目标的制订、建立安全目标体系、安全管理目标的实施、目标的评价与考核等。

安全目标管理，又是以目标责任者为主的自主管理，是通过目标层层分解、措施的层层落实实现的。将目标落实到每个人身上，渗透到每个环节，使每个职工在安全管理上都承担一定的目标责任。因此，必须充分发动职工，实行全员、全过程参与，才能确保安全目标的达成。

三、管理作业标准化建设

《国务院安委会关于深入开展企业安全生产标准化建设的指导意见》要求，全面推进企业安全生产标准化建设，进一步规范企业安全生产行为，改善安全生产条件，强化安全基础管理，有效防范和坚决遏制重特大事故发生。同时，对企业安全生产标准化建设提出了四个方面的指导意见：一是充分认识深入开展企业安全生产标准化建设的重要意义；二是总体要求和目标任务；三是实施方法；四是工作要求。开展安全生产标准化建设，既是规范企业安全生产行为、有效防范和坚决遏制重特大事故发生的重要举措，也是建设本质安全型企业的重要保障。

（一）管理作业安全标准化建设的意义

安全生产标准化就是通过建立安全生产责任制，制定安全管理制度和操作规程，排查治理隐患和监控重大危险源，建立预防机制，规范生产行为，使各生产环节符合有关安全生产法律法规和标准规范的要求，人—机—物—环境处于良好的生产状态并持续改进，不断加强企业安全生产规范化建设。而安全生产标准化建设就是用科学的方法和手段提高人们的安全意识，创造人的安全环境，规范人的安全行为，使人—机—物—环境达到最佳的统一，实现最大限度地防止和减少伤亡事故的目的。安全生产标准化还体现了"安全第一，预防为主，综合治理"的方针和"以人为本"的科学发展观，代表了现代安全管理的发展方向，是先进安全管理思想与中国传统安全管理方法、企业具体实际的有机结合。提高安全管理水平，预防事故，对保障生命财产安全有重要意义。深入开展安全生产标准化建设的重要意义主要体现在以下几个方面：一是落实企业安全生产主体责任的必要途径；二是强化企业安全生产基础工作的长效制度；三是政府实施安全生产分类指导、分级监管的重要依据；四是有效防范事故发生的重要手段。

（二）管理作业安全标准的种类

安全系统工程有关事故形成的理论认为，事故是由人、物、环境、管理四要素引起的，事故预防应从影响系统的四个要素，即人、物、环境、管理出发进行综合治理。根据这个理论，安全生产标准可分为基础类标准、管理类标准、技术类标准、方法类标准和产品类标准等五类。

第Ⅰ类：基础类标准。基础类标准是制定其他安全标准的依据和准则。此类标准主要是指在安全生产领域的不同范围内，对普遍的、广泛通用的共性认识所做的统一规定，在一定范围内是制定其他安全标准的依据和共同遵守的准则。其内容包括制定安全标准所必须遵守的基本原则、要求、术语、符号，各项应用标准、综合标准赖以制定的技术规定，物质的危险性和有害性的基本规定，以及材料的安全基本性质和检测方法等。

第Ⅱ类：管理类标准。管理类标准是生产、经营、科学管理的准则和规定。

此类标准是指通过计划、组织、控制、监督、检查、评价与考核等管理活动的内容、程序、方式，使生产过程中人、物、环境各个因素处于安全受控状态，直接服务于生产经营科学管理的准则和规定。管理类标准的内容主要包括安全教育、培训和考核等，重大事故隐患评价方法与分级，事故统计与分析，安全系统工程，以及人机工程和有关激励与惩处等标准。

第Ⅲ类：技术类标准。技术类标准是指在设计、施工、运行等方面提出的技术要求与实施过程中的安全要求，而为达到这些要求，可作为所需制定的技术标准的总称，如民用爆破器材工厂设计安全规范、建筑设计防火规范等。

第Ⅳ类：方法类标准。方法类标准是对技术活动的方法所做出的规定。安全生产方面的方法标准主要包括两种：一种以试验、检查、分析、抽样、统计、计算、测定、作业等方法为对象制定的标准，如试验方法、检查方法、分析方法、抽样方法、计算方法、测定方法、设计规范、工艺规程、作业指导书、操作方法等。另一种是为合理生产优质产品，并在生产、作业、试验、业务处理等方面为提高效率而制定的标准，如安全评价通则、安全验收评价导则，安全现状评价导则等。

第Ⅴ类：产品类标准。产品类标准是对某一具体安全设备、装置及其安全要求所做的技术规定。它是在一定时期和一定范围内具有约束力的技术准则，是产品生产、检验、验收、使用、维护和洽谈贸易的重要技术依据，对保障安全、提高生产和使用效益具有重要意义，如桥梁健康监测系统等。

（三）管理作业安全标准化的基本要求

城市桥梁运行管理相关单位开展安全生产标准化工作，应遵循"安全第一，预防为主，综合治理"的方针，以隐患排查治理为基础，采用"策划—实施—检查—改进"动态循环的模式，依据相关标准的要求，结合自身特点，建立并保持桥梁安全生产标准化系统；通过桥梁安全检查、自我纠正和自我完善，建立安全绩效持续改进的安全生产长效机制。

1. 健全桥梁安全运行机制。桥梁是重要的城市基础设施，桥梁监管机构要将城市桥梁安全管理工作作为保障人民群众生命财产安全、维护社会和谐稳定、促进经济社会健康发展的一项长期重要任务。每个城市不同地区应统一领导，完善组织管理和应急处置工作体系，明确具体部门牵头负责，统筹协调，形成合力。同时，与公安等相关部门沟通协调，建立工作协调机制，明确工作职责和流程，建立联席会议等工作制度。桥梁监管机构和运行养管企业应提前介入规划与建设环节，形成安全管理工作合力，全面保障桥梁运行安全。为开展桥梁安全标准化建设、桥梁运行风险防范、桥梁运行安全评估等工作，可考虑组建中间机构和安全管理技术专家队伍，为桥梁安全标准化建设提供技术服务。

2. 夯实桥梁安全管理基础。桥梁监管机构和运行养管企业等应及时识别与获取适用的安全生产法律法规、标准规范，形成以法律法规为龙头、部门规章为基础、规范性文件为补充的桥梁运行安全管理体系。必要时，与国内外相关安全标准化管理机构进行合作，便于形成桥梁运行安全标准制定、修订工作机制，使桥梁运行安全标准的制定、修订工作更加科学、高效、公开、透明。

3. 例行桥梁安全检查制度。例行桥梁运行安全管理的监督和检查制度，制定考核管理办法，实现考核工作制度化、规范化，形成管理有效的责任制和监管机制。通常情况下，经常性检查每月不少于一次，汛期应增加检测频率，通过检查尽早发现桥梁重要部位的异常；定期检查是确定桥梁安全技术状况的全面检查，一般每隔三年应不少于一次，可以将这样的检查打包，委托专业桥梁检测单位实施；特大、特殊结构和特别重要桥梁的定期检查，每隔一年不应少于一次，也应委托专业桥梁检测单位实施。同时，根据检查结果，桥梁监管单位应按规定做好桥梁技术状况的复核工作，并及时查清相关桥梁病害的成因、破损程度和承载能力等，提出对这些病害的治理措施。

4. 制订应急预案，做好应急保障工作。桥梁监管机构和运行养管企业等单位要按照国家处置城市桥梁突发事件应急响应的有关要求，针对自然灾害和其他原因可能造成的桥梁运行安全事故，结合城市桥梁特点，制定完善应对各类突发事件的应急预案，建立完备的应急预案体系。加强对工作人员的应急培训，组织开展应急演练，对演练中发现的问题及时进行整改，全面提升应急处置能力。针对城市桥梁运行突发事件特点，结合应急预案的要求，建立交通、公安、消防、卫生等部门门的联动机制，储备相应应急物资和装备。城市桥梁监管机构和桥梁养管等单位，也应建立相应的专业应急救援队伍，配齐应急人员，完善应急值守和报告制度，保障城市桥梁运行安全。

5. 实行桥梁养护等级划分处置制度。依据桥梁技术安全状况评定结果，宜按桥梁完好状态等级采取不同的养护管理措施。一般情况下，A级桥梁属于完好状态，可进行正常保养；B级桥梁属于良好状态，可进行小修，并应及时修复轻微病害；C级桥梁属于合格状态，宜进行中修，酌情进行交通管制，并及时修复或更换较大损坏构件；D级桥梁属于不合格状态，应进行中修或大修，并及时进行交通管制或封闭交通；E级桥梁属于危险状态，应及时封闭交通，进行大修、加固或改建。通常对多年病害多发的桥型，要加大养护和改造力度。对低荷载、浅基础桥梁和宽路窄桥等，应加强桥梁适应性评价，逐步提高安全运行能力。对高烈度地区的桥梁，应逐步有序提升防震能力，力争实现"大震不倒，中震可修，小震不坏"。

6. 规范养护维修作业安全操作流程。桥梁养护维修单位需根据现场作业的实际情况，按照有关标准和企业内部的规定，在有较大危险因素的作业场所，设置明显的安全警示标志，或设置警戒区域，进行危险提示、警示，告知危险的种类、后果及应急措施。

7. 实施重大危险源监控。依据有关标准对桥梁重大危险源和危桥进行辨识与安全评估，及时登记建档，并按规定备案。同时，建立健全重大危险源和危桥安全管理制度，制定重大危险源和危桥的安全管理技术措施。

8. 隐患排查与挂牌督办。为有效防范和减少桥梁安全事故，桥梁监管单位在组织桥梁安全隐患排查前应制订排查方案，明确排查目的和范围，选择合适的排查方法。确定排查方法的依据如下：有关安全生产的法律法规、设计规范、管理标准、技术标准，以及安全生产目标等。同时，在平时抽检和例行检查的基础上，根据桥梁安全隐患严重程度和养管状况，建立桥梁安全隐患分级挂牌督办制度。运用桥梁健康监测技术实施安全预警，同时建立体现桥梁安全运行状况及发展趋势的预警指数系统。通常对存在重大安全隐患的桥梁，住房和城乡建设部将结合年度长大桥抽检巡查情况进行挂牌督办；对存在一般安全隐患的，由省级建设主管部门进行挂牌督办。桥梁养管单位要按照挂牌督办的要求，及时整治和报告隐患整改情况，严防桥梁安全运行事故发生。桥梁监管单位要强化对整改情况的全过程监督，做到隐患不消除，挂牌不取消，督办不停止。

四、安全文化建设

安全文化伴随人类的出现而产生，伴随人类社会的进步而发展。安全文化的概念第一次出现在 1991 年国际原子能机构编写的《安全文化》中——"安全文化是存在于单位和个人中的种种素质与态度的总和"。1993 年，国际核设施安全顾问委员会（ACSNI）进一步阐述了安全文化的概念："安全文化是决定组织的安全与健康、管理承诺、风格和效率的那些个体或组织的价值观、态度、认知、胜任力以及行为模式的产物。"

（一）安全文化的定义

在中国桥梁安全运行的实践中，人们发现，要预防桥梁事故的发生，仅有安全技术手段和安全管理手段是不够的。以当前的科技水平还达不到物的本质安全化、桥梁结构等设施设备的危险无法从根本上避免。但越来越多的人认识到，安全管理虽然有一定的作用，但是安全管理的有效性仍然依赖于对被管理者的监督和他们的反馈。安全工程师海因里希（W.H.Heinrich）调查了大量的工业事故，统计得出，工业事故发生的直接原因 98% 可以归纳为人的不安全行为（88%）和物的不安全状态（10%），人的不安全行为是事故发生的重要原因，大量不安全行为必然导致事故发生。故而，我们需要安全文化手段予以补充。安全文化手段的运用，正是为了弥补安全管理手段不能彻底改变人的不安全行为的先天不足。而安全文化就是通过对人的观念、道德、伦理、态度、情感、品行等深层次的人文因素的强化，利用领导、教育、宣传、奖惩、创建群体氛围等手段，不断提高人的安全素质，增强其安全意识，改正其不安全行为，将人们从被动地服从安全管理制度，转变成自觉主动地按安全要求采取行动。

（二）安全文化的层次

安全文化的整体结构由四个层次构成，四个层次相互联系、相互影响、相互渗透、相互制约。其中，安全物质文化是基础，安全精神文化是核心和灵魂，作为中介的安全行为文化和安全制度文化是安全精神文化通向安全物质文化的桥梁与纽带。

一是安全物质文化层。安全物质文化是为确保人们的安全生活和安全生产而以物质形态存在的条件、环境和设施的总和，或者说能够满足人们安全需求的各种物态要素或物质财富的总称。它们是安全文化的物质载体，居于安全文化的表层或最外层。安全物质文化是安全文化的根本保障和基础。

二是安全行为文化层。安全行为文化是在安全精神文化和安全制度文化指导下，人们借助一定的安全物质文化，在生活和生产过程中的安全行为表现，居于安全文化的中间层。行为文化既是精神文化和制度文化的反映，同时又反作用于精神文化和制度文化。

三是安全制度文化层。安全文化中一切制度化的法规、法令、标准及社会组织形式，作为安全文化中重要的、带有强制性的组成部分。安全制度文化是协调生产关系，以及规范组织和个体行为的各项法规制度，居于安全物质文化和安全精神文化之间，是安全文化的中间层次，发挥协调、保障、制约和促进的作用。

四是安全精神文化层。安全精神文化居于安全文化的内层或最里层，是指全体成员共同遵守，用于指导和支配人们安全行为的，以价值观为核心的意识观念的总称，是安全文化的核心和灵魂。作为安全，文化的核心，安全精神文化对安全制度文化、安全行为文化和安全物质文化起着主导和决定性作用。

（三）安全文化的内涵

安全文化是人们在长期安全生产活动中形成的，或有意识塑造并为人们接受、遵循的，具有企业特色的安全思想和意识、安全物态及环境条件、安全作风和态度、安全管理机制及安全行为规范。安全文化是多层次的复合体，具体内容应包括保护职工从事生产经营活动中的身心安全与健康，既包括无损、无害、不伤、不亡的物质条件及作业环境，也包括职工对安全生产及经营活动的安全意识、信念、价值观、经营思想、道德规范等精神因素。安全文化应以人为本，提倡科学发展、安全发展，以提高职工安全文化素质为目标，形成群体和企业的安全价值观。如果要使职工建立起安全自护、互爱、互救、应急的安全文化体系，以安全为荣，那就应当在职工的心灵深处树立起安全行为规范、安全与健康奋斗目标。

（四）安全文化的功能

安全文化的功能主要表现有凝聚功能、导向功能、激励功能、约束功能、协调功能等。

1. 凝聚功能。安全文化是大家的共识，它体现一种强烈的整体意识，并具备凝聚功能。具体说，全体成员在安全观念、目标和行为准则等方面保持一致，有利于形成强烈的心理认同力量，能表现出强大的凝聚力和向心力。

2. 导向功能。安全文化具有感召力，通过教育培训手段和安全氛围的烘托，安全价值观、安全目标在全体成员中可以达成共识，并以此引导人们规范安全行为，指引人们向既定的安全生产目标前进。

3. 激励功能。始于领导层对安全文化的重视，特别是组织安全操作活动竞赛，对优胜者进行奖励等，对员工来说，这自然而然地会成为一种无形的激励，激发他们积极开展安全生产的活动。

4. 约束功能。若违反安全文化的道德规范和行为准则，必然会受到群众舆论和规章制度的约束。同样，当置身于已经达成共识的安全文化氛围中时，职工个人也会产生自我安全意识，形成内在的自我约束。

5. 协调功能。安全文化的形成，使人们对达成安全共识有共同的价值观、态度和信念，这不仅便于相互沟通，也便于团结协作。另外，安全文化也能成为协调矛盾的尺度或准则。

（五）安全文化建设的内容

安全文化建设是企业安全管理中高层次的工作，是实现零事故目标的必由之路，是超越传统安全管理方法来解决安全生产问题的根本途径。因此，桥梁运行养管企业应紧紧围绕"安全—健康—文明—环境"的理念，采取管理控制、精神激励、环境感召、心理调适、习惯培养等一系列方法，推进安全文化建设的深入发展，同时丰富了安全文化内涵。桥梁运行养管企业安全文化的建设应充分考虑自身内部和外部的文化特征，引导全体员工规范安全行为，以实现在法律和政府监管要求之上的安全约束，并通过全员参与提高桥梁运行安全管理水平。安全文化建设的基本要素为安全承诺、行为规范、激励制度、信息传播、教育培训。安全承诺是由企业公开做出的，代表全体员工在关注安全与追求安全绩效方面具有稳定意愿的明确表示。这个意愿的内容应包括安全价值观、安全愿景、安全使命及安全目标等，而安全承诺的含义应清晰明了，能被全体员工和相关方面知晓理解。

综合利用各种传播途径和方式，提高安全信息传播效果。于是，企业应优化安全信息的传播内容，可将有关安全实践的经验作为主要信息传播内容，对涉及安全事件的信息传播要求真实、开放，同时也可从他人处获取信息或向他人传递信息。

第三节　桥梁养护管理研究——以城市桥梁加固与旧桥拆除为例

桥梁加固是改善桥梁受力性能，以及提高桥梁局部或整体承载能力的技术措施。桥梁加固应以保持原结构受力体系为原则，如确需改变原结构受力体系，需要进行严格的结构分析与验算。当加固仍不能满足要求时，可进行桥梁的部分或全部拆除重建。

一、桥梁加固的原则

桥梁加固是一项十分重要且又极具专业性的工作，要求将专业基础理论与桥梁病害情况有机结合在一起，需要考虑多方面因素。从某种意义上说，不论是加固方案的拟订与设计计算，还是具体实施，难度往往比新建桥梁大很多。

一般桥梁加固是针对Ⅲ～Ⅴ桥梁的，或者是需要临时通过超重车的桥梁，有时也可以与桥梁拓宽、抬高等技术改造工程同时进行，以满足并适应城市交通发展的需要。加固措施所涉及的内容很广，包含桥梁检测鉴定、设计计算、加固方案比较选择以及经济效益的优化等方面。所以，桥梁加固工作从开始至实施阶段还应遵循以下原则。

（一）结合现场条件，制订加固技术方案

桥梁加固前，要对原结构受力体系的承载能力、使用性能进行全面鉴定，对桥梁结构的各种病害、缺陷等实际状况进行客观准确地把握和评价，并分析桥梁结构病害的原因。设计时的分析计算模式、材料性能指标应尽量与实际保持一致，制订加固实施方案应充分考虑对既有交通的影响，使其具有较强的可操作性，而所采用的施工工艺、设备机具应与现场条件相结合。

制订加固方案时，应先考虑温度变化、地基沉降、腐蚀及振动等因素对桥梁结构耐久性及使用性能的不利影响，并适当考虑交通流量增大、超重超载车辆及施工荷载等因素对结构受力的影响，以及对其可能造成的损坏提出对策措施，避免这些不利因素再次影响桥梁加固的效果，消除各种隐患。同时，根据桥梁结构的实际状况、历史变迁、荷载变异、

功能要求、加固效果、交通状况、施工条件及资金投入等方面的因素，经比较、论证，优中选优，最终确定加固技术方案。

（二）采取有效措施，防止对结构造成新的损害

桥梁加固过程中，若发现原有结构或构件存在新的缺陷等问题，应立刻停止施工，并会同设计、监理单位采取有效措施，防止对原有结构造成新的损害。对于可能存在倾覆、失稳、滑移、倒塌的结构，应采取有效的临时加固措施，防止在加固期间产生新的病害或损伤。此外，应尽量不损伤既有结构，保留其具有利用价值的部分，避免不必要的损伤、拆除或更换。

（三）满足安全性、可靠性、耐久性要求

与此同时，桥梁加固还应考虑新旧结构的强度、刚度与使用寿命的均衡和匹配，尽可能确保新增加的截面和构件与原有结构能够可靠地协同受力，有序加固，共同承担外荷载，满足结构安全、可靠、耐久的要求。一般说来，在这项加固过程中，结构受力形式，荷载大小及作用位置等都在不断变化，所以，桥梁加固工作必须依据加固技术与工艺设计的要求，尽量减少作用在原有结构上的施工荷载，避免在某个阶段产生过载现象，导致对原有结构造成新的损害。

二、桥梁加固的常用方法

桥梁加固可采用多种方法，一般应根据旧桥的实际状况、承载能力下降的程度以及日后交通量而定。但是不论采取哪种加固方案，都应考虑投资省、工效快、交通干扰小、技术可行、安全可靠和有较好耐久性等方面要求。若采用扩大或增加桥梁构件断面的方法加固，应考虑增加断面的部分与原有部件的结合效果。如果通过这种维修加固的桥梁仍达不到车辆交通的要求，则必须考虑桥梁部分或全部改造重建。

（一）上部结构加固方法

桥梁上部结构常用的加固方法通常包含增大构件截面加固法、粘贴加固法、体外预应力加固法、改变结构体系加固法、增设承重构件加固法等，而如果是拱桥，可根据其受力特点采取顶推法等专门的加固方法。

1. 增大构件截面加固法

又称为"外包混凝土"加固法，即通过增大混凝土构件的截面、增加配筋，以及提高配筋率等加固方法提高桥梁的承载能力。该方法既可加固梁式桥，也可加固拱式桥，并按构件的截面可分为单侧、双侧、三侧或四周外包加固；根据加固目的和要求的不同，还可以分为以增大断面为主或增加配筋为主的加固。

一般说来，增大构件截面是中小跨度桥梁常用的加固补强方法之一，其优点是可以提高结构承载能力、增大结构刚度，缺点是恒载增加较多、新旧材料的受力性能可能会存在

差异。增大截面的途径包括增加受力主筋、增加混凝土断面、加厚桥面铺装层和喷射混凝土加固等几种方法。

（1）增大梁肋断面加固。有相当一部分既有桥梁属于多梁式结构，比如装配式 T 梁桥、钢筋混凝土肋拱桥等。对于这些桥梁的加固，通常是将梁肋的下缘加宽，扩大截面，并在新增混凝土截面中增设受力主筋与箍筋，以提高混凝土梁（肋）的有效高度和抗弯承载力。

（2）加厚桥面铺装层加固。将原有桥面铺装层拆除，重新铺设一层钢筋混凝土补强层，用以增加主梁有效高度和抗压截面、改善桥梁荷载横向分布性能，进而提高桥梁整体承载能力。这种方法会使桥梁自重和恒载弯矩增加较多，可能造成既有结构下缘受拉钢筋的应力超出规范的限值，故这种方法只适用于跨径较小的 T 梁桥或板梁桥。

（3）喷混凝土加固。当既有梁体截面过小，下缘应力超过规范允许值而使其出现裂纹，且桥下净空又允许时，宜借助高速喷射机械，将新混凝土连续地喷射到已锚固好钢筋网的受喷面上，凝结硬化而形成钢筋混凝土。通过增大梁体受力断面与增加受力钢筋数量的技术手段，加强桥梁结构的整体性，实现提高桥梁承载能力的目的。

2. 粘贴加固法

当桥梁结构构件的抗弯、抗剪能力不足，受拉部位开裂时，可以采用环氧树脂胶黏剂将钢板、钢筋及纤维布等材料，粘贴到钢筋混凝土结构构件的受拉丝或薄弱部位，使之与原结构形成整体，用以代替需增设的补强钢筋。此法可实现增强结构的抗弯、抗剪能力，改善结构的受力状态，以防止结构裂缝进一步扩展。

（1）粘贴钢板加固。根据混凝土构件受力部位的应力状态，选择粘贴钢板加固的形式。一种是沿主钢筋方向或分布钢筋方向单个方向的加固，采用带状钢板加固的形式；另一种是沿主钢筋方向和分布钢筋方向同时加固，采用板状钢板加固的形式。粘贴钢板的用量可通过换算成钢筋用量的方法获得，如果计算求得的钢板厚度很小，一般最小厚度宜取 4.5 mm。粘贴钢板加固的优点是施工简便、周期短；粘贴时所占空间小，不减桥下净空；加固的部位、范围与强度可视需要灵活设置，可在不影响或少影响交通的情况下作业。其缺点是黏结剂的质量及耐久性是影响加固效果的关键因素，应充分重视；另外，钢板容易锈蚀，应做好防锈处理。

（2）粘贴钢筋加固。粘贴钢筋加固常用于中小桥的加固。由于与粘贴钢板可以互换，一般加固工程应用较少。其优点主要是与结构物粘连性能较好，加工成型容易，加固效果明显；缺点是与粘贴钢板相比，加固可靠性稍差，耐久性有所不足，故宜依据其自身的特点合理采用。

（3）粘贴碳纤维布加固。粘贴碳纤维布加固是一种新型的结构加固技术，它是利用树脂类黏结剂将碳纤维增强复合材料（CFRP）粘贴在混凝土构件表面，粘贴时应沿构件主拉应力方向（或与裂缝正交方向），两端应分别设置锚固端，可以约束裂缝的扩展。当结构荷载增加时，碳纤维布因与混凝土协调变形而共同受力，继而提高混凝土构件的承载能力与刚度，对构件起到加固作用。碳纤维的拉伸强度一般为 2 400 ～ 3 400 MPa，与普通钢板相比，具有拉伸强度高、自重小、化学结构稳定的特点。碳纤维布补强加固施工方便，无需任何夹具、模板，能适应各种钢筋混凝土结构外形，但也存在难以改善原有结构的应力状况、减弱钢筋塑性对构件延性产生的影响、黏结剂耐久性不足等问题。

3.体外预应力加固法

桥梁使用应力过大，混凝土梁体容易产生开裂，并可能产生过大的下挠变形，而采用体外预应力加固法对其进行加固，是按照预应力的原理，在预应力拉杆或钢束的张拉作用下，对混凝土梁的受拉区施加一定的初始压应力，尽量减少混凝土的应力对该受拉区的影响，避免梁体再受力开裂，以改善桥梁使用性能及耐久性。体外预应力拉杆加固，又可根据加固对象的不同，分为水平拉杆加固、下撑式拉杆加固和箱梁体外预应力加固三种形式。

一是正截面受弯的构件采用水平拉杆进行加固。这种加固方法能提高构件的抗弯能力，如可在预应力混凝土 T 形梁或工字梁断面的受拉侧安装水平拉杆，通过紧俏螺栓实施横向张拉，这样拉杆内可以产生较大纵向拉力，此刻梁体下缘受拉区受到拉杆预应力的作用，梁的挠度将逐渐减小，原有的裂缝也随之缩小。

二是使用下撑式拉杆对斜截面受剪，正截面受弯的构件进行加固。这种加固方法能同时对受弯构件的抗剪、抗弯强度起到补强作用。

三是箱梁体外预应力加固。这是针对箱梁抗弯和抗剪强度不足、主拉应力过大而采用的一种加固技术，可有效解决预应力连续箱梁跨中区段梁体开裂等问题。

4.改变结构体系加固法

改变结构体系加固法是通过改变桥梁结构的受力体系，以减少梁的内力或应力，提高承载能力的一种加固方法，其加固效果较好，特别适合用于解决超重车辆的临时通行。通常桥梁改变结构体系都会在桥下操作，所以采用这种加固方法，还必须考虑尽量减少对桥下船舶通行和排洪能力的影响。下面简单介绍三种常用的加固方法。

（1）简支梁的连续加固。根据简支梁与连续梁的特征，增加纵向钢筋，将简支梁与简支梁连接转换成连续梁，或将多跨简支梁转换成多跨连续梁，或将多跨简支梁改造成桥面连续体系，继而减小原桥梁跨中截面的弯矩和挠度值，改善多跨梁桥的受力特性。

（2）增设加劲梁或叠合梁加固。该加固法的力学计算，应根据被加固的结构体系转换形成的新受力状态，得出计算图式，并通过补强计算。但实际运用中，桥梁结构的受力体系比较复杂，各结构部分之间存在多种多样的联系，而决定每个部分联系性质的主要因素是结构的刚度比值。所以，为了获得简明的计算图式，可依据相对刚度大小，将桥梁的结构受力体系分解为基本部分和附属部分，分开计算其内力，如分成主梁与次梁、主跨与附跨，并考虑略去结构的次要变形。

（3）增设八字撑架加固。原有主梁下增设八字形斜撑做支承。斜撑为型钢或钢筋混凝土预制构件，其下端支承在桥墩上或承台顶面，上端支承于梁底，中部有时可加设托梁。如果通过设计计算，增设八字形斜撑仍不能满足桥梁加固所要求的承载能力，还可采取对原有主梁增设主筋或增厚桥面板等措施。

增设八字形斜撑时，对主梁支撑点的位置选择应适当、合理。若原结构为简支梁，则新增设支撑点的位置应考虑恒载与活载组合作用不得超过主梁上缘配筋容许的负弯矩，单跨梁则按三跨弹性支承连续梁进行验算；若原结构为连续梁，该支撑点的位置应通过计算确定，且控制主梁在增设支撑点的负弯矩与原有主梁由恒载产生的正弯矩相近，使每个截面工作时的应力小于容许应力值。而此时的恒载宜按原有结构受力体系计算，活载应按原有结构与八字形斜撑组成的受力体系进行计算。

5. 增设承重构件加固法

当桥梁承载能力不能满足要求，而梁体结构基本完好，桥梁墩台、地基又具备足够的承载能力时，可考虑采用增设纵梁或横梁的加固方法，以提高原有桥梁的荷载等级，该方法对于活载内力占总内力比例较大的中小跨度梁桥、拱桥，具有比较明显的加固效果与经济优势。

（1）增设纵梁加固。增设纵梁加固的方式可根据原结构承载能力、加固需求及施工条件等综合考虑。一般情况下，对普通钢筋混凝土梁桥，可以利用原结构设置悬挂模型板，现场浇筑新增加的纵梁，也可以安装预制纵梁。预应力钢筋混凝土梁桥因无法在桥上进行张拉，故新增加的纵梁也应先预制，后安装。

（2）增设横梁加固。增设横梁的方法常用于因横向整体性差而降低了承载能力的梁桥，或受力整体性较差的双曲拱桥、桁架拱桥。增设横梁可以使各纵梁之间增强横向联系，改善荷载横向分布。其加固特点是需要在纵梁上新增横梁的部位钻孔，并设置贯通桥梁宽度的连接钢筋，而连接钢筋的两端应采用螺帽锚固在纵梁上，并采取必要的防护措施。之后，悬挂模板浇筑混凝土，便形成了新旧纵、横梁相互间的受力整体。

6. 其他加固方法

根据桥梁结构受力特点、病害特征，还可采取其他加固方法，如拱桥顶推加固法、钢管混凝土加固补强、改桥为涵加固法。

（1）拱桥顶推加固法。拱桥顶推加固是调整拱轴线及压力线的有效方法。当桥台水平位移过大，致使拱顶下沉，拱顶下缘和拱脚截面上缘出现裂缝，拱轴线严重偏离设计轴线时，可考虑采用此法。考虑采用拱桥顶推加固的同时，还应确认桥台变位已经稳定，否则要先行加固桥台；其次进行试顶、试演，办理相关断道，断航手续划出作业区，确保作业安全。

（2）钢管混凝土受混凝土材料、施工工艺、温度变化及混凝土收缩等因素的影响，经过一段时间后，钢管与管内混凝土之间会出现缝隙，导致钢管混凝土实际受力状况与设计要求有所不符，从而产生安全隐患。对此，常采取化学灌浆处理措施，以恢复钢管与管内混凝土密贴状态，保证管内混凝土的密实性。

（3）对市区内有些跨径较小的混凝土桥梁，在不影响泄洪能力的情况下，也可采用改桥为涵的加固方法。原结构受到涵洞填充物的连续支承，承载能力会大幅度提高。涵洞的形式可视具体情况，采用圆管涵、拱涵或箱等形式。

（二）选择加固的几种情况

考虑桥梁加固的内容及范围，需根据桥梁评估结论并通过充分比较，才能决定是否需要采取加固措施。通常情况下，加固措施可分为一般性维修加固和结构性加固。一般性维修加固包括加厚桥面铺装层、油漆涂装、裂缝封闭与灌浆处理、支座更换等，这些也是桥梁养护的日常内容，其目的是确保桥梁结构的使用性能和耐久性能不受大的影响。结构性加固包括地基基础及上部结构的加固等，通常用于弥补桥梁结构先天缺陷，恢复受损构件的承载力或使其满足新的使用条件下的功能要求。

当加固费用比新建费用节省一半时，应优先考虑加固。一般确定桥梁加固可以包括整座桥梁，也可以是指定的区段或特定的构件，同时要求加固技术可靠、耐久，养护方便。若发现以下几种情况宜考虑采取加固措施。

1. 桥梁承载能力不足

按照现行通行车辆荷载进行验算，并采用实际计算应力与容许应力比较分析的方法，即若实际荷载作用下构件所产生的计算应力大于材料实测容许应力时，则需要加固；反之，则仅采用维修养护措施即可。

2. 桥梁局部损坏

桥梁因车辆超载局部产生破损，若破损严重，已不能满足承载要求时，应尽早对个别受损构件进行加固；若破损不严重，对正常车辆通行影响不大，则对受损构件进行维修即可。

3. 车辆通行能力不足

现代城市交通量日益增长而造成桥面宽度不够，影响车辆通行能力时，宜考虑采取拓宽的加固形式，满足通行能力的要求。

4. 结构使用性的影响

桥梁局部或整体刚度不足，已影响正常使用时，可采取提高桥梁刚度的加固措施，改善桥梁结构的使用性能。

5. 战争或自然灾害的影响

因战争或遭受特大自然灾害，受损桥梁需要进行抢修，以及为确保重车临时通过桥梁时的安全，需要对桥梁采取临时加固措施。

6. 保持路段内载重一致

为使整条路线上或一个路段内桥梁的承载能力保持一致，对个别载重能力较低的桥梁，应按当前载重要求进行加固。

桥梁加固是一项探索性、实践性、技术性很强的工作，需要在实践中不断积累经验，总结分析后期桥梁运行效果，采取更科学、更适用的方法，实施桥梁加固。

（三）下部结构加固方法

桥梁的承载能力是否满足正常运行的需求，不仅与上部结构的技术状况有关，而且与桥梁重要组成部分的下部结构有关。而桥梁下部结构主要包括墩台和基础，这两部分结构将直接承受上部结构的恒载与活载作用，并将荷载传递到基础。所以，桥梁下部结构的技术状况同样也直接影响桥梁的承载能力与桥梁的正常运行，且部分桥梁有些病害还是下部结构的原因引起的。

桥梁下部结构的加固技术，一般采用对墩台的补强、限制，减小墩台的位移，或增加基础的承载能力，如采取加桩、增大基础面积等措施。若墩台和基础结构技术状况特别差，或加固的施工工艺复杂、把握性不大，工程经费又较高，则不宜考虑加固利用。

1. 扩大基础加固法

扩大基础加固即为桥梁扩大基础底面积的加固方法。该方法适用于桥梁基础承载能力不足，或基础埋深不够，而且砌筑的墩台为刚性实体基础。通常情况下，地基的承载力满足要求，而发生的缺陷或病害仅是基础不均匀沉降变形过大引起的，宜采用扩大基础底面积加固的方法，所需扩大基础底面积的大小应根据地基变形计算确定。

2. 增补桩基加固法

桥梁桩基深度不够或水流冲刷过大等造成墩台倾斜、沉降或船舶、漂流物撞击而导致桩端头损伤，在此情形下，采用增补桩基加固是一种比较有效的加固方法。加固时一般是在原基础周围补加钻孔桩（或打入钢筋混凝土预制桩、钢管桩），扩大原承台和基础，并牢固结合，以此提高基础承载力，增强稳定性。

3. 人工地基加固法

桥梁基础的天然地基松软，不能承受很大荷载，或上层土壤承载力足够，但深层存在软弱土层时，可采用人工地基加固法，常用的方法静力压浆加固、高压旋喷注浆加固、静力压浆加固。该方法一般采取向墩台中心处斜向钻孔或打入压浆管，并通过管孔，在一定压力下将水泥浆或化学浆等注入土层中，待浆液凝固，原有松散的土固结，结成具有一定强度和防渗性能的整体，或把岩石中存在的裂缝堵塞。此法按静力压浆的作用可分为填充压浆、裂缝压浆、渗透压浆与挤压压浆四类；高压旋喷注浆加固。目前，高压旋喷注浆加固的用途比较广泛，且地基加固的质量可靠、效果好，已逐渐成为常用的地基处理方法之一。该方法最大特点是将钻机的旋喷注浆管置于设定的地基加固深度，借助注浆管的旋转和提升运动，在注浆压力的作用下，通过注浆管的压力喷嘴，将一定比例的浆液喷入土体，使得土和浆液搅拌成混合体，固结后便与原土基结成整体。

4. 桥墩箍套加固法

桥墩因承载能力不足、水流冲刷，以及地震、火灾、船舶和漂流物撞击等造成的损坏，宜采取外围浇筑钢筋混凝土箍套加固补强，箍套的厚度一般不宜小于 10 ~ 15 cm，并通过内部植入钢筋、布设化学锚栓与原结构形成整体。

5. 桥台帽梁拓宽加固法

有时需要对桥梁进行拓宽，而随着桥梁上部结构的拓宽，下部结构中的桥墩、桥台也要随之加宽加大。当原有桥梁结构布置桥台或盖梁，常常采取接长盖梁的做法，如果盖梁的接长范围较大，则应在盖梁前后及侧面布设体外预应力筋，盖梁接长部分的内部需加密钢筋网，并设置螺旋钢筋网、钢板等预埋件。

三、旧桥拆除作业

目前，桥梁工程界在桥梁拆除设计理论、施工方法和技术方面已积累了一定的经验，特别是近年来，随着对静态切割技术（绳锯切割、碟式切割、墙体切割等）、破碎技术（高压水枪、静态爆破、液压破碎锤和液压破碎镐等）、顶升技术（电动和气动液压千斤顶、连续千斤顶、大吨位千斤顶等）和吊装技术（缆索吊装、桥面吊架、大吨位汽车吊和履带吊等）的研究、开发利用，一些新型的可用于桥梁拆除的施工工艺不断涌现，具有较高业务素养的拆除队伍也在逐渐成长。

合理利用已有的新兴工艺和技术，组织专业施工队伍进行桥梁拆除施工，以及提升科学拆除各类桥梁的能力势在必行。

通常来说，旧桥只有在结构和功能上同时无法满足使用要求时才考虑拆除。桥梁拆除首先要确保的应是结构受力上的安全。梁桥、板桥、拱桥、吊桥、组合体系桥（斜拉桥、悬索桥）等不同类型的桥梁受力不一，拆除方法也因此各异，即使是同种桥型，其拆除方案也可能不同。这主要是因为旧桥梁本身结构和功能还在发挥作用，其赋予的关联和影响因素诸多，需要具体问题具体分析。如何克服旧桥拆除过程中的复杂影响因素，保证拆除过程安全，是选择桥梁拆除方案必须考虑的。

（一）旧桥拆除方案设计

旧桥梁的拆除作业是一项技术较复杂、危险性高的施工作业，从事拆除作业的施工单位或人员应具有拆除施工经验。拆除方法的选用应根据城市桥梁所处的地理位置、桥梁结构类型、拆除方案的可操作性、作业安全性、环境影响及经济性等情况进行筛选，并应进行拆除方案设计，编制详细的施工组织设计方案。

因桥梁结构复杂多样；受力形式不同，拆除方法和步骤很难一概而论，通常是先拆非受力构件，再拆主要受力构件，化整为零，然后按建桥时的逆序施工，并以对称平衡进行卸载。故还应把握好下列三项基本原则：1.制订合理的拆除方案，选择合理的拆除工艺。2.注重施工过程控制，优先选择静力切割拆除等方式。3.制定完备的安全应急预案和应急机制。

综上所述，桥梁的拆除应依据施工组织设计的拆除程序，按照逆向施工要求逐步减少恒载。而拱梁的拆除需要基于恒载分布对压力线的影响，拆除工作切不可盲目进行，避免拆桥中拱圈突然倒塌造成人员伤亡事故。桥梁拆除作业的危险性和风险性较高，故应实行现场管制，禁止非作业人员及车辆进入拆除作业区域，采用爆破法拆除桥梁的，应按爆破作业的有关规定执行，爆破拆除时应确定合适的警戒区域，并实行管制，禁止非相关人员和车辆进入警戒区范围内。爆破警戒区应按爆破作业的有关规定确定，并制订合理的警戒方案。

（二）旧桥拆除步骤和环节

对于桥梁拆除过程中的所有步骤和环节，包括制定科学合理的拆桥方案和全面的安全管控体系，以及拆除过程的具体实施，人作为拆除实施的主体，起着重要作用。于是，应选择具有经验的专业施工队伍和专业技术人员承担桥梁拆除的任务，这对保障桥梁拆除安全至关重要。

部分桥梁拆除资料显示，很多桥梁存在先天缺陷和施工质量问题，如按原设计图制订的桥梁拆除方案实施，发现结果与实际情况出入较大，如截面尺寸、预应力钢筋位置、普通钢筋数量、混凝土质量与原设计不一致。另外，桥梁使用数十年后，材质劣化，无法通过计算确定结构的承载能力。这种情况下，桥梁本身的受力和潜在的安全隐患很难把握。旧桥经过多年的运营和维修加固，其强度、刚度、稳定性都有不同程度的下降，同时拆除过程中桥梁结构体系也在不断变化，使得结构受力更加复杂，如果没有丰富的桥梁拆除施工经验，不能对其拆除施工进行可控分析计算，尤其是此种情况如果再采用不成熟的拆除设计方案，拆除难度和风险就会更大。因此，施工的每步推进，都必须进行现场调查核实，加强拆除过程的技术控制和施工组织管理。

目前，国内尚无桥梁拆除设计、施工规范（施工指南）等，而且相关方面的报道和工程实例也较少。由于桥梁拆除的方式本身机动灵活，而桥梁拆除设计缺乏理论指导和经验确保，现有各类拆除设计均是套用现有新建桥梁的设计规范，以及建筑起重等方面的规范和规程，设计出的桥梁拆除方案的可实施性、经济性能指标都不太理想。此种情况下，设计方和施工方应不断优化拆桥方案，使桥梁拆除设计方案安全、高效、实用、文明、环保。因而，应结合已有的桥梁拆除工程实践，对现有的桥梁拆除设计理论进行合理的安全性、经济性和适应性论证，必须进行桥梁拆除设计理论方面的研究，制定桥梁拆除相关的设计规范。

（三）旧桥拆除存在的主要问题

国内桥梁拆除行业主要存在以下问题：长期以来重视新建工期经济指标，不重视桥梁的管养和拆除；因旧桥受力复杂，桥梁拆除理论研究难度大且相对滞后；就目前而言，尚无桥梁拆除相关的设计和施工规范、规程，设计和施工脱节，设计多偏重于理论，不便于操作，施工则偏于粗放；桥梁拆除专业施工队伍少，市场较为混乱；管理理念落后，安全意识薄弱。

针对桥梁拆除行业存在的这些问题，投资、建设和施工单位尤其要高度重视安全问题。加大桥梁拆除理论和技术的研究投入，加快施工经验的总结和提升，确保相关设计施工规范、规程早日出台。加强桥梁拆除管理，强化拆除资质的管理，规范市场，规避不合理低价中标，以及不重视环保和拆除过程控制等现象。首选安全可靠的拆除方式，推行方案专家审查制度、报批制度和全员责任制度，合理利用已有的建筑新技术，要确保拆桥设计合理，选择有经验的专业设计和施工单位。

与新建桥梁相比，桥梁拆除完全是"反其道而行之"。新建桥梁是集零为整的过程，每一步是单一的，安全问题容易克服。拆除桥梁是化整为零的逆过程，每一步是复杂的，安全风险大。行业内曾有这样的说法："新建桥梁自第一个构件就位到建设交工前，仅需要考虑 1% 的安全问题；而拆除桥梁从第一个构件拆除到结束前，始终需要考虑 99% 的安全问题。"这足以说明，桥梁拆除的安全问题是决定拆除成功与否的关键。如果在施工组织管理和技术层面把握不好，就容易酿成惨痛的安全事故，造成人员伤亡、机械损毁。而就目前国内桥梁拆除实际情况来看，中国在这些方面的研究并不深入，发展不平衡且相对滞后。昆明小庄立交桥位于昆曲高速公路下行东二环匝道下段，在 2008 年 12 月 9 日拆除期间突然发生坍塌，造成 2 人死亡，4 人受伤；浙江温州方隆桥是一座建于 20 世纪 70 年代的双曲拱桥，在 2009 年 2 月 11 日拆除期间发生坍塌，造成 1 人死亡，2 人受伤；2009年 5 月 17 日，湖南株洲市红旗路待拆除高架桥发生坍塌。在短短不到半年的时间里，相继发生的拆桥悲剧让桥梁拆除安全重要性问题浮出水面，加快对桥梁拆除施工方法、技术的研究和总结，着手进行桥梁拆除施工规范、规程的编制，已经成为当前亟待解决的问题。

（四）旧桥拆除方法

旧桥拆除主要包括直接支撑凿除法、顶推法拆除法、静力切割拆除法、爆破拆除法、整体坍落法和吊移法等方法。倘若施工条件许可，在有安全防护的前提下，应首选直接支撑凿除方式，特别对于净空高度较低的桥梁，该拆除方式直接、快捷、经济。通常桥的箱梁结构基本上可采取直接在贝雷支架及土牛支撑上凿除的方式。对环境要求不高的，也可选择工期短、费用较低的爆破拆除方式。

在不影响交通的前提下，考虑经济性较好的顶推法拆除施工。如果地形合适、交通许可，可考虑工期更短、经济性更好的液压系统平衡法施工。新加坡 Adam-Road/PIE 为双向六车道立交桥，在确保 PIE 高速公路正常运营的情况下，采用该方法在 8 小时内成功地将45 m 箱梁移至桥台进行二次解除和破碎。

针对大跨径拱桥，包括混凝土拱桥、钢管混凝土拱桥和钢拱桥，一般可采用整体坍落法和吊移法进行拆除。整体坍落法主要有爆破法和机凿法；吊移法分为桥下支架法、桥上起吊法及缆索吊装法。比如，青岛市胜利桥为大型钢筋混凝土双曲拱桥，采用控制爆破的方式进行拆除；主跨 180 m 的高悬链线钢箱双肋无铰拱桥—攀枝花 3002 大桥采用缆索吊装系统进行了拆除；原淮安市钢筋混凝土双曲拱桥—红卫桥采用风镐整体切断，浮吊吊运对拱波和拱板进行拆除，采用浮船顶托，整体切断运走主拱肋进行拆除；某单跨 38 m 的双曲拱桥，选用桥上搭设贝雷桁架悬吊进行了拆除；太原漪汾桥老桥为中承式钢筋混凝土7 联拱桥，采用 7 跨同步顶升技术对桥面系及吊杆进行了拆除；武隆区峡门口乌江二桥为主跨 140 m 的钢管混凝土提篮拱桥，采用斜拉扣挂技术进行了拆除。不同桥梁的拆除各有其特点、难点及重点，拆除方式因桥而异，科学总结已有桥梁拆除工程实例对中国未来桥梁拆除事业的发展具有重要意义。合理利用静态爆破、顶推、液压系统平移、静力切割、整跨下放、同步顶升、桥面起吊、缆索吊装等新工艺，可为中国桥梁拆除工程提供安全、有效的确保。

第四节　桥梁应急管理研究——以城市桥梁重要桥梁突发事件的处置为例

重要城市桥梁现场突发事件处置也可称为应急计划，它是在分析事件后果和现场应急能力的基础上，针对可能发生的突发事件，预先制定的行动计划或应急对策。现场可由值班长及控制中心作为突发事件应急联动处置的指挥平台进行指挥，并负责现场突发事件处置工作。

一、突发事件处置程序

（一）突发事件处置的总体要求

桥梁养护管理单位应组建本单位的抢险队，主要负责事故的抢险抢修工作。1. 通信保障方面。应急指挥网络电话 24 小时开通，确保信息及时畅通，应急救援单位应通过有线电话、移动电话、卫星、微波、网络等通信手段，确保通信联系畅通。2. 技术保障方面。要充分利用现有的人才资源和技术设备设施资源，联系各大设计单位、大专院校和检测机构等，为应急抢险工作提供技术支持。3. 运输保障方面。发动各方力量，组织和调集足够的交通运输工具，确保现场应急抢险工作的需要。经常储备一定数量的常备抢险物资，确保应急抢险的需要，应急响应时服从指挥部调动。4. 宣教演练方面。各级城市桥梁行政主管部门要加强桥梁事故预防、抢险知识的宣传，以及对抢险队伍的救援培训和演练工作监督检查，市人民政府对其启动的预案实施全过程进行监督和检查。

当接到因自然灾害和交通事故造成桥梁运行突发事件的信息后，现场指挥部门应当立即召集值班长等领导成员，布置应急处置的任务，并及时与市公安、交警、消防、通信、市应急部门等进行联系协调，做好信息传递和反馈工作。与此同时，要及时掌握桥梁的运行状态，做好现场突发事件处置信息的收集、研判、报告和通报，协同上级部门通过组织、指挥、调度、协调各方面应急力量和资源，采取必要措施，通过桥梁中控室下达指令，对桥梁事故实施相应的现场处置。

应急时的现场防灾抢险人员，通常由运行管理部门当班人员（电力调度、电力值班、监控员、巡检员、道口牵引排堵员）和养护维修部门相关人员组成。在桥梁日常运行中，上述人员应按照突发事件处置实施方案的要求，加强对桥梁的巡视检查和全天候监控，防止人为破坏或损坏设备、设施。随时收听天气预报，做好记录，并及时将信息反馈给值班长。必要时配合交警做好人流疏散，维护正常的工作秩序。此外，还应建立应急通信联络网，落实抢修车辆，确保随时能够出车。

（二）紧急疏散的方法步骤

根据桥梁灾害的程度和种类，由当日值班长决定是否采取紧急情况疏散措施。当桥梁发生火灾、地震、特大交通事故、危险品及毒气泄漏、水管爆裂造成严重积水、重大刑事犯罪、恐怖活动等重大灾害时，值班长可下达紧急疏散指令，要求司乘人员迅速下车，按桥梁指示标志和语音广播提示，进入逃生通道或对向桥梁，然后根据工作人员的指引到达安全地段。处在重大灾害区前方的车辆，应迅速驶出桥梁；后方驶过的车辆，应在工作人员指挥下倒车，迅速驶出桥梁。

按值班长指令，机电监控员通过情报板发布桥梁交通封闭、禁止车辆进入等信息。交通监控员通过监视器、语音广播，指导桥梁上的人员按正确的疏散路径疏散，并不间断地跟踪疏散人群，保证受困人员安全撤离。桥梁巡检人员和抢险队伍收到指令后，应迅速赶赴事故地点，并协同做好维持秩序工作，指引逃生人员疏散，随时向值班长报告疏散情况。

（三）启用突发事件信息联络系统

为了确保突发事件应急预案的及时启动和实施，桥梁养护单位要以控制中心为主体，辅以先进的技术装备，建立桥梁突发事件信息联络系统。在突发事件应急处置期间，必须确保高效通畅的信息联络，及时、准确地做好信息收集、传递、跟踪、反馈工作，确保灾害能够在第一时间内被发现，并根据灾害的轻重缓急情况，将事故现场的信息传递给相关各方，尽可能将事故灾害的损失降到最低程度。

二、交通事故应急处置

车流量较大时，桥面发生交通事故的概率较高，但对桥梁的总体风险水平一般，需要合理控制。这类事故如果造成人员伤亡基本局限在交通事故车辆中，可能对桥梁的拱脚、拱肋、桥面系及附属设施造成损伤，也可能会造成同向车道堵塞，事故严重时可能同时影响到双侧车道通行。通常桥上发生交通事故时，要求在5分钟内对事发地点进行交通维护，道路畅通后应迅速检查桥梁受损构件的损伤程度，组织抢修人员及时维修、更换，确保桥梁安全畅通。

当发生一般交通事故，仅影响某一个车道通行，尚未引起交通拥堵时，桥梁控制中心应直接呼叫、指挥牵引车辆到达指定地点，与先到达的巡逻、巡检人员协助交警处理事故，并负责组织牵引车，实施清障，疏导交通。当发生较大交通事故，已影响某一个车道通行，引起交通拥堵时，桥梁控制中心应直接呼叫、指挥牵引车辆准备清障，并立即通知交警到场。现场巡逻、巡检人员接到通知或在事故现场附近的，则应以谁快谁到的原则赶往现场，负责协助牵引单位清障和维持秩序。控制中心可根据设施损坏的种类和程度，通知相关管理部门做好抢修准备，对事故全过程录像并存储。

三、桥上爆炸、火灾应急处置

桥上发生爆炸、火灾的可能性较小，但此类事件对桥梁结构造成的影响较大，总体风险水平较高，需要严格控制。一般来讲，这类事件可能会损坏周围的附属设施，如灯柱、栏杆等。当爆炸、火灾严重时，或许会造成桥梁构件损伤，并影响整体结构的正常受力，对桥梁运行时间影响较大。

当控制中心发现桥上行驶的车辆（如油罐车）发生火灾时，对于可控的火灾，可由现场防灾抢险人员利用桥上现有消防设备进行扑火；对于火情严重的，应立即拨打119联系消防部门，请求援助，同时通知交警，由交警负责维持交通，备用牵引车到场进行清障。

火灾初起应有效控制初期火势，交通监控员应用语音广播系统，提示驾驶员利用车载灭火器和桥上设置的消火栓进行自救；防灾抢险人员立即赶赴现场，即刻疏散车上人员并采取灭火措施，并且要指定专门人员用灭火器对油箱降温、防止油箱爆炸。

火情严重时，控制中心，同时通过语音广播、情报板发布信息，关闭涉及火灾事故的桥梁入口，必要时直接按特殊交通组织设定的交通控制措施改变通行方式。地面值勤、抢险人员在交警的帮助下，实施封道措施，确保通行车辆的安全和人群的疏散工作。此刻火灾现场的抢险工作人员应服从消防部门和公安交警的现场指挥，切忌盲目行动，如翻动起火货物或车辆发动机罩盖等，以免扩大火势或造成不必要的伤亡。

火灾事故抢险完毕应组织人员清理现场，做好事故，事件的情况记录。事故处理结束后，立即恢复桥梁的通行，并将详细情况在2小时内报上级有关部门。事后对使用过的消防器材做好增补整理工作，确保消防器材完好齐全。

四、危险物质泄漏应急处置

虽然此类事件的发生概率较低，然而一旦发生，对桥梁结构、运行时间等均有较大影响，同时对周边水域可能造成污染。通常，重要桥梁禁止油罐车，以及盐酸、硫酸等危险品车辆通行，但是当通过桥梁的危险品车辆在桥上发生意外事故，造成危险品或有毒气体泄漏时，则要求现场应急抢险人员能够及时采取应急处置措施。

现场应急抢险人员应具有危险品的种类、特性、车辆标志识别的常识，配备必要的防毒面具等防护用品，准备好牵引车辆。桥梁控制中心一旦发现危险品车辆抛锚、发生事故，应立即发出指令迅速清障，并做好现场维护；当发现危险品车辆已发生危险品泄漏及有毒气体泄漏，应通知交警和拨打119联系消防部门，请求援助。现场应急抢险人员必须戴好防毒面罩，并穿好橡胶套鞋立即赶到现场抢险。同时，通过语音广播、情报板发布事故信息标识，必要时关闭桥梁。

现场应急抢险人员协助交警部门合理疏散区域内的车辆和人群，并且在消防部门的指挥下，用桥梁专用消防栓冲水设备进行冲洗，稀释有毒液体。对遭受危险物质泄漏影响的水域，可与有关部门沟通及时进行处理。应急抢险结束后，现场应急抢险人员必须将含有危险品的黄沙等物品用耐腐蚀容器装载，交有关部门统一处理，严禁乱抛乱弃，造成环境污染。另外，关闭的桥梁也应尽快恢复通行。

五、遭遇暴雨、台风应急处置

桥梁周边区域发生 10 级及以上台风的概率较低，而发生暴雨的概率相对较高，往往在大风期间还伴随着强降雨。台风会对桥梁结构部分构件产生轻微损伤，如受台风影响连续梁拱桥的吊杆，可能出现小幅度振动并使得端部防护层疲劳；与主梁连接的锚管可能出现损坏；照明灯具等器物在晃动较大时可能被损坏，对行车、人员影响明显，暴雨对桥梁运行的影响较大。

在汛期和台风季节前，应统筹考虑添置必需的防汛防台器材，并检查通信、车辆等物资到位情况，确保组织、人员、物资三落实。同时，加强气象观察和预报收听，事先做到情况明、决策早、行动快，确保随时能够"开得动，拉得出，杜绝人为积水"的防汛目标，尽量减少或避免暴雨、台风对桥梁运行的影响，完成一年一度的防汛防台任务。

此外，还需要跟踪监视暴雨、台风的影响。通常，遇到台风、暴雨情况（每小时降雨量达到 16mm 或 24 小时降雨量达到 50mm 以上），桥梁控制中心应密切注意桥梁运行状态，掌握是否有大量雨水涌入桥梁。如果有暴雨涌入桥梁造成桥上积水，现场应立即开启排水泵，组织抢险，并逐级报告现场情况。巡逻人员、地面值勤人员应做好对桥梁的巡视，及时向值班长汇报暴雨、台风对设施的损害情况，以及道口运行情况。

在高潮位期间，应加强与防汛部门的联系。发生特高潮位，钱塘江等江水、河水有可能漫入道路时，应立即组织筑坝，所有防灾抢险人员赶至桥面值勤亭待命。控制中心负责信息收集、录像及应急电话等。

暴风雨后，应对桥梁进行全面检查，发现灾损，及时修复、整治。另外，特别注意检查桥上照明、通信、航空障碍灯、避雷设施等是否损坏。

六、遭遇浓雾应急处置

一般来说，遭遇浓雾并导致灾害的概率较低，对于桥梁的结构基本没有影响，不会造成由结构损伤原因引起的人员伤亡事故。但是有时浓雾持续时间会很长，可能引发车祸等次生灾害，影响桥梁正常运行。

冬季，桥梁运行管理上最大的天敌是迷雾。出现浓雾环境具有不确定性，桥梁养管企业应具备较强的应变能力并准备好切实可行的应急预案，做好迷雾天来临前的准备，以确保在恶劣天气出现时临阵不乱，减少车辆事故损失。一旦出现大雾，控制中心应迅速与交通管理部门联系，取得交通管理部门的意见后，通过情报板发布"雾天慢行"信息。现场值班长可根据具体情况及应急预案的要求，决定是否启动预案。一旦启动预案，则要求巡逻、巡检、地面值勤人员和应急抢险队伍按指令及时到达指定岗位。

启动预案后及时测定雾气的能见度，据此限制车辆的行驶速度。控制中心广播限制的车速。当雾气的能见度不足 30 m，或交通管理部门发布了封闭道路交通的指令时，则宜及时封闭交通，确保车辆行车安全。

第七章 城市道路工程施工技术

第一节 城市道路工程施工内容和基本要求

一、城市道路施工分类

城市道路根据项目建设的性质分为新建和改建两类。

1. 新建道路。城市规划或交通规划中明确的新建道路或决策机构筛选出的新建项目，新区、高新技术区、城市拓展区的道路建设属于这一类型，这类型的道路施工相对简单，施工对周边道路交通影响也相对有限，只是在相交道路部分需要考虑交通阻隔，及施工运输车辆造成的交通拥堵。

2. 改建道路。大规模城市改造中原有道路不能适应发展要求需要改造升级、拓建、绿化美化。改建道路所在路网往往是交通量较大区域，改建道路的实施，不但影响自身路段的交通，还将自身的部分或全部交通负荷转移到周边的路网上，使已经饱和的路网交通压力陡然增大，往往造成整个区域的交通拥挤，改建道路根据建设项目的等级、规模和影响，按其对城市道路的施工占道情况分为完全占道和部分占道二类。

（1）完全占道的施工。集中施工，完全封闭施工道路上的交通。这种情况对道路交通的影响表现为：道路完全断流，车辆须绕道行驶，增加其他道路的交通压力，并可能导致相接道路成为断头路；影响周边建筑物的对外交通，包括车辆出行和行人出行；影响两侧人行道行人的正常通行；需要调整途径的公交线路，给市民的出行带来不便；改变现有的交通设施，对周边的环境产生影响，此种情况对城市的交通影响最大，道路交通组织需要慎重考虑。

（2）部分占用道路施工。施工时分段或分方向地进行。这种情况对道路的影响表现为：道路被部分占用，容易形成交通瓶颈，道路通行能力减小，影响周围建筑物的对外交通，包括车辆和行人的出行，影响两侧人行道行人的正常出行，公交停靠设施可能需要迁移，增加市民的出行距离；同样对周边的交通环境会产生较大影响。对地区的交通非常敏感，稍有不慎也会导致地区的交通瘫痪。基本不占用道路的施工项目本身的道路红线很宽，断面形式便于改造，越线违章建筑较少，改建以断面改造为主，改造影响范围较小，基本不占用现有道路，此种情况对道路的交通影响相对较小，但出入施工场地的车辆可能会对相邻道路的交通产生一定影响，也给周边建筑物的对外交通带来不便，应根据实际情况合理处理。

二、城市道路施工特点

城市道路的施工不同于普通公路、高速公路的施工，普通公路、高速公路的施工几乎不涉及地下管线且不考虑人流、车流对施工的影响，而城市道路的施工却涉及道路、电力、通信、燃气、热力、给排水的管道线网的布设，涉及人流、车流的交通组织，因而在施工中涉及上述多家单位参与建设或协调，因此城市道路的施工相对于公路工程要复杂得多。城市道路施工有以下特点。

（一）施工工期紧，任务重

交通是城市的命脉，这就决定了城市道路的建设必须在最短的时间内完成，以尽可能减少施工对社会的影响，并且尽快发挥其预定作用。因此城市道路工程对施工工期的要求十分严格，工期只能提前不能推后，施工单位往往根据总工期倒排进度计划。另外城市道路施工一般都要进行交通封闭，而交通封闭都有明确的期限，到期必须开放交通，所以一旦交通封闭完成就必须立即开工，按期通车，按期开放交通。

（二）动迁量大，施工条件差

城市是居民生活的聚集区，各种建筑物占地面积广，导致部分建筑物处在道路红线范围内，需要进行拆迁。城市道路施工常常影响施工路段的环境和周围的交通，给市民的生活和生产带来不便，同时由于市民出行的干扰，导致施工场地受限，需要频繁的交通转换，增加了对道路工程进行进度控制、质量控制、安全管理的难度。

（三）地下管线复杂

城市道路工程建设实施当中，经常遇到电力、通信、燃气、热力、给排水的管道线网位置不明，产权单位提供的管位图与实际埋设位置出入较大的情况，若盲目施工极有可能挖断管线，造成重大的经济损失和严重的社会影响，增加额外的投资费用。

（四）管线迁改程序复杂，管线类型多，施工单位多，施工协调难度大

城市道路施工中往往涉及大量正在运营的既有线路的迁改和新建，因这些管线分属不同的产权单位，不同专业施工门类，需要不同施工资质的施工单位，根据施工进展情况安排进出场，由此带来施工协调难度很大的情况，需要建设单位组织定期召开协调会。

（五）质量控制难度大

在城市道路的施工中，由于工期紧，往往出现片面追求进度忽视质量管理的情况，另外，城市道路路基施工中由于施工断面短小给大型设备的使用带来困难，井周、管线回填、构造物回填等质量薄弱点多，路面施工中人、车流的干扰，客观上都对质量控制造成影响。

要多方控制协调，方能确保正常施工。

（六）车辆行人的干扰大，交通组织压力大

在城市道路施工期间，施工区域会占据部分行车线路，为尽量减小城市道路施工对交通的影响，城市道路施工往往采取分段施工、分车道和分时段施工等诸多方法来尽量降低对交通的影响，由于上下班高峰期车流量特别大，施工路段的道路不能满足顺畅通车要求，容易造成拥堵现象。施工车辆与社会车辆、行人的交织也给交通及施工安全带来极大隐患，如何组织好交通，在城市道路建设中尤为重要。

（七）环保要求提高

城市道路施工期间，原材料的运输和装卸、施工机械作业等环节会造成周围道路的污染，会产生扬尘、噪声、污水、垃圾等对环境有不利影响的因素，随着人们环境保护意识的提高，这些不利因素都必须在施工中尽量消除和避免，尽力为人们维持一个安静祥和的生活环境是城市道路施工的新任务。

（八）景观绿化生态要求提高

城市道路是城市景观的视觉走廊，也是城市文化、品质和风貌的展示窗口，也应该是人们了解、感受和体验城市绝佳的界面，随着打造"宜居城市、环境友好"城市理念的提出，城市道路不再是传统意义上的人车出行通道，也赋予了美化城市、净化城市、亮化城市的职能。

三、城市道路施工内容

城市道路的主要施工内容有管线施工、软基或特殊路段地基处理、路基施工、路面施工、路缘石施工、人行道板施工、绿化。管线施工是将各类管线预埋至地下，以充分利用城市道路的地下空间。管线的位置一般处在车道分隔带下方、非机动车道下方和道路两侧绿化带下方，这样既方便施工，又方便管线的维修。管线的种类不同，使得各类管线的施工工艺、工序不尽相同。软基或特殊路段地基处理是指如果地基不够坚固，为防止地基下沉拉裂造成路面破坏、沉降等事故，需要对软地基进行处理，使其沉降变得足够坚固，提高软地基的固结度和稳定性。目前主要的处理方法有换填、抛石填筑、盲沟、排水砂垫层、石灰浅坑法等。

路基施工主要是通过土石方作业，修筑满足性能设计要求的路基结构物，并为路面结构层施工提供平台。路基的施工工艺较简单，但工程量较大，涉及面广，比如土方调配、管线配合施工等。路面施工包括底基层施工、基层施工、面层施工。路面施工要求严格，必须使路面具有足够的强度，抵抗车辆对路面的破坏或产生过大的形变；具有较高的稳定性，使路面强度在使用期内不致因水文、温度等自然因素的影响而产生幅度过大的变化；具有一定的平整度，以减小车轮对路面的冲击力，确保车辆安全舒适地行驶；具有适当的

抗滑能力，避免车辆在路面上行驶、起动和制动时发生滑溜危险；行车时不致产生过大的扬尘现象，以减少路面和车辆机件的损坏，减少环境污染。路缘石是设置在路面与其他构造物之间的标石。起到分割机动车道、非机动车道与人行道并引导行车视线的作用。

人行道是城市道路中供行人行走的通道，人行道一般高于机动车、非机动车车道，人行道中必须按要求设置盲道，并与相邻构造物接顺。城市道路绿化是指在道路两旁及分隔带内栽植树木、花草以及护路林等以达到隔绝噪声、净化空气、美化环境的目的。道路绿化起到改善城市生态环境和丰富城市景观的作用，但是需避免绿化影响交通安全。另外，城市道路施工还包括公交站台、交通信号指挥系统、交通工程（指示牌、交通标线）照明及亮化的工程的施工。

四、城市道路施工基本要求

路基施工要求有足够的强度，变形不超过允许值，整体稳定性好，具有足够的水稳稳定性。路面施工必须满足设计要求的承载力，平整度良好，具有较高的温度稳定性，抗滑指标、透水指标符合规范要求，尽量降低行车噪声。桥头施工及管线铺设完成后需进行回填压实，压实过程需严格按照规范要求进行，保证桥头不跳车、管线部位路基无沉降。位于行车道内的管井口，需进行井周加固，防止井口下沉，施工中要严格控制井口高程，使得管井口与路面平顺无跳车。管线、管廊在施工完成后应清理干净，雨水管出口应明确，并与既有水系沟通。道路景观要充分利用道路沿线原有的地形地貌，因地制宜地进行绿化布局，在满足交通需要的前提下，突出自然与人文结合、景观与生态结合，形成城市独有的绿化景观文化。

路缘石施工要求缘石的质量符合设计要求，安砌稳固，顶面平整，缝宽密实，线条直顺，曲线圆滑美观；槽底基础和后背填料必须夯打密实；无杂物污染、排水口整齐、通畅、无阻水现象。

人行道施工要求铺砌稳固，表面平整，缝线直顺，灌浆饱满，无翘动、翘角、反坡、积水、空鼓等现象。盲道铺砌中砂浆应饱满，且表面平整、稳定、缝隙均匀。与检查井等构筑物相接时，应平整、美观，不得反坡。不得用在料石下填塞砂浆或支垫方法找平。在铺装完成并检查合格后，应及时灌缝。铺砌完成后，必须封闭交通，并应湿润养护，当水泥砂浆达到设计强度后，方可开放交通。行进盲道砌块与提示盲道砌块不得混用。盲道必须避开树池、检查井、杆线等障碍物。路口处盲道应铺设为无障碍形式。

第二节　城市道路施工开工准备

一、建设单位为施工所做的准备工作

城市道路施工因涉及多种管线的施工以及诸多配套工程需要实施，城市道路项目的复杂性和综合性是毋庸置疑的。很多问题单凭道路施工单位出面协调就会显得力不从心，也有勉为其难之嫌，而城市道路的建设单位（包括市、区级的建设项目）往往是政府的职能部门，其组织、协调的地位和作用是不可替代的。建设单位除完成项目的立项审批、设计施工招标、前期的征地拆迁工作外，在项目开工前还应做好以下几项工作。

1. 在完成道路项目的初步设计后，应及时委托规划部门实施管线的综合规划和设计

（1）按照城市建设的总体规划确定需要预埋的管线。

（2）与各管线单位沟通，结合工程所在区域的现状确定与道路匹配的管线走向。

（3）结合施工图设计的要求明确与道路性质相符的管线位置及标高等。

2. 组织召开各管线单位参加的专题协调会

在管线综合规划完成后，建设单位的工程负责部门要做细致的准备工作，并及时组织召开有各管线单位分管负责人及相关人员、管线设计代表参加的专题协调会，其目的是通报项目情况、提供相关资料、明确任务。

（1）介绍项目规划、投资、设计情况，重点介绍项目计划开工时间、工程施工计划、竣工通车时间。

（2）提供立项的纸质文件、管线综合设计的电子版给各管线单位。

（3）对于已实施管廊同沟同井的单位，会议应确定牵头单位，以便统一、高效管理。

（4）根据道路施工的开工竣工时间及项目施工总体计划，确定各管线单位完成管线设计、施工招投标，及施工单位初步的进场时间。

（5）明确沟通机制，及时汇总参会人员的通信方式并及时分发。

（6）会后应尽快形成会议纪要，并将会议纪要及时传发各参会单位，同时报送各管线单位主管部门，寻求各主管部门的大力支持。

3. 根据施工单位的申报及时组织交通组织方案的审查

凡是涉及影响既有道路通车的施工，必须编制交通组织方案并经公安交通主管部门审查通过，方可根据交通组织方案实施封闭、分流、限流的措施。

（1）帮助施工单位完成交通组织方案的编制，并进行初步审查。

（2）敦促施工单位及时将交通组织方案上报公安交通主管部门。

（3）组织由公安交通主管部门、设计、监理、施工单位参加的方案审查会。

（4）根据会议要求，施工单位修改完善方案并根据方案要求及时完成指路标志、标式等的施工。

（5）组织公安交通主管部门根据方案要求对各项交通组织设施进行验收，通过后办理相关手续（登报通告等），正式开工。

（6）提醒施工单位，将通告的组织方案归档。

4. 适时召开交警、照明、公交部门的专题协调会

协调好城市道路配套设施的管线预埋考虑到节省政府投资以及公交站台的亮化和信号指挥系统的同步实施，使得它们的通信管及供电管实现沟通，召开这样的协调会是必要的。会议将根据交警、公交部门各自的要求和规范，将预埋管的数量、种类和线路走向等放进照明系统的设计中，并由负责照明的施工单位统一负责预埋。

5. 其他工作内容

（1）定期组织有各管线产权单位及其施工单位、道路设计单位、道路监理单位、道路施工单位参加的管线施工协调会。各参建单位应在道路施工单位的统一组织安排下按序展开施工，但建设单位不能因此而不参与协调。事实上，在施工过程中还是会有许多矛盾，有些问题必须有建设方参与才能解决。

（2）加强与道桥施工项目经理的沟通。一个合格的参与城市道路建设的项目经理必须有更强的大局意识，更加细致、踏实的工作作风和顽强的意志品质。一条城市道路能保质保量、完美的按时通车将意味着工完料清，没有返工现象发生。而要达到这个境界，建设方需做的工作将贯穿工程的全过程。

二、施工单位为施工所做的准备工作

（一）道路沿线障碍物排查

施工单位进场以后首先要组织人员对照施工图纸，对施工区内的地下管线、地上杆线和影响施工的未拆迁建筑物进行排查。地下既有管线包括雨水管、污水管、自来水管、燃气管、热力管、光缆、地埋电缆等。施工单位要及时和管线所属产权单位沟通，咨询管线有关单位，查看原有管线竣工图纸。由于竣工图纸与现场实际埋设的管线位置会有较大出入，故应结合原有图纸和露出地面管井位置，在现场根据实际情况进一步垂直线路方向挖探测坑，沿线路方向沿挖探测沟，并在管线图纸上进行详细标注，特别是原有管线横穿施工路线的位置必须认真查明。

地上杆线包括电力、通信等，施工单位应查明线路的性质，如电力线的电压等级及杆路编号、通信线的光缆芯数等，并在图上标注清楚，通知相关单位开协调会，确定迁移废除方案。随着城市道路建设标准的不断提高，为使建成道路景观协调、美观，现在一般都会要求电力、通信杆线由架空改为地埋，对于在施工期间要保持运营的电力、通信线路改地埋，要通过杆线的二次迁移（即先完成一次外迁，待电力管、通信管做通后再二次回迁）

或调整施工顺序的方法来解决。

（二）障碍物清理处理措施

所有障碍物调查清楚后，在业主的统一安排下及时和产权单位沟通，分成两类：一类废弃迁建、重建的；另一类不废弃照常使用的。对废弃迁建的障碍物应通知产权单位按照施工工期的要求排定停用计划。对不废弃的管线应在每次开挖前组织施工人员进行施工交底，明确管位及开挖注意事项，开挖时应通知管线所属单位进行监护，防止误挖。对于燃气、热力、自来水等有安全风险的管线开挖，应编制抢修应急预案，制定安全应急预案。对管线薄弱位置或开挖比较频繁的部位要根据现场情况对原有管线进行的防护、加固。在项目部应设置值班抢修电话，明确联系人，方便在发生管线损坏时及时抢修。

（三）交通组织方案编制

城市道路的施工都会对原有车辆及行人的出行产生影响，新建道路仅在与原有道路的交叉口产生影响，改建道路因施工类型的不同产生的影响程度有大有小，但科学合理的交通组织方案对减少施工对车辆、行人出行的影响，保障施工车辆的出入安全尤为重要，施工单位应根据现场道路施工情况及通行道路交叉情况编制临时交通组织方案，报交警部门审批。

编制原则：①社会车辆通行。尽量安排绕行，提前一个月在市政主要媒体发公告告知市民，在主要路口提前设置绕行告示，设置绕行标志。②公交线路。尽量调整公交线路和站点设置，确实无法避让的要在施工现场设施临时社会便道，或安排半幅通车半幅施工。③沿线居民聚集区（居民小区）。提前通告，并在小区附近设置施工告示牌，设置必要通道（人车混行）沟通小区与主要道路，并在沿线设置减速标志。④沿线厂矿企业。因出入货车或超长车辆多，根据具体需要设置社会便道，应考虑车辆转弯、超限需要。

（四）施工围挡及防护设施

施工区及道路交叉口应设置施工围挡，隔断施工区和人车联系，保障行人和社会车辆安全。临近人车通行道路的基坑开挖应设置防护围栏，深基坑要采取牢固的基坑防护措施，防止可能的基坑塌陷影响人车安全。

（五）防止环境污染的措施

建立环境保护管理制度及考评制度外，应在施工车辆的出入口应设置临时洗车点防止车胎带泥污染路面，运土车辆不应装载太满或加装围挡板防止抛洒滴漏，施工便道、施工现场每天安排不定期的酒水尽量减少扬尘，高噪声的工作避免安排在夜间施工，施工产生的建筑垃圾应运到政府指定的弃土场，严禁乱堆、乱倒，废水及生活污水应引流到污水管道。

（六）项目部建设

1. 新建项目的设置原则

新建道路施工组织及施工管理相对简单，项目部建设可以按照文明施工的要求临时征地搭建项目部。为方便管理一般选择将项目部设置在标段中点，最好是临近既有道路以方便出行。沿道路两侧红线外临时征地搭设施工队临时营地，用于现场施工工人生活及施工机械停放，一般来说，临近水源地或既有道路设置属于较理想的设置。

2. 改建项目的设置原则

旧城区的规划道路及老路改造项目，施工组织和施工管理相对复杂，在老城区一般很难找到现成的空地用于搭建项目部，一般在道路沿线寻找租用废弃的村镇办公地、工厂办公区、停业的小酒店、空置门面房等，但是不到万不得已尽量不在居民聚集区内设置项目办公区，减少对居民生活的干扰。现场施工工人生活及施工机械停放，可因地制宜采用租用民房在征地红线内绿化带位置搭建或设置。

（七）项目临建设置

城市道路工程的临时设施建设，大部分都不需要设置在现场砼可以采用商品砼，水泥稳定碎石、二灰碎石、沥青料均应采取厂拌方式运抵现场施工。旧城区的规划道路及老路改造项目的石灰消解场建议不放在现场，避免对城市环境造成危害。建议采取将石灰消解场设置在取土场附近，消解好的石灰按照掺灰量的 70% ~ 80% 先行掺好，运抵现场后翻拌时补掺到设计用量，以加快施工进度减小对城市环境的影响。

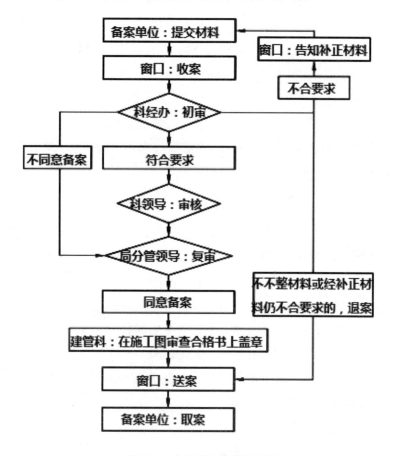

图 7-1　占道施工审批流程图

第三节　路基季节性施工措施

一、冬期施工

1. 在反复冻融地区，昼夜平均温度在 -3℃以下，且连续 10d 以上，或者昼夜平均温度虽在 -3℃以上，但冻土没有完全融化时，均应按冬期施工办理。

2. 高速公路、一级公路的土质路堤和地质不良地区二级及二级以下公路路堤不宜进行冬期施工。河滩低洼地带，可被水淹没的填土路堤不宜冬期施工。土质路堤路床以下 1m 范围内，不得进行冬期施工。半填半挖地段、挖填方交界处不得在冬期施工。

3. 冬期路基施工应采取措施，及时排放雨雪水及路堑开挖时出现的地下水。

4. 冬期施工路基基底处理应满足下列规定。

（1）冻结前应完成表层清理，挖好台阶，并应采取保温措施防止冻结。

（2）填筑前应将基底范围内的积雪和冰块清除干净。

（3）对需要换填土地段或坑洼处需补土的基底应选用适宜的填料回填，并及时进行整平压实。

（4）基底处理后应立即采取保温措施防止冻结。

（5）冬期填方路堤施工应符合下列规定。

①路堤填料。应选用未冻结的砂类土、碎石、卵石土、石渣等透水性良好的材料。不得用含水量过大的黏性土。

②填筑路堤。应按横断面全宽平填，每层松铺厚度应比正常施工减少20% ~ 30%，且松铺厚度不得超过 300mm。当天填土应当天完成碾压。

③中途停止填筑时，应整平填层和边坡并进行覆盖防冻，恢复施工时应将表层冰雪清除，并补充压实。

④当填筑标高距路床底面 1m 时，碾压密实后应停止填筑，在顶面覆盖防冻保温层，待冬季过后整理复压，再分层填至设计标高。

⑤冬季过后必须对填方路堤进行补充压实，压实度应达到本规范相关要求。

（6）冬季挖方路基施工应符合下列规定。

①挖方边坡不得一次挖到设计线，应预留一定厚度的覆盖层，待到正常施工季节后再修整到设计坡面。

②路基挖至路床顶面以上 1m 时，完成临时排水沟后，应停止开挖，待冬季过后再施工。

（7）河滩地段可利用冬期水位低，开挖基坑修建防护工程，但应采取措施确保工程质量。

二、雨期施工

1. 路基排水应符合下列规定。

（1）雨期施工应综合规划、合理设置现场防排水系统，采取有效措施，及时引排地面水。

（2）对施工临时挤占的沟渠、河道应采取措施确保不降低原有的排水能力。

（3）路堤填筑的每一层表面应设 2% ~ 4% 的排水横坡。

（4）在已填路堤路肩处，应采取设置纵向临时挡水土埂、每隔一定距离设出水口和排水槽等措施，引排雨水至排水系统。

（5）雨期路堑施工宜分层开挖，每挖一层均应设置纵横排水坡，使水排放畅通。

2. 路基基底处理应符合下列规定：

（1）在雨期施工前，应将基底处理好，孔洞、坑洼处填平夯实，整平基底，并设纵横排水坡。

（2）低洼地段，应在雨期施工前将原地面处理好，并将填筑作业面填筑到可能的最高积水位 0.5m 以上。

3. 填方路堤施工应符合下列规定。

（1）填料应选用透水性好的碎（卵）石土、沙砾、石方碎渣和砂类土等。利用挖方土作填料，含水量符合要求时，应随挖随填及时压实。含水量过大难以晾晒的土不得用作雨期施工填料。

（2）雨期填筑路堤需借土时，取土坑的设置应满足路基稳定的要求。

（3）路堤应分层填筑，当天填筑的土层应当天或雨前完成压实。

4. 挖方路基施工应符合下列规定。

（1）挖方边坡不宜一次挖到设计坡面，应预留一定厚度的覆盖层，待雨期过后再修整到设计坡面。

（2）雨期开挖路堑，当挖至路床顶面以上 300 ~ 500mm 时应停止开挖，并在两侧挖好临时排水沟，待雨期过后再施工。

（3）雨期开挖岩石路基，炮眼宜水平设置。

5. 结构物基坑在雨期开挖后未能及时施工时，应采取防浸泡措施，必要时雨后应对基坑地基承载力再次检测，以确定是否满足设计要求。

6. 制订雨期施工安全预案，做好防洪抢险的准备工作。

第四节　路基防护与加固工程施工技术

一、坡面防护施工技术

（一）植物防护

1. 植被防护施工需符合下列规定。

（1）植被施工，铺、种植被后，应适时进行洒水、施肥等养护管理，直到植被成活。

（2）种草施工，草籽应撒布均匀，同时做好保护措施。

（3）灌木（树木）应在适宜季节栽植。

（4）养护用水应不含油、酸、碱、盐等有碍草木生长的成分。

2. 三维植被网防护施工应符合下列规定。

（1）三维植被网中的回填土应符合设计要求，宜采用客土，或土、肥料及腐殖质土的混合物。

（2）三维植被网应符合设计及有关标准。

（3）三维植被网的搭接宽度不宜小于100mm。

3. 湿法喷播施工，喷播后应及时养护，成活率应达到90%以上。

4. 客土喷播施工应符合下列规定。

（1）喷播植草混合料的配合比（植生土、土壤稳定剂、水泥、肥料、混合草籽、水等）应根据边坡坡度、地质情况和当地气候条件确定，混合草籽用量每1000m3不宜少于25kg。

（2）气温低于+12℃不宜喷播作业。

（二）骨架植物防护

1. 浆砌片石（或混凝土）骨架植草防护施工应符合下列规定。

（1）骨架内应采用植物或其他辅助防护措施。植草草皮下宜有50～100mm厚的种植土，草皮应与坡面和骨架密贴。

（2）应及时对草皮进行养护。

2. 水泥混凝土空心块护坡施工应符合下列规定。

（1）预制块铺置应在路堤沉降稳定后方可施工。

（2）预制块铺置前应将坡面整平。

（3）预制块经验收合格后方可使用。

（4）预制块应与坡面紧贴，不得有空隙，并与相邻坡面平顺。

3. 锚杆混凝土框架植物防护施工质量应符合相关规定。

（三）圬工防护

1. 喷浆防护施工应符合下列规定。

（1）喷护前应采取措施对泉水、渗水进行处治，并按设计要求设置泄水孔，排、防积水。

（2）喷射顺序应自下而上进行。

（3）砂浆初凝后，应立即开始养护，养护期一般为 5 ~ 7d。

（4）应及时对喷浆层顶部进行封闭处理。

2. 喷射混凝土防护施工应符合下列规定。

（1）作业前应进行试喷，选择合适的水胶比和喷射压力。喷射混凝土宜自下而上进行。

（2）做好泄水孔和伸缩缝。

（3）喷射混凝土初凝后，应立即养护，养护期一般为 7 ~ 10d。

（4）喷射混凝土防护施工质量应符合相关规定。

3. 锚杆挂网喷射混凝土（砂浆）防护施工应符合下列规定。

（1）锚杆应嵌入稳固基岩内，锚固深度根据设计要求结合岩体性质确定。锚杆孔深应大于锚固长度 200mm。

（2）钢筋保护层厚度不宜小于 20mm。

（3）固定锚杆的砂浆应捣固密实，钢筋网应与锚杆连接牢固。

（4）铺设钢筋网前宜在岩面喷射一层混凝土，钢筋网与岩面的间隙宜为 30mm，然后再喷射混凝土至设计厚度。

（5）喷射混凝土的厚度要均匀，钢筋网及锚杆不得外露。

（6）做好泄、排水孔和伸缩缝。

（7）锚杆挂网喷射混凝土（砂浆）防护施工质量应符合相关规定。

4. 干砌片石护坡施工应符合下列规定。

（1）边坡为粉质土、松散的砂或粉砂土等易被冲蚀的土时，碎石或沙砾垫层厚度不宜小于 100mm。

（2）基础应选用较大石块砌筑，如基础与排水沟相连，其基础应设在沟底以下，并按设计要求砌筑浆砌片石。

（3）砌筑应彼此镶紧，接缝要错开，缝隙间用小石块填满塞紧。

5. 浆砌片（卵）石护坡施工应符合下列规定。

（1）砂浆终凝前，砌体应覆盖，砂浆初凝后，立即进行养护。

（2）路堤边坡采用浆砌片石护坡，宜在路堤沉降稳定后施工。

（3）在冻胀变化较大的土质边坡上，护坡底面应铺设 100 ~ 150mm 厚的碎石或沙砾垫层。

（4）浆砌片石护坡每 10 ~ 15m 应留一伸缩缝，缝宽 20 ~ 30mm。在基底地质有变化处，应设沉降缝，可将伸缩缝与沉降缝合并设置。

（5）泄水孔的位置和反滤层的设置应符合设计要求。

6. 水泥混凝土预制块护坡施工应符合下列规定。

（1）在寒冷地区，预制块混凝土强度不宜低于C20。

（2）路堤边坡护坡宜在路堤沉降稳定后施工。

（3）铺设混凝土预制块前应将坡面平整，碎石或沙砾垫层的厚度不宜小于100mm。

（4）预制块应错缝砌筑，砌筑坡面应平顺，并与相邻坡面顺接。

（5）泄水孔的位置应符合设计要求，并确保畅通。

7. 浆砌片石护面墙施工应符合下列规定。

（1）修筑护面墙前，应清除边坡风化层至新鲜岩面。对风化迅速的岩层，清挖到新鲜岩面后应立即修筑护面墙。

（2）护面墙的基础应设置在稳定的地基上，地基承载能力不够，应采取加固措施，基础埋置深度应根据地质条件确定，冰冻地区应埋置在冰冻深度以下至少250mm。

（3）护面墙背必须与路基坡面密贴，边坡局部凹陷处，应挖成台阶后用与墙身相同的圬工砌补，不得回填土石或干砌片石。坡顶护面墙与坡面之间应按设计要求做好防渗处理。

（4）应按设计要求做好伸缩缝。当护面墙基础修筑在不同岩层上时，应在变化处设置沉降缝。

（四）封面、捶面防护

1. 封面防护施工应符合下列规定。

（1）封面防护不宜在严寒冬季和雨天施工。

（2）封面前岩体表面要冲洗干净，土体表面要平整、密实、湿润。

（3）封面厚度应符合设计要求，封面应分两层进行施工，底层为全厚的2/3。面层为全厚的1/3。封面厚度要均匀，表面光滑，封面与坡面应密贴稳固。

（4）大面积封面宜每隔5～10m设伸缩缝，缝宽10～20mm。

（5）封面初凝后应立即进行养生。

（6）按设计要求做好边坡封顶和排水设施。

2. 捶面护坡施工应符合下列规定。

（1）嵌补填平边坡坑凹、裂缝。

（2）厚度要均匀，表面光滑，捶面与坡面应密贴稳固。

（3）伸缩缝设置、边坡封顶、排水、养生方法、气候要求与封面防护施工要求相同。

（五）膨胀土路基边坡防护

1. 边坡施工应避开雨季作业，以防边坡遇水膨胀破坏。

2. 边坡施工过程中，需注意做好防排水，顶部应及时封闭。

3. 边坡修整后，要立即防护。

二、沿河路基防护施工技术

1.沿河路基防护工程基础应埋设在局部冲刷线以下不小于1m或嵌入基岩内。

2.导流构造物施工前,应根据现场具体情况,采取相应措施,避免冲刷农田、村庄、公路和下游路基。

3.植物防护施工应符合下列规定。

（1）经常浸水或长期浸水的路堤边坡,不宜采用种草防护。

（2）沿河路堤边坡铺草皮防护,宜采用平铺、叠铺草皮的方法,坡面及基础部分的铺置应符合设计要求。基础部分的铺置层的表面应与地面齐平。

（3）植树防护宜采用带状或条形。防护河岸路基或防御风浪侵蚀,宜采用横行带状。防护桥头引道路堤,宜采用纵行带状。

（4）植树应选用喜水性树种,林带应由多行树木组成,乔灌木要密植。

（5）植树后,应采取有效措施加以保护。

4.砌石或混凝土防护应符合下列规定。

（1）石料应选用未风化的坚硬岩石。

（2）开挖基坑时,应核对地质情况,与设计要求不符时,需进行处理。基础完成后应及时用符合设计要求的材料回填。

（3）铺砌层底面的碎石、沙砾石垫层或反滤层,应符合设计要求。

（4）坡面密实、平整、稳定后方可铺砌。砌块应交错嵌紧,严禁浮塞。砂浆应饱满、密实,不得有悬浆。

（5）每10～15m宜设伸缩缝,基底土质变化处应设沉降缝,并按设计要求做好伸缩缝、沉降缝及泄水孔。

（6）采用干、浆砌片石时,不得大面平铺,石块应彼此交错搭接,不得松动。采用干、浆砌河卵石时,必须长方向垂直坡面,成横行栽砌牢固。采用铺砌混凝土预制块时,应按设计规格和要求检验合格后方可铺筑。就地浇筑混凝土板时,宜采取措施提高早期强度,混凝土表面应平整、光滑。

5.护坦防护施工中,护坦顶面应埋入计算河床以下0.5～1.0m。

6.抛石防护施工应符合下列规定。

（1）抛石体边坡坡度和石料粒径应根据水深、流速和波浪情况确定,石料粒径应大于300mm,宜用大小不同的石块掺杂抛投。坡度应不陡于抛石石料浸水后的天然休止角。

（2）抛石厚度,宜为粒径的3～4倍;用大粒径时,不得小于2倍。

（3）抛石石料应选用质地坚硬、耐冻且不易风化崩解的石块。

（4）抛石防护除特殊情况外,宜在枯水季节施工。

7.石笼防护施工应符合下列规定。

（1）根据设计要求或根据不同情况和用途，合理选用石笼形状。

（2）应选用浸水不崩解、不易风化的石料。

（3）基底应大致整平，必要时用碎石或砾石垫层找平。

（4）石笼应做到位置正确，搭叠衔接稳固、紧密，确保整体性。

8.浸水挡土墙施工应符合下列规定。

（1）浸水挡土墙应选用坚硬未风化且浸水不崩解的石块。

（2）应注意浸水挡土墙与岸坡的衔接。

9.土工模袋防护施工应符合下列规定。

（1）按设计要求整平坡面，放线定位，挖好边界处理沟。

（2）膜袋铺展后应拉紧固定，防止充填时下滑。

（3）充填材料应根据设计要求和实际情况合理选用，充填应连续。

（4）需要排水的边坡，应适时开孔设置排水管。

（5）膜袋顶部宜采用浆砌块石固定。有地面径流处，坡顶应采取防护措施，防止地表水侵蚀膜袋底部。

（6）岸坡膜袋底端应设压脚或护脚棱体，有冲刷处应采取防冲措施。

（7）膜袋护坡的侧翼宜设压袋沟。

（8）膜袋与坡面间应按设计要求铺设好土工织物滤层。

三、挡土墙施工技术

1.挡土墙施工前，应做好截、排水及防渗设施。

2.在岩体破碎、土质松软或地下水丰富地段修建挡土墙，宜避开雨期施工。

3.明挖基坑应符合下列规定。

（1）施工过程中应对地质情况进行核对，与设计不符时，应及时处理。

（2）基坑开挖宜分段跳槽进行。

（3）坑内积水应随时排干。

（4）采用倾斜基底时，基底标高应按设计控制，不得超挖填补。

4.基底检验合格后，应及时进行下道工序施工。

5.挡土墙端部伸入路堤或嵌入地层部分应与墙体同时砌筑。挡土墙顶应找平抹面或勾缝，其与边坡间的空隙应用黏土或其他材料夯填封闭。

6.挡土墙与桥台、隧道洞门连接应协调施工，必要时应加临时支撑，确保与墙相接的填方或山体的稳定。

7.重力式挡土墙。

基础施工应符合下列规定。

（1）应将基底表面风化、松软土石清除。

（2）硬质岩石基坑中的基础，宜满坑砌筑。

（3）雨期在土质或易风化软质岩石基坑中砌筑基础时，应在基坑挖好后及时封闭坑底。当基底设有向内倾斜的稳定横坡时，应采取临时排水措施，辅以必要坐浆后安砌基础。

（4）采用台阶式基础时，台阶与墙体应连在一起同时砌筑，基底及墙趾台阶转折处不得砌成垂直通缝，砌体与台阶壁间的缝隙砂浆应饱满。

（5）基坑应随砌筑分层回填夯实，并在表面留 3% 的向外斜坡。

8. 墙身施工应符合下列规定。

（1）墙身要分层错缝砌筑，砌出地面后基坑应及时回填夯实，并完成其顶面排水、防渗设施。

（2）伸缩缝与沉降缝内两侧壁应竖直、平齐，无搭叠；缝中防水材料应按设计要求施工。

（3）泄水孔应在砌筑墙身过程中设置，确保排水畅通，并应确保墙背反滤、防渗设施的施工质量。

（4）当墙身的强度达到设计强度的 75% 时，方可进行回填等工作。在距墙背 0.5 ~ 1.0m 以内，不宜用重型振动压路机碾压。

四、边坡锚固防护施工技术

1. 破碎且不平整的边坡，必须将松散的浮石和岩渣清除，用浆砌片石填补空洞，对坡面缝隙进行封闭处理。边坡修整后应平整、密实，无溜滑体、蠕变体和松动岩体。

2. 边坡开挖和钻孔过程中，应对岩性及构造进行编录和综合分析，与设计相比出入较大时，应按规定处理。

3. 修整边坡的弃渣应按有关规定堆放，不得污染环境。

4. 钢筋制作与安装应符合《公路桥涵施工技术规范》（JTG/TF50-2011）的规定。

5. 浇筑混凝土时，模板应加支撑固定。

6. 锚杆施工应符合的规定：孔深小于 3m 时，宜采用先注浆后插锚杆的施工工艺。注浆时，浆体除孔口 200 ~ 300mm 外，应均匀充满全孔。锚杆插入后应居中固定。杆体外露部分应避免敲击、碰撞，3d 内不得悬吊重物，3d 后方可安装垫板。

7. 预应力锚索

（1）严禁使用有机械损伤、电弧烧伤和严重锈蚀的钢绞线。严禁将钢绞线及锚索直接堆放在地面或露天储存，避免受潮、受腐蚀。

（2）施工前应按设计要求进行预应力锚索的锚固性能基本试验，确定施工工艺。

（3）锚索束制作安装应符合下列规定。

①锚索束制作宜在现场厂棚内进行。

②下料应采用机械切割，严禁用电弧切割。

③普通锚索束必须进行清污、除锈处理。

④锚固段锚索束应按设计安装。

⑤在锚索入孔前，必须校对锚索编号与孔号是否一致，做好标记。

⑥锚索束必须顺直地安放在钻孔中心。

（4）锚固端灌浆应符合下列规定。

①放入锚索束后应及时灌浆。

②无黏结锚索孔灌浆宜一次注满锚固段和自由段。

③灌浆应饱满、密实。

（5）锚索张拉应按设计要求进行，并应符合下列规定。

①张拉设备必须按规定配套标定，标定间隔期不宜超过 6 个月。拆卸检修的张拉设备或压力表经受强烈撞击后，都必须重新标定。

②孔内砂浆的强度未达到设计强度的 75% 时，不可进行张拉。

③锚索张拉采用张拉力和伸长值进行控制，用伸长值校核应力，当实际伸长值大于计算伸长值的 10% 或小于 5% 时，应暂停张拉，查明原因并处理后，可继续张拉。

④锚索锁定后，在 48h 内如果发现有明显的预应力松弛时，应进行补偿张拉。

（6）封孔应符合下列规定。

①封孔灌浆应在锚索张拉、检测合格、锁定后进行。

②封孔灌浆时，进浆管必须插到底，灌浆必须饱满。

③封孔灌浆后，锚头部分应涂防腐剂，并按设计要求及时进行封闭。

第八章　交通工程施工技术

第一节　交通工程基本知识

一、交通标志

1.道路交通标志是用图形符号、颜色和文字向交通参与者传递特定信息，用以管理道路交通的安全设施。该标志一般设置在路旁或道路上方，使交通参与者获得确切的道路交通情报，从而达到交通的安全、畅通、迅速的目的，同时交通标志对道路设施也有装饰和美化作用。

2.交通标志主要分为六类：警告标志、禁令标志、指示标志、指路标志、旅游区标志和道路安全施工标志等。

3.交通标志的支撑方式有柱式、悬臂式、门式和附着式等四种形式。

二、交通标线

1.道路交通标线是由标画在路面上的各种线条、箭头、文字，立面标记、突起路标和轮廓标等构成的一种交通安全设施。它可以与交通标志配合使用，也可以单独使用。道路标线的作用主要有：

（1）实行分道行驶。

（2）渠化交叉路口的交通流。

（3）指示和预告驾驶员和行人通过标画的交通标线所规定的含义，可以预知道路情况，明确自己和通行道路的权利与方法。

（4）为守法者和执法者提供法律依据。

2.交通标线按照设置方式分为三类：纵向标线、横向标线、其他标线等。

3.交通标线按照功能分为三类：警告标线、指示标线禁止标线等　。

第二节　交通标志

一、标志施工的一般要求

1. 标志底板

（1）标志底板材料主要有四种类型：铝合金板、薄钢板、合成树脂类板材、铝合金型材等。

（2）标志底板根据设计尺寸在工厂加工成型，并根据设计文件的要求进行加固、拼装、冲孔、卷边。挤压成型的铝合金型材应依据标志尺寸拼装，板面应保持平整。

（3）加工完成后，标志板需进行脱脂、清洗、干燥等工序。

2. 标志面

（1）标志面组成材料主要由逆反射材料、油漆、油墨、胶黏剂、透明涂料和边缘填缝料等材料制造。

（2）标志面反光膜材料按照反光膜的不同逆反射原理分为玻璃珠型和微棱镜型；根据反光膜不同的结构分为透镜埋入型、密封胶囊型、微棱镜型三种。按照反光膜的不同，逆反射性能可以分成五级：一级反光膜为微棱镜型反光膜、二级反光膜为密封胶囊型反光膜、三级反光膜为透镜埋入型称之为超工程级反光膜四级反光膜为透镜埋入型称之为工程级反光膜、五级反光膜为透镜埋入型称之为经济级反光膜。反光膜选择和使用时，应符合下列规定。

①标志反光膜应在干净、无尘土、温度不低于18℃、相对湿度在20%～50%的车间内进行粘贴。

②版面的形状、颜色、文字箭头、编号、图形及边框应严格按照现行《道路交通标志和标线》（GB 5768-2009）和设计文件的规定执行。

③标志反光膜的逆反射性能应符合设计要求。

④反光文字符号应采用电脑刻绘机完成。标志底膜应在专用的真空热敏压贴机或连续电动滚压贴膜机上完成贴膜。文字符号一般采用转移膜法粘贴。

⑤反光膜应尽量减少拼接。当不能避免接缝时，应使用反光膜产品的最大宽度进行拼接，接缝以搭接为主。当需要滚筒粘贴或丝网印刷时，可以平接，其间隙不应超过1mm。在距标志板边缘50mm范围内，不得拼接。

（3）当批量生产版面和规格相同的标志时，可采用丝网印刷的方法。

（4）包装、储存及运输标志面时，应符合下列规定。

①采用丝网印刷的标志面应在油墨干透后才可以包装。

②贴上反光膜的标志板应用保护纸进行分隔，并应存放在室内干燥的地方。标志可以分层储存，但应用发泡胶把两块标志分隔。标志也可以竖立储存以减少压力，一些小标志可以悬挂储存。

（5）采用其他标志面材料时，需符合设计文件的规定。

（6）公路的指路标志应采用汉字，根据需要可与其他文字并用。标志采用中、英两种文字时，地名应用汉语拼音，专用名词应用英文。

（7）地点、距离标志中，地点应放在最左侧，并由近而远、从上到下排列。若几个独立的标志板组成一组，则各板的长度应相同。地点、方向标志中，直行标志应设置在最上部，其下为向左向右可以到达的地点。

（8）当路段运行速度与设计速度之差大于 20km/h 时，宜按运行速度对交通标志的版面规格及视认性加以检验。

3. 钢构件加工

（1）所有钢构件的钻孔、冲孔、焊接均应按现行《公路桥涵施工技术规范》（JTG/TF50-2011）和设计文件的要求在防腐处理之前完成。

（2）所有钢构件在运输过程中不应损伤防腐层。

4. 标志板的运输

（1）标志板的运输，储存和搬运方式应按要求进行，两块标志邻接面之间应用适合的衬垫材料分隔，以免在运输、搬运过程中磨损标志板面。

（2）标志板应储存在干净、干燥的室内。

5. 标志定位与设置

（1）所有交通标志均应按照设计文件的要求确定设置位置。

（2）标志基础的地基承载力应满足设计文件的规定。设计文件中未规定时，地基承载力不得小于 150kPa 基础的施工应符合现行《公路桥涵施工技术规范》（JTG/T F50-2011）的规定，浇筑混凝土时，需注意准确设置地脚螺栓和底座法兰盘。

（3）公路交通标志的设置，要以不熟悉周围路网体系的公路使用者为设计对象，综合考虑周边路网与公路条件、交通条件、气象和环境条件等因素，制订合理的设置标志，根据各种交通标志的功能和驾驶人员的行为特征进行合理设置。

（4）对二级及以上等级的公路和其他等级的国、省道公路应优先设置指路标志，其他公路或未设置相关指路标志公路，经论证可设置必要的警告标志。禁令标志应设置在交通法律、法规发生作用的地点附近醒目的位置，同时应避免与其他交通标志互相影响。限速标志应根据不同路段的通行能力、车型构成比例、车辆的运行速度等分段进行设置。

（5）在选择路网中指路标志的目的地信息时，应根据路网密度公路等级、公路功能、目的地知名度等进行统一考虑。不同种类的交通标志信息应互相呼应，不得出现信息中断。

（6）交通标志沿公路纵、横向设置的位置应符合现行《道路交通标志和标线》（GB5768-2009）的规定。位于高速公路、一级公路路侧安全净区内的交通标志应根据标志结构规格采用解体消能结构或设置护栏加以防护，位于其他公路路侧安全净区内的交通标志宜进行必要的诱导。

6. 标志安装

（1）立柱必须在基础混凝土强度达到设计强度的 80% 以上时才能安装。

（2）路侧柱式标志板可用抱箍固定在立柱上。

（3）悬臂、门架式标志吊装横梁时，应使预拱度达到设计文件的要求。

（4）公路交通标志的任何部分不得侵入公路建筑限界以内。路侧柱式交通标志的安装高度应考虑其板面规格、所在位置的线形特点和地形特征、是否有行人通行等因素，悬臂门架式等悬空标志净空高度应预留 20 ～ 50cm 的余量。

（5）交通标志安装时，标志板面的法线应与公路中心线平行或成一定角度。路侧安装的禁令标志和指示标志为 0°～ 45°，指路标志和警告标志为 0°～ 10°。悬臂、门架或附着式悬空标志安装时，标志的安装角度应与道路中心线垂直或前倾 0°～ 10°。

二、标志的施工工艺

标志的施工工艺流程见图 8-1。

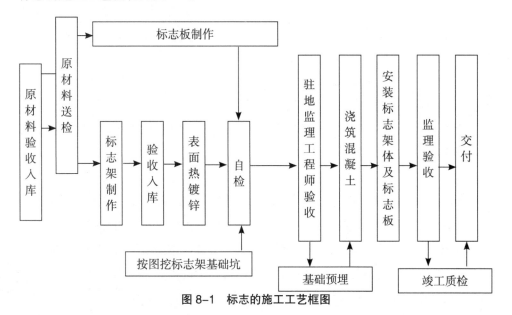

图 8-1 标志的施工工艺框图

三、标志的施工方法

标志的一般施工工序为：施工放样→基础开挖→基底夯实→垫层料填充→模板安装及支撑固定→钢筋安装→预埋件安装及固定→基础现浇现场清理→护脚回填及夯实→护脚硬化→绿化恢复→标志运输→标志安装。

1. 在开始施工前检查人员、材料、设备是否满足施工需求。材料的质量是施工前质量控制的重点，在施工前将用于工程的反光膜、立柱钢材样品及法兰盘、地脚螺栓、连接和紧固件等在监理工程师的见证下取样送检。用于基础施工的砂石，水泥、钢筋等材料要进行标准试验和工艺试验，经过监理工程师批准后方能进场。标志立柱和标志板面的质量检验参照国家和行业相关的标准和规范规定的要求进行。检查内容包括标志板面的外形尺寸，标志底板厚度、标志面的黏结质量和表面缺陷、字符的字体和尺寸、标志面反光膜等级及逆反射系数以及标志立柱的尺寸、表面缺陷及焊接质量等。

2. 施工放样。标志工程在路基完成后进行施工，施工放样时注意标志的设置位置与路面附属排水工程、通信工程、机电工程、监控设施等是否存在冲突，若发生冲突应该立刻向监理工程师汇报，经过各方协调处理后才能进行基础施工。标志的基础放样检查内容包括标志的纵横向定位和高程。

3. 基坑开挖。基坑开挖时采取相应的措施避免污染路面，破坏绿化植被。基坑开挖检测内容包括基坑尺寸、基底承载力、基坑夯实情况等。在检查基坑深度时注意将垫层计算在内，检查基坑的宽度、长度时应将模板的安装尺寸计算在内。基坑壁和坑底开挖后应平整垂直。基坑承载力应满足设计文件要求。

4. 模板安装及钢筋布置检查。模板要求密实紧固，钢筋主要检查其规格、尺寸、绑扎质量。钢筋的规格与设计图纸说明应当相符，要求不小于设计值，绑扎要求牢固可靠。

5. 标志预埋件的安装及现浇检查。混凝土的生产按照施工配合比采用搅拌机拌和。现浇时按照规范要求不大于30cm的填充厚度进行振捣。当法兰盘定位后，进行定位检查。法兰盘平面定位满足实测项目的要求。法兰盘地脚螺栓外露长度尺寸误差范围为0 ~ 10cm，要求安装垂直、牢固，避免出现移位现象。

6. 基础完工后场地清理、恢复和护脚的硬化处理。要求清除干净现场淤泥和杂物，对周边工程无破坏和污染，护脚硬化充分，绿化恢复完善。

7. 标志贴膜。标志采用全反光、部分反光及反光膜的级别，应符合图纸要求。当用反光膜拼接标志图案时，拼接处应有3 ~ 6mm重叠部分，定向反光膜应用不剥落的热活性胶粘贴，将反光膜牢固粘贴在标志板上，其表面不得产生任何气泡和污损等缺陷。

8. 标志板的运输。标志板的运输，储存和搬运方式应按要求进行，两块标志邻接面之间应用适合的衬垫材料分隔，以免在运输、搬运过程中磨损标志板面，标志板应储存在干净、干燥的室内。

9. 标志牌的安装定位。所有交通标志都应按图纸的要求定位设置。安装的标志应与交通流方向成直角；在曲线路段，标志的设置角度应由交通流的行进方向来确定。为消除路侧标志表面产生的眩光，标志应向后旋转50°，以避开车前灯光束的直射。门架标志的垂直轴应向后倾成一角度。对于路侧标志，标志板内缘距土路肩边缘不得小于250mm，因此需要认真放线定位，严格按照图纸进行。基础位置的确定、开挖以及浇混凝土立模和锚固螺栓的设置等，应经监理工程师批准后施工。

四、标志的施工要点

在实际施工中，由于标志分布分散，混凝土土方量小，施工组织和管理困难，一般设置在边坡及中央分隔带中；标志施工期间路面工程已经开始施工或处于施工高峰期，与路面排水、通信和机电工程施工交叉影响多，文明和安全施工组织困难。因此，在交通标志施工过程中，材料质量、标志基础混凝土强度、标志基础预埋件的安装位置及标志立柱、板面的安装是控制的重点部位，标志的基础施工和安装是施工的关键环节。

五、施工现场管理

1. 熟悉施工图设计文件及相关的技术规范和验收标准。

2. 认真研读审批后的总体施工组织设计，掌握施工总体进度计划，了解施工所需人员、机械设备配置和材料供应计划，以便后期施工进度发生变化时能够及时调整人员、设备和材料的供需计划。

3. 能够落实项目总工及部门负责人的技术和安全交底内容。能够配合项目安全负责人做好安全教育培训工作和落实项目的各种安全管理制度和措施。

4. 具备在工序交接和验收过程中，能够配合质量检测部门进行过程现场检测的能力，在施工过程中能够发现质量通病并及时进行处理。

5. 每天施工完毕后做好施工记录和施工日志，能够依据施工完成的工程数量反算材料和机械设备消耗是否满足设计规范和要求，若发现有偏差及时向上级汇报。

6. 具有一定的协调和沟通能力，能够与相关路面、绿化、通信、监控、机电等施工单位管理人员沟通和协调施工过程中出现的相互干扰和影响问题，并在施工过程中做好对成形路面、绿化、通信、监控等成品保护，避免污染和破坏周边相关设施。

第三节 交通标线施工

一、交通标线的一般要求

1. 材料选择

（1）交通标线涂料按施工温度分为三类：常温型、加热型、热熔型等。

（2）标线涂料应满足以下几点要求：鲜明的确认效果、夜间反光性能、施工时干燥迅速、附着力强、经久耐用、施工方便容易、安全防滑、耐候性好、抗污染和变色、经济合理。

（3）交通标线涂料的技术要求应符合现行《路面标线涂料》（JT/T280-2004）和《道路交通标线质量要求和检测方法》（GB/T 16311-2009）的要求。

（4）选用标线材料时，应根据标线材料的逆反射值、防滑值、抗污性能、环保性能、与路面的附着力、性价比等综合考虑。

（5）突起路标应符合现行交通行业标准《突起路标》（GB/T 24725-2009）的要求。突起路标与涂料标线配合使用时，要选用定向反光型，其颜色应与标线颜色一致。

2.路面标线设置要求

（1）交通标线的分类、定义及颜色应符合现行《道路交通标志和标线》（GB 5768-2009）的有关规定。纵向或横向边设置的交通标线应根据需要设置排水孔。

（2）车行道边缘线的宽度应为 15 ~ 20cm，车行道分界线的宽度应为 10 ~ 15cm，路面中心线的宽度应为 10 ~ 15cm。交通标线的宽度应根据道路的设计速度和路面宽度确定。

（3）位于中央分隔带或路侧安全净区内未加护栏的桥墩、隧道洞口、交通标志立柱等构造物应设置立面标记，颜色为黄黑相间，线宽及间距均为 15cm。立面标记应向车行道方向以 45° 角倾斜。立面标记宜设置高为 120cm。

（4）一级以下等级的公路上设置减速丘设施时，应在距其两侧各 30m 的范围内设置减速丘预告标线。

（5）设置于路面中心线，隧道内的突起路标，应选用双面反光型。

（6）二级及以上等级的公路应采用反光型涂料。无照明设施的三级、四级公路宜采用反光型涂料，有照明设施的三级、四级公路可采用非反光型涂料。

二、路面标线施工工艺

路面标线施工工艺流程见图 8-2。

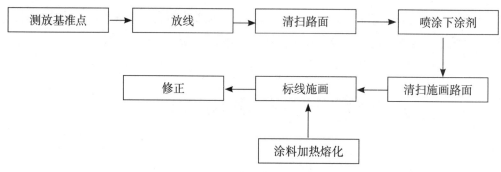

图 8-2　热熔型标线施工工艺流程图

三、路面标线的施工

1.标线施工顺序。先主线后匝道，先普通标线后特殊标线，分段标线连段连接，按段自检，确保全线优质完工。

2.施工方法。先放出基准线后，再大面积进行作业，可大大提高速度和施工质量，其施工工艺流程见图 8-2。

（1）测放基准点。这是标线施工的首要环节，即根据图纸计算确定所放基准线的尺寸，然后每隔间距 10 ~ 20m 设间断点，为确保基准点的准确性，可采用经纬仪打点。

（2）放线。在基准点测放确定后，放线人员据此放出一条临时基准线，而车载放线设备再根据此线放出一条稳定的基准线。

（3）检测。由专职人员对基准线的尺寸做出测量和记录，据实填写施工记录。

（4）清扫路面。在喷涂下涂剂前首先要清扫路面，该环节是为了清扫路面上的泥土、沙石等，确保下涂剂能牢固、均匀地覆盖于要作业的路面上。

（5）再次清扫路面。此次清扫是为了下一步标线施画做准备，旨在清扫路面上的浮石、沙土，使标线能紧密地和路面结合在一起，又不会产生石子画线的问题。

（6）正式施画前应进行试画，以检验西线车的行驶速度、线宽，标线厚度、玻璃珠撒布量等能否满足要求。调试合格后方可开始正式施工。

（7）标线施画。标线施画是整个标线施工环节中最重要的一环，要严格按程序操作，同时根据路面和当时的气温条件，做好以下几个方面的工作。

①涂料温度的控制。

②标线接头、收放刀位置的控制。

③标线反光效果的控制。

（8）修正。在标线完工后，经过自检，对存在的毛边及质量达不到优良的地方进行修复。

四、突起路标的施工

1. 突起路标设置要求

（1）隧道的车行道分界线上宜设置突起路标。突起路标可单独设置成车行道边缘线和车行道分界线。突起路标的壳体颜色、设置位置、间距应符合现行《道路交通标志和标线》（GB 5768-2009）的规定。

（2）依据设计文件的要求，确定突起路标的设置位置反射体应面向行车方向。

2. 突起路标施工

（1）突起路标按图纸要求或监理工程师指示的地点设置。设置时路面面层应干燥清洁，无杂屑。

（2）在确定的点位用 AB 组环氧树脂黏结，做到黏胶饱满、安装端正，不斜歪，无缺损、无污染。

（3）路面和突起路标底部应清洁干燥并涂黏结剂。突起路标就位后，应在其顶部施加压力，排除空气，调整就位。

（4）突起路标设置高度，顶部不得高出路面 25mm，设置间距及其他规定按图纸要求和监理工程师的指示进行。

（5）降雨天，路湿不安装。

五、轮廓标施工

轮廓标应在具备安装条件时施工，在施工安装前，应对轮廓标的埋设条件、位置数量进行核对。按行车方向，配置白色反射体的轮廓标应安装于公路右侧，配置黄色反射体的轮廓标应安装于公路左侧。轮廓标不得侵入公路建筑限界以内。

1. 设置

（1）高速公路、一级公路的主线及其互通式立体交叉、服务区、停车区等处的进出匝道应全线连续设置轮廓标。轮廓标在公路前进方向左、右侧对称设置。直线路段设置间距不应超过50m。公路路基宽度、车道数量有变化的路段及竖曲线路段，可适当加密轮廓标的间距。

（2）安装轮廓标时，反射体应面向交通流，其表面法线应与公路中心线成0°～25°的角度。

（3）各种类型的轮廓标设置高度宜保持一致，轮廓标反射体中心线距路面的高度应为60～70cm。如有特殊需要，经论证可以采用其他高度。

2. 柱式轮廓标施工

（1）柱式轮廓标应按设计文件的规定量距定位。

（2）混凝土基础可采用现浇或预制的方法施工，并应符合现行《公路桥涵施工技术规范》（JTG/T F50-2011）的规定，预制时应按设计文件的规定预埋连接件。

（3）柱式轮廓标安装时，柱体应垂直于水平面，三角形柱体的顶角平分线应垂直于公路中心线，柱体与混凝土基础之间可用螺栓连接。

3. 附着式轮廓标施工

（1）附着于梁柱式护栏上的轮廓标可按立柱间距定位，附着于混凝土护栏和隧道侧墙上的轮廓标应量距定位。

（2）附着式轮廓标应按照放样确定的位置进行安装。反射器的安装角度应符合设计文件的规定。安装高度宜尽量统一，并应连接牢固。

六、施工现场管理

1. 熟悉施工图设计文件及相关的技术规范和验收标准。

2. 认真研读审批后的总体施工组织设计，掌握施工总体进度计划，了解施工所需人员、机械设备配置和材料供应计划，以便后期施工进度发生变化时能够及时调整人员、设备和材料的供需计划。

3. 能够落实项目总工及部门负责人的技术和安全交底内容。能够配合项目安全负责人做好安全教育培训工作和落实项目的各种安全管理制度和措施。

4. 具备在工序交接和验收过程中，能够配合质量检测部门进行过程现场检测的能力，在施工过程中能够发现质量通病并及时进行处理。

5. 每天施工完毕后做好施工记录和施工日志，可以根据施工完成的工程数量反算材料和机械设备消耗是否满足设计规范和要求，若发现有偏差及时向上级汇报。

6. 有一定的协调和沟通能力，能够与相关路面、通信、监控、机电等施工单位管理人员沟通和协调施工过程中出现的相互干扰和影响问题，并在施工过程中做好对成形路面、通行、监控等成品保护，避免污染和破坏周边相关设施。

第四节　安全防护设施施工

一、防撞设施

防撞设施主要包括缆索护栏、波形梁护栏、桥梁金属和混凝土护栏及插拔式护栏等形式。

（一）缆索护栏施工

1. 施工放样

施工放样需根据现场桥梁、涵洞、通道、路线交叉、隧道等的分布确定控制立柱的位置，并测定控制立柱之间的间距，据此调整端部立柱、中间端部立柱、中间立柱的设置位置。调查立柱下是否存在地下管线、构造物等设施，并进行适当处理。

2. 立柱设置

端部立柱和中间端部立柱位置，应根据设计文件的要求，将立柱、斜撑及底板焊接成牢固的三角形支架。按照最终确定的立柱位置开挖基坑、浇筑混凝土基础，到达规定高程时，应对三角形支架进行准确定位。基坑开挖、地基检验、地基处理及混凝土的浇筑应符合现行《公路桥涵施工技术规范》（JTG/T F50-2011）的规定。位于桥梁、涵洞、通道、挡土墙等构造物处的端部立柱和中间端部立柱，应根据设计文件的要求进行基础预埋。

3. 托架安装中间立柱或中间端部立柱上的托架，应按照设计文件规定的托架编号和组合正确安装。

4. 架设缆索

缆索架设按从上向下的顺序进行，在端部立柱和中间端部立柱的混凝土基础达到设计强度的 80% 以上时，缆索应支放在立柱的内侧，通过中间支架向另一端滚放。用楔子固定或注入合金的方法将一端的缆索锚固在索端锚具上。根据索端锚具的规格，切断多余的缆索。缆索切断面应垂直整齐，不得松散。按规定的方法锚固在索端锚头上。索端锚具安装到端部立柱或中间端部立柱后，可卸除临时张拉力。缆索调整完毕后，要拧紧各中间立柱、中间端部立柱托架上的索夹螺栓。

（二）波形梁护栏施工

1. 护栏施工工艺

护栏施工工艺流程见图 8-3。

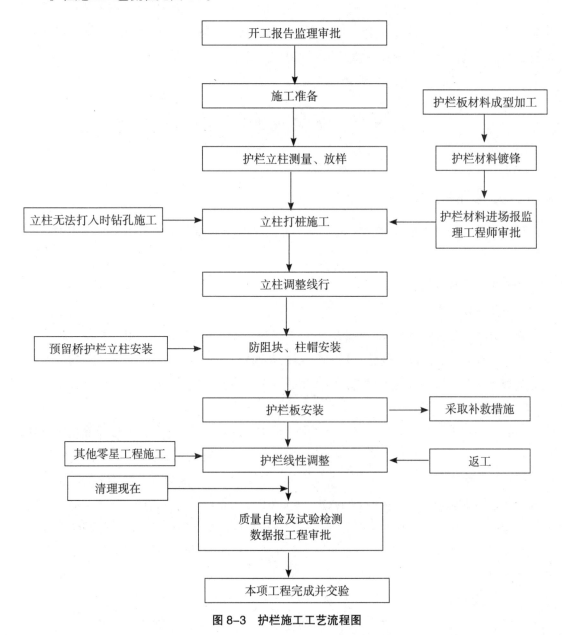

图 8-3　护栏施工工艺流程图

2. 施工方法

护栏安装首先由专人放线、记录、复核，弯道 50m 为一工作段，用偏角法定位、控制弯曲线。直线段，路侧主柱 400m 为一工作小段，用经纬仪定位，50m 为一间距，标程高程逐根计算。护栏板通过拼接螺栓相互拼接，同时由连续螺栓固定于立柱或托架上，护栏板拼接方向应与行车方向一致。

（1）立柱放样。依据设计文件进行立柱放样，以桥梁、通道、涵洞、隧道、中央分隔带开口、紧急电话开口、路线交叉等控制立柱的位置，进行测距定位。立柱放样时可利用调节间距，并利用分配方法处理间距零头数。应调查立柱所在处是否存在地下管线、排水管等设施，或构造物顶部埋土深度不足的情况。直线段路侧立柱 400m 为一工作小段，用经纬仪定位，50m 为一间距，记录高程逐根计算；弯道 50m 为一工作段，用偏角法定位、控制弯曲线；由专人进行放线、记录、复核。逐点测量，记录高程，重点测变坡点；每公里闭合一次，专人复核里程桩及设计高程与实际高程之差；按照业主提供路段、路面、预留厚度而测定柱高高程。节距控制以中桩高程为起点，终点往中间赶；首次分节，尽量跨越路面流水簸箕，减少非标准板，算出余数，整段消化分配；再次分节，精确定位；特殊节距用非标准板调节。

（2）立柱安装。立柱安装应与设计文件相符，并与公路线形相协调。位于土基中的立柱，可采用打入法挖埋法或钻孔法施工。立柱高程应符合设计要求，不得损坏立柱端部。采用打入法打入过深时，不得将立柱部分拔出加以矫正，必须将其全部拔出，将基础压实后再重新打入。立柱无法打入到要求深度时，严禁将立柱的地面以上部分焊割、钻孔，不可使用锯短的立柱。采用挖埋法施工时，回填土应采用良好的材料并分层夯实，回填土的压实度不应小于设计规定值。填石路基中的柱坑，应用粒料回填并夯实。采用钻孔法施工时，立柱定位后应用与路基相同的材料回填，并分层夯填密实。在铺有路面的路段设置立柱时，柱坑从路基至面层以下 5cm 处应采用与路基相同的材料回填并分层夯实，余下部分采用与路面相同的材料回填并压实；位于石方区的立柱，要根据设计文件的要求设置混凝土基础；位于小桥、通道、明涵等混凝土基础中的立柱，可设置在预埋的套筒内，通过灌注砂浆或混凝土固定，或通过地脚螺栓与桥梁护轮带基础相连。立柱安装就位后，其水平方向和竖直方向应形成平顺的线形。护栏渐变段及端部的立柱，应按设计规定的立柱进行安装。

（3）防阻块托架、横隔梁安装。防阻块，托架应通过连接螺栓固定于护栏板和立柱之间，在拧紧连接螺栓前应调整防阻块、托架使其准确就位。防撞等级为 SA、SAm 和 SS 的波形梁护栏在安装防阻块时，应同时安装上层立柱，线形应与下层立柱相同。量设有横隔梁的中央分隔带护栏，应在立柱准确定位后安装横隔梁。在护栏板安装前，横隔梁与立柱间的连接螺栓不应过早拧紧。

（4）横梁安装。护栏板应通过拼接螺栓相互连接成纵向横梁，并由连接螺栓固定于防阻块、托架或横隔梁上。护栏板拼接方向与行车方向一致。拼接螺栓必须采用高强螺栓。防撞等级为 SA、SAm 和 SS 的波形梁护栏通过螺栓将上层横梁与上层立柱加以连接。立柱间距不规则时，可以利用调节板、梁进行调节，不得采用现场切割护栏板的方法。所有的连接螺栓及拼接螺栓，应在护栏的线性达到规定要求时才能拧紧。

（5）端头安装。各类护栏端头应通过拼接螺栓与护栏板牢固连接，拼接螺栓必须采用高强螺栓。防撞等级为 SA、SAm 和 SS 的波形梁护栏上横梁必须按设计文件的规定进行端部处理。

（6）检查波形梁的各个端头是否满足图纸设计要求，若发现不能满足设计要求的及时调整或更换，以确保满足设计要求。用钢尺等测量工具，测量波形护栏和立柱，按照《公路波形梁钢护栏》JT/T 281-2007）、《公路三波形梁钢护栏》（JT/T 457-2007）及《公路工程质量检验评定标准》（JTG F80-2004）的有关规定进行测量，调整护栏位置，满足规范规定的要求。

（三）混凝土护栏施工

1. 根据现场条件，确定并核对混凝土护栏的设置位置，确定控制点，检测基础承载力是否达到设计规范或设计文件的要求。

2. 现场浇筑混凝土护栏，当采用固定模板法施工时，模板宜采用钢模板，钢模板的厚度不应小于 4mm。浇筑混凝土前，应按照设计文件的要求绑扎钢筋及预埋件，温度应维持在 10 ~ 32℃之间。

3. 钢模板涂脱模剂后，可浇筑混凝土。采用滑动模板法施工时，滑模机的施工速度根据旋转搅拌车混凝土卸载速度以及成型断面的大小决定，可采用 0.5 ~ 0.5m/min。混凝土振捣由设置在滑模机上的液压振动器完成，振动器应能根据混凝土的坍落度无级调速，一边振动一边前进。振动器的数量可根据混凝土护栏断面形状，配置 5 根左右。

4. 两处伸缩缝之间的混凝土护栏必须一次浇筑完成，伸缩缝应与水平面垂直，宽度应符合设计文件的规定，伸缩缝内不得坐浆。混凝土初凝后，严禁振动模板。预埋钢筋不得承受外力。应根据气温和混凝土强度确定拆模时间，一般可在混凝土终凝后 3 ~ 5d 拆除混凝土护栏侧模。拆模时不可损坏混凝土护栏的边角，并应保持模板的完好状况。假缝可在混凝土护栏拆除模板后，按设计文件要求的间距和规格采用切割机切开，并应确保断面光滑、平整。

5. 预制混凝土护栏应采用钢模板，模板长度应根据吊装和运输条件确定，宜采用固定规格，施工场地应平整、坚实、排水良好、交通方便。每块预制混凝土护栏必须一次浇筑完成，在起吊运输和堆放过程中，不得损坏混凝土护栏构件的边角，否则在安装就位后，应采用高于混凝土护栏强度的材料及时修补。混凝土护栏的安装应从一端逐步向前推进，护栏的线形应与公路的平、纵线形相协调。拆模时间需根据气温和混凝土达到的强度而定，拆模时混凝土强度不应低于设计强度的 70%。拆模时不得损坏混凝土护栏的边角，并应保持模板完好。中央分隔带混凝土护栏在超高路段，应按照设计文件要求处理好排水问题。

（四）金属桥梁护栏施工

1. 桥梁护栏应在桥梁车行道板、人行道板施工完毕，跨中支架及脚手架拆除后，桥跨处于独立支承的状态时才能施工。对于焊接的金属护栏，在进行防腐处理前要对所有外露焊缝做好磨光或补满的清面工作。桥梁护栏施工前应对所有预埋件的设置位置、强度、腐蚀程度进行检查，不符合要求的必须整改。

2. 立柱放样与预埋件设置

应以桥梁伸缩缝附近的端部立柱作为控制立柱，并在控制立柱之间测距定位。立柱间距出现零数时，可用分配的办法使其符合横梁规定的尺寸，立柱宜等距设置。在车行道板或人行道板上需准确设置套件或地脚螺栓等预埋件，并采取适当措施，使预埋件在桥梁施工期间免遭损坏。

3. 伸缩缝位置

（1）当伸缩缝处的纵向设计总位移小于或等于 5cm 时，伸缩缝应能传递横梁 60% 的抗拉强度和全部设计最大弯矩；伸缩缝处连接套管的长度应大于或等于横梁宽度的 3 倍。

（2）当伸缩缝处的纵向设计位移大于 5cm 时，伸缩缝应能传递横梁的全部设计最大弯矩，伸缩缝两侧应设置端部立柱，其中心间距不应大于 2.0m；伸缩缝处连接套管的长度应大于或等于横梁宽度的 3 倍。

（3）当伸缩缝处发生竖向、横向复杂位移时，桥梁护栏在伸缩缝处可不连续，但应在伸缩缝两端设置端部立柱，其中心间距不可大于 2.0m，两横梁端头的间隙不得大于伸缩缝设计位移量加 2.5cm。横梁端头不可对失控车辆构成危险。

4. 护栏安装。

（1）横梁和立柱的安装位置应准确。连接螺栓和拼接螺栓开始时不宜过早拧紧，以便在安装过程中充分利用横梁和立柱法兰盘的长圆孔进行调整，使其线形流畅，不应出现局部的凹凸现象。调整完毕后，必须拧紧螺栓。

（2）横梁、立柱等构件在安装过程中应避免损坏防腐层。安装完成后，应对被损坏的防腐层按规定的方法进行修复。

（五）钢筋混凝土墙式和梁柱式桥梁护栏施工

1. 一般要求

（1）宜采用现场浇筑的方式进行施工，当采用预制件时，护栏与车行道板或人行道板间应按照设计文件的要求可靠连接。

（2）钢筋混凝土墙式、梁柱式护栏在桥面伸缩缝处应断开，其间隙不应大于桥面伸缩缝的设计位移量，钢筋混凝土梁柱式护栏在伸缩缝两端应设置端部立柱，护栏伸缩缝内清理干净后，应填满橡胶或沥青胶泥等弹性，不透水的材料。

（3）端部翼墙应根据设计文件的要求加工模板，设置在桥梁上或路基段的端部翼墙应采用现场浇筑施工方法，并设置预埋件。

2. 施工质量要求

（1）桥梁护栏的形式、设置位置、构件规格及基础连接应与设计文件相一致，线形要与桥梁相协调。

（2）护栏伸缩缝的宽度应与桥梁主体结构相致。

（3）钢构件应连接牢固，符合设计规范和设计文件的要求。

（4）钢筋混凝土护栏表面不应出现裂缝、蜂窝、剥落、露筋等缺陷。

（6）桥梁护栏与路基护栏连接应设置符合设计文件要求的护栏过渡段。

（六）插拔式活动护栏施工

1.一般要求

（1）插拔式活动护栏的预埋基础应在面层施工前完成，其余部分需在路面施工后安装。插拔式活动护栏应在工厂加工制作。

（2）插拔式活动护栏基础需根据设计文件放样，并与中央分隔带护栏端头相协调。应调查基础与地下管线是否冲突，经论证可对基础的埋设位置或高程进行适当调整。

（3）混凝土基础可采用现浇法施工，并应符合现行《公路桥涵施工技术规范》（JTG/TF50-2011）的规定，混凝土浇筑时应按设计文件的规定预埋连接件。基础施工完成后应采取措施，防止杂物落入预埋套管内。

（4）基础混凝土强度达设计强度的70%以上后，可将焊接成整体的插拔式活动护栏片插入预埋套管内。

（5）对有防眩和视线诱导要求的路段，应按照设计文件要求安装防眩设施和轮廓标。设置反射体时，规格为4cm×18cm，可由反光片或反光膜制作，反光等级应为二级以上，颜色和设置高度应与中央分隔带轮廓标保持一致。

2.施工质量要求

（1）活动护栏的形式、规格、钢构件的防腐处理需符合设计文件的要求。

（2）插拔式活动护栏的预埋套管应定位精确。

（3）移动护栏宜与两端护栏齐平，线形与公路保持一致。

（4）充填式护栏的充填材料和数量应符合设计文件的规定。

（5）有防眩和视线诱导要求的路段应安装相应的防眩设施和轮廓标。

（七）质量检验

1.缆索护栏

（1）基本要求

①缆索性能、缆索直径、单丝直径、构造（3股7芯）、锚具及其镀锌质量应符合设计及施工规范的要求，缆索抗拉强度、镀锌质量须经抽检，合格后方可使用。

②张拉前应标定拉力测定仪。

③立柱埋深不得小于设计值。采用挖埋法施工，立柱埋入土中时，回填土应分层（每层厚度不超过100mm）夯实；立柱埋入混凝土中时，基础混凝土的几何尺寸强度等应符合设计要求。

④立柱壁厚、外径、长度不小于设计要求。

⑤采用打入法施工时，立柱顶部不应出现明显变形、倾斜、扭曲或卷边等现象。

（2）外观鉴定

①焊接钢管的焊缝应平整，无焊渣、突起。构件镀锌层表面应均匀完整、颜色一致，表面具有实用性光滑，不可有流挂、滴瘤或多余结块。镀件表面应无漏镀、露铁、擦痕等缺陷。构件镀铝层表面应连续，不得有明显影响外观质量的熔渣、色泽暗淡及假浸、漏浸等缺陷。构件涂塑层应均匀光滑连续，无肉眼可分辨的小孔、空间孔隙、裂缝、脱皮及其他有害缺陷。

②直线段护栏不得有明显的凹凸、起伏现象；曲线段护栏应圆滑顺畅，与线形协调一致；中央分隔带开口端头护栏的线形要与设计文件相符。

③波形梁板搭接方向应正确，搭接平顺，垫圈齐备，螺栓紧固。

④防阻块、托架，横隔梁、端头的安装应与设计文件相符，安装到位，不得有明显变形、扭转倾斜。

⑤波形梁板和立柱不得现场焊制和钻孔。

⑥立柱及柱帽安装牢固，其顶部应无明显塌边、变形、开裂等缺陷。

3.混凝土护栏

（1）基本要求

①混凝土所用的水泥、砂、石、水及外掺剂的质量和规格必须符合有关规范的要求，按规定的配合比施工。

②混凝土护栏预制块件在吊装运输、安装过程中，不得断裂。

③各混凝土护栏块件之间、护栏和基础之间的连接要符合设计要求。

④混凝土护栏块件标准段、混凝土护栏起终点及其他开口处的混凝土护栏块件的几何尺寸应符合设计要求。

⑤混凝土护栏的地基强度埋入深度应符合设计要求。混凝土护栏块件的损边、掉角长度每处不得超过20mm，否则应予及时修补。

⑥混凝土护栏的线形应与公路线形相一致，直线段不得出现明显的凹凸，曲线段应圆滑顺畅。

⑦混凝土护栏外观、色泽应均匀一致，不可出现漏石、蜂窝、麻面、裂缝、脱皮、啃边、掉角以及印痕等现象。

⑧混凝土护栏施工时，不得损坏已完工的超高路段纵向排水沟、集水井、盲沟及管线等设施。

（3）外观鉴定

①混凝土护栏块件之间的错位不大于5mm。

②混凝土护栏外观、色泽均匀一致，表面的蜂窝麻面、裂缝、脱皮等缺陷面积不得超过该面面积的0.5%。

③护栏线形适顺，直线段不允许有明显的凹凸现象，曲线段护栏应圆滑顺畅，与线形

协调一致。中央分隔带开口端头护栏尺寸应与图纸相符。

二、隔离设施的施工

（一）隔离栅施工要求

1.隔离栅遇桥梁、通道时，应在桥头锥坡或端墙处围封；遇尺寸较小流量不大的涵洞时，可直接跨越。中心线应沿公路用地范围界限以内 20 ~ 50cm 处设置。

2.应根据设计文件中规定的隔离栅设置位置和实际地形、地物条件确定控制立柱的位置和立柱中心线，在控制立柱之间按设计文件规定的柱距定出柱位。

3.每个柱位均应按照设计文件的要求确定高程，并应按实际地形进行调整。

4.应根据设计文件的规定开挖基坑，场地应进行清理，软基应进行处理。

5.立柱应根据设计文件的规定设置在现浇混凝土基础或预制混凝土基础内。立柱的埋设应分段进行。可先埋设两端的立柱，然后拉线埋设中间立柱，控制立柱与中间立柱的平面投影应在一条直线上，柱顶应平顺。预制混凝土立柱和基础在运输及装卸时应避免折断或损坏边角。

6.混凝土基础强度达到设计强度的 70% 以上时，可按下列规定安装隔离栅网片。

（1）安装无框架卷网时，应从端头立柱开始，沿纵向展开，边铺设边拉紧，挂钩时网片不得变形。

（2）安装有框架的片网时，网面应平整，框架应整体平顺、美观框架与立柱应连接牢固。

（3）安装刺丝网时，应从端头立柱开始。刺钢丝之间应平行，绷紧后应与立柱上的铁钩牢固绑扎，横向与斜向刺钢丝相交处也应绑扎牢固。

7.隔离栅网片安装完毕后，应对基础周围进行夯实处理。

（二）隔离栅的施工

1.立柱放样

严格按照设计要求进行施工放样，首先根据图纸要求确定好隔离栅中心线，然后按设计的柱距、撑距，定出立柱位置，并在每个柱位定出标记。对安装线内外 1m 范围内进行清理平整，做到隔离栅安装后顶面平顺。

2.立柱的基坑开挖

按照已测好的中心线和做出的柱位标记，放石灰线进行挖坑，并达到设计要求，将柱坑基底清理干净，经现场监理工程师检验。

3.立柱及斜撑浇灌

将立柱及斜撑放入立柱基坑中，检查柱顶高程及立柱顺直度，并用临时支撑固定立柱，检查其竖直度，符合要求后用混凝土浇灌基础坑。

立柱埋设应分段进行，先埋两端的立柱，然后拉线埋设中间立柱，从纵向看，立柱的轴线应在一条直线上，不得出现参差不齐的现象；从高度看，柱顶应平顺，不得出现高低不平的情况。立柱基础混凝土强度达到设计强度 70% 以后，方可安装网片。

4.网片安装并紧固

网片安装从立柱端部开始，用螺栓固定好，向另一端延伸，需紧固的必须紧固好，同时保持与立柱配合良好，协调一致。

5.调整、验收

将安装好的网片进行调整，使其平顺美观，并达到设计要求，进行交工验收。

（三）质量检验

1.基本要求

（1）隔离栅和防落网用的材料规格及防腐处理，应符合隔离栅及设计和施工规范的规定。

（2）用金属网制作的隔离栅和防落网，安装后要求网面平整，无明显翘曲现象。铁刺丝的中心垂度小于 15mm。

（3）防落网应网孔均匀，结构牢固，围封严实。

（4）金属立柱弯曲度超过 8mm/m，有明显变形、卷边、划痕等缺陷者，以及混凝土立柱折断者均不得使用。

（5）隔离栅起终点应符合端头围封设计的要求。

（6）隔离栅要与公路线形走向一致，顺直、流畅，纵坡起伏自然、美观。

（7）混凝土基础尺寸和埋深、立柱的竖直度和柱间距、网面高度以及混凝土立柱和基础。

（8）安装完成的金属网片不得有明显变形，电焊网不得脱焊、虚焊。

（9）镀锌层表面应均匀完整，着色一致，不能有气泡、裂纹、疤痕、折叠裂缝等缺陷。混凝土立柱应密实平整，不得有裂缝、翘曲、蜂窝麻面等缺陷。

（10）桥梁护网的防雷接地处理应符合设计文件的规定。

2.外观鉴定

（1）电焊网不得脱焊、虚焊。

（2）镀锌层表面应具有均匀完整的锌层，颜色一致，表面具有实用性光滑，不允许有流挂、滴瘤或多余结块。镀件表面应无漏镀、露铁等缺陷。涂塑层应均匀光滑、连续，无肉眼可分辨的小孔、空间、孔隙、裂缝，脱皮及其他有害缺陷。

（3）混凝土立柱应密实平整，无裂缝翘曲、蜂窝、麻面等缺陷。

（4）有框架的隔离栅和防落网，网片应与框架焊牢，网片拉紧。整网铺设的隔离栅，端柱与网连接牢固，网面平整绷紧。刺铁丝间距符合图纸要求，刺线平直、绷紧。

（5）隔离栅安装位置应符合图纸规定。安装线形整体顺畅并与地形相协调。围封严实，安装牢固。

结 语

公路桥梁是我国基础设施的重要组成部分，对人民群众生产生活的意义非比寻常，尤其目前对公路桥梁工程质量与安全性的要求日益提升，因而，做好公路桥梁施工技术管理尤为重要，通过改进现阶段公路桥梁施工技术管理策略，不断完善我国公路桥梁施工管理，进而保障广大人民群众的出行安全。

公路桥梁施工技术管理，是通过一定的技术手段、方式方法，制定技术方案，解决工程施工过程中的各种问题。以技术管理为核心和基础，满足最初的设计要求，最终确保工程的质量达到相关标准。公路桥梁施工的技术性和经济性较高，不安全因素以及施工过程中存在的隐患也很多。公路桥梁施工项目大多工程量较大，工程施工周期较长，易受外界气候及环境影响的干扰因素很多，且涉及不同类别的工程内容也非常繁多，每一个路段由于公路桥梁的结构、功能以及地理条件因素的差异不同，这些都会成为施工中的各种阻碍。所以，施工要有较高的协作性，需要各个分段工程间有着极为融洽的协作配合。

总而言之，公路桥梁工程施工技术管理十分重要，是整个工程项目质量的首要保障，因此，公路桥梁施工管理人员必须加强自身素质，严格贯彻责任制管理理念，不断提升管理水平，为我国交通运输业的发展做出贡献。

参考文献

[1] 郭彪 . 公路桥梁施工中现场监理管理控制要点分析 [J]. 技术与市场，2021，28（05）：190-191.

[2] 李晓辉 . 公路桥梁工程绿色施工技术应用与分析 [J]. 居舍，2021（11）：61-62.

[3] 蒋恩泽 . 公路桥梁施工管理优化策略分析 [J]. 智能城市，2021，7（07）：79-80.

[4] 姚宇 . 公路桥梁施工中的质量管理及控制对策分析 [J]. 砖瓦，2021（04）：130-131.

[5] 翟丙蔚 . 公路桥梁工程施工中混凝土施工技术的实践探究 [J]. 工程建设与设计，2021（06）：136-138.

[6] 于涛荣 . 公路桥梁施工项目管理的特点与方法研究 [J]. 工程建设与设计，2021（06）：203-204.

[7] 金友刚 . 公路桥梁工程预制梁施工管理 [J]. 科技风，2021（08）：106-107.

[8] 蔡义平 . 公路桥梁施工混凝土裂缝防治技术 [J]. 交通世界，2021（08）：98-99.

[9] 赵俊楠 . 公路桥梁工程中混凝土箱梁顶推施工技术 [J]. 广东建材，2021，37（03）：69-71.

[10] 高俊龙 . 公路桥梁主桥桥墩桩基及承台工程施工技术 [J]. 居舍，2021（08）：48-49.

[11] 马昌旭 . 公路桥梁加固施工技术规范分析 [J]. 中国设备工程，2021（05）：197-198.

[12] 刘勇辉 . 论公路桥梁施工技术的不足及改进措施 [J]. 中国设备工程，2021（05）：241-242.

[13] 刘雪峰 . 公路桥梁工程施工质量问题及防治策略 [J]. 工程技术研究，2021，6（04）：185-186.

[14] 管兵 . 高速公路桥梁混凝土工程施工技术管理要点探析 [J]. 居业，2021（02）：101-102.

[15] 王浩 . 公路桥梁工程中钢筋混凝土箱形拱桥施工技术分析 [J]. 交通世界，2021（Z2）：187-188.

[16] 王晓宁 . 公路桥梁工程施工进度管理工作的可行性建议 [J]. 工程建设与设计，2021（03）：234-236.

[17] 陈睿 . 公路桥梁施工中的质量管理及控制对策分析 [J]. 砖瓦，2021（02）：157-158+160.

[18] 杨福锟 . 公路桥梁工程中的现浇箱梁施工技术 [J]. 工程技术研究，2021，6（03）：

71-72.

[19] 方刚. 公路桥梁工程施工及安全管理研究 [J]. 工程技术研究，2021，6（03）：178-179.

[20] 李敬树. 公路桥梁施工过程中过渡段施工技术探究 [J]. 工程建设与设计，2021（02）：190-191.

[21] 肖祁光. 公路桥梁涵洞隧道工程施工技术应用 [J]. 绿色环保建材，2021（01）：97-98.

[22] 赵俊. 公路桥梁施工安全问题研究 [J]. 居舍，2021（03）：156-157.

[23] 贾汪涛. 公路桥梁工程施工质量管理问题探究 [J]. 智能城市，2021，7（01）：89-90.

[24] 张贵宏，王淑芳. 公路桥梁工程施工的管理要点和对策探析 [J]. 农村经济与科技，2020，31（24）：38-39.

[25] 谢忠良，熊国林. 公路桥梁施工技术管理及养护措施分析 [J]. 黑龙江交通科技，2020，43（12）：119-120.

[26] 张阳. 公路路基和桥梁工程施工中的质量控制 [J]. 智能城市，2020，6（23）：99-100.

[27] 王淑芳，张贵宏. 公路桥梁施工组织设计和施工管理策略分析 [J]. 农村经济与科技，2020，31（22）：51-52.

[28] 张毅. 公路桥梁工程施工质量管理分析 [J]. 农村经济与科技，2020，31（22）：55-56.

[29] 刘鸿. 公路桥梁工程建设中的预应力箱梁施工技术 [J]. 低碳世界，2020，10（11）：173-174.

[30] 伍晓东. 公路桥梁施工中的养护管理与质量控制 [J]. 低碳世界，2020，10（11）：175-176.

[31] 赵雪峰. 公路桥梁工程沉降段的路基路面施工技术 [J]. 四川水泥，2020（11）：269-270.

[32] 胡海洋. 公路桥梁工程超深人工挖孔桩施工技术 [J]. 交通世界，2020（31）：118-119.

[33] 白丽，罗秉乾，黄建忠，郑琳琳，赵元鹏. 公路桥梁工程施工技术要点及管理研究 [J]. 建筑技术，2020，51（10）：1252-1254.

[34] 刘晓波. 公路桥梁的施工技术与质量管理研究 [J]. 建筑技术开发，2020，47（18）：119-120.

[35] 高燕. 公路桥梁工程的加固施工技术探讨 [J]. 交通世界，2020（27）：110-111.

[36] 何栋栋. 公路桥梁桩基嵌岩桩施工技术的应用研究 [J]. 交通世界，2020（27）：128-129.

[37] 刘伍 . 公路桥梁工程中的伸缩缝施工技术及质量控制 [J]. 中国高新科技，2020（18）：70-71.

[38] 顾轩 . 公路桥梁工程施工中预应力技术应用研究 [J]. 建筑技术开发，2020，47（17）：45-47.

[39] 唐庆 . 公路桥梁工程中的涵洞施工技术新探 [J]. 黑龙江交通科技，2020，43（09）：146-147.

[40] 李晓波 . 公路桥梁施工中现浇箱梁的施工技术探讨 [J]. 黑龙江交通科技，2020，43（09）：158-159.

[41] 李飞飞 . 公路桥梁工程施工中伸缩缝施工技术剖析 [J]. 城市建筑，2020，17（24）：161-162.

[42] 李伟 . 公路桥梁工程中的涵洞施工技术分析 [J]. 黑龙江交通科技，2020，43（07）：105+107.

[43] 吴骏生 . 公路桥梁工程项目施工预应力技术应用问题及策略 [J]. 黑龙江交通科技，2020，43（07）：136+138.

[44] 张波 . 公路桥梁工程中的软土地基施工技术 [J]. 工程技术研究，2020，5（13）：67-68.

[45] 全红霞，宋薇，田忠贵 . 公路工程道桥施工中预应力施工技术的应用 [J]. 冶金管理，2020（11）：58+61.